中山大学传播学人文库

马克思主义
新闻观研究前沿（第一辑）

丁存霞 张志安 詹小美 等 编著

Research Frontiers of Marxist Journalism

中山大学出版社
SUN YAT-SEN UNIVERSITY PRESS
·广州·

图书在版编目（CIP）数据

马克思主义新闻观研究前沿．第一辑/丁存霞等编著．—广州：中山大学出版社，2023.5
ISBN 978-7-306-07788-2

Ⅰ．①马…　Ⅱ．①丁…　Ⅲ．①马克思主义—新闻学—研究　Ⅳ．①A811.67

中国国家版本馆CIP数据核字（2023）第079082号

MAKESI ZHUYI XINWENGUAN YANJIU QIANYAN (DIYIJI)

出 版 人：王天琪
策划编辑：金继伟
责任编辑：井思源
封面设计：曾　斌
责任校对：周昌华
责任技编：靳晓虹
出版发行：中山大学出版社
电　　话：编辑部 020-84110283，84113349，84111997，84110779，84110776
　　　　　发行部 020-84111998，84111981，84111160
地　　址：广州市新港西路135号
邮　　编：510275　　　　传　真：020-84036565
网　　址：http://www.zsup.com.cn　　E-mail:zdcbs@mail.sysu.edu.cn
印 刷 者：佛山市浩文彩色印刷有限公司
规　　格：787mm×1092mm　1/16　13.75印张　234千字
版次印次：2023年5月第1版　2023年5月第1次印刷
定　　价：68.00元

本书属于广州市青年马克思主义理论人才培养研究重点基地、中山大学城市治理创新研究基地研究成果

目　　录

绪　论*

马克思主义新闻观是马克思主义的重要组成部分，是对无产阶级新闻实践活动的科学总结，是历代马克思主义者的思想结晶。马克思主义新闻观的研究范式不仅映射新闻活动内容生产的思维方式、概念体系、评价标准，而且贯通马克思主义价值生产本体论、认识论、方法论的理论内涵和实践规范，其通过形式生产具象的运用坐标、阐释框架、基本方式，指涉新闻传播本质、作用和规律的一般性法则，以及进入研究论域的现象和问题的叙事与赋义、实践坐标的构建与解释。习近平总书记在“2·19”重要讲话中指出，“牢牢坚持马克思主义新闻观，牢牢坚持正确舆论导向”①，是新的时代条件下党的新闻舆论工作的职责和使命。由此出发，聚焦马克思主义新闻观内容生产与意义刻写的规律和逻辑、探讨马克思主义新闻观话语重构与系统整合的交往和实践、投射马克思主义新闻观价值共意与空间交融的发展和演绎，更是在经验范畴因果样式的阐发中，构成马克思主义新闻观意义框架、关系模式研究的理论范式。

一、逻辑与规律：马克思主义新闻观内容生产的意义刻写

马克思主义新闻观内容生产与意义刻写的规律和逻辑，集价值性与社会性于一体，强调“人类社会交往过程中产生的文化互动现象”②。作为目标导引下的对象性活动，马克思主义新闻观内容生产对新闻传播本源、

---

* 本绪论的作者为詹小美和张梦媛。原文为《马克思主义新闻观的研究范式》，载于《出版发行研究》2020年第2期。

① 习近平：《习近平谈治国理政：第2卷》，外文出版社2017年版，第332页。

② 李淮春主编：《马克思主义哲学全书》，中国人民大学出版社1996年版，第704页。

属性、功能的阐释，以“合规律性”“合目的性”价值刻写的演化，投射新闻传播活动和实践的对象化意指，阐发以马克思主义基本观点和立场聚焦新闻传播现象的意向性评价，凸显马克思主义回应时代、介入现实、改造社会的理论品质。通过内容生产进行观念形态外在化转换的价值刻写活动，映照了构成马克思主义新闻观直接现实性作用的基础，即以“批判性与建构性统一”“实践性与发展性辩证”为内生逻辑的意义框架。正是基于对资产阶级新闻观进行批判的否定性理解，马克思开启了无产阶级新闻观建构的“否定之否定”。在现实性上，马克思主义新闻观的内容生产以主观见之于客观的中介，反映了新闻传播活动作为信息交流互动过程的社会化导引，聚焦了人们通过有意识地施加影响而认识世界、规范行为、表达情感的信息共享机制。党性原则的理论基础、尊重规律的价值表达、以人民为中心的工作出发点，共同体现了马克思主义新闻观通过内容生产进行意义刻写的逻辑与规律。

“党性原则”是贯穿马克思主义新闻观价值阐释的主线，是体现马克思主义新闻观内容生产与意义刻写的本体论思维方式。审视马克思主义新闻观的社会属性与价值选择，探究其价值互动的社会行为，马克思主义新闻观内容生产的意义刻写深化于对无产阶级新闻活动的总结，以及新闻传播活动通过党性原则的阶级性阐释和价值性表达的聚焦。在内容生产对象性活动展开的同时，党性原则贯通主体意义赋予、客体价值抽象和连接实践的无产阶级新闻观的本质要求。历代马克思主义者对党性原则的遵循，链接目的、标识和意志的结构性阐发，生成对象性关系的结果，更是在现实性上演绎了价值意向的表达与主观能动的反馈所观照的马克思主义新闻观内容生产的价值印记与价值属性。就此意义而言，党性原则对新闻传播规律、价值规律、事业发展规律、舆论规律、宣传规律、控制规律的理论诠释，不仅反映了马克思主义新闻观逻辑与规律一脉相承的理论特质，而且折射了新闻发展史既一以贯之又各具重点的演进历程，搭建了主观见之于客观的价值交互的桥梁。

以党性原则为运用坐标实现价值共享的社会化过程，“归根到底，是由生产力和交换关系的发展决定的”[①]。马克思和恩格斯从政治视角审视

① 马克思、恩格斯：《马克思恩格斯选集：第4卷》，中共中央马克思恩格斯列宁斯大林著作编译局译，人民出版社1995年版，第251页。

报刊的作用，将报纸的党性原则诠释为“党内自由发表意见”的原则，指出“具有各种各样色彩和深刻矛盾的舆论定会找到相应的报刊”①，明确了报刊所具有的阶级性和党派性。列宁继承了“马克思主义的办报方针”，提出党性原则的著名主张，用“齿轮和螺丝钉”形容党的报刊与无产阶级事业的紧密关系，指出只有“党的机关报”才能成为学习、宣传、组织等活动的中心，强调党的写作者和报刊工作的党性要求。毛泽东谈到党报的党性，指出“党报是集体的宣传者和组织者”“是党的宣传鼓动工作最有力的工具”，因此，党报工作者要有积极主动宣传党的方针政策的责任意识。习近平总书记明确提出，党性原则“最根本的是坚持党对新闻舆论工作的领导”，坚持“从党的工作全局出发把握定位，坚持党的领导，坚持正确政治方向”的全面要求与“胸怀大局、把握大势、着眼大事”的最高要求。

“尊重规律”是马克思主义新闻观始终不变的论域主题，体现出马克思主义新闻观内容生产与意义刻写的认识论概念体系。马克思主义新闻观内容生产的意义刻写彰显了对尊重规律理论基础的坚守，一方面，新闻传播的客观化决定了马克思主义新闻观内容生产对认识论的总体统摄；另一方面，马克思主义的主体化意蕴则构成了马克思主义新闻观进入实践形态意义刻写的基本方式。从一般媒介的社会特征出发，关注作为“党内和新闻业中通行的一切惯例”；从报刊具有自己的内在规律出发，聚焦“有机的报纸运动”；从自由报刊的历史性和人民性出发，宏观分析报刊和其他社会媒体的发展趋势；从一般新闻工作特点的视角出发，抽象新闻传播活动的规律性要求，构成马克思主义新闻观内容生产对象化转换的叙事方式。就此意义而言，马克思主义新闻观内容生产对新闻传播规律的阐发，贯穿了马克思主义新闻观所内蕴的思想理论、术语观点、论著文件和实践方式，反映了马克思主义新闻观意义刻写在人类实践自由与自觉活动中的升华，指向了马克思主义新闻观内容生产的意义刻写经文化联系、社会传递、意义共享建构的新闻传播场景。

以尊重规律为阐释框架实现价值变迁及价值增值的过程，表征了马克思主义所传递的价值意向与新闻传播所指涉的价值选择。马克思和恩格斯

---

① 马克思、恩格斯：《马克思恩格斯全集：第50卷》，中共中央马克思恩格斯列宁斯大林著作编译局译，人民出版社1985年版，第509页。

认为，新闻传播规律“是不应该而且也不可能任意摆脱的”[①]，因此，新闻传播活动要根据事实来描写事实，不能根据希望来描写事实。列宁认为，“不管现实如何令人痛心，必须正视现实”[②]，所以“我们的力量在于说真话”[③]。毛泽东认为，宣传工作要靠马克思列宁主义的真理吃饭，“要讲真话，不偷、不装、不吹”[④]。习近平总书记认为，“尊重新闻传播规律，创新方法手段”是党的新闻舆论工作的职责和使命，“不是说新闻可以等同于政治，不是说为了政治需要可以不要它的真实性……不可忽视新闻工作自身的规律性”，在提出形成“现代传播体系”的奋斗目标时，要求“遵循新闻传播规律和新兴媒体发展规律”。[⑤]

“以人民为中心”是马克思主义新闻观始终坚持的理性自觉，体现了马克思主义新闻观内容生产与意义刻写的方法论评价标准。人民性是新闻事业反映人民大众思想、感情、愿望和利益的一种特性，马克思提出自由出版物的人民性问题具象了作为方法论意义评价标准的人民性命题。中国化马克思主义者基于人民性与党性相统一的原则，论述马克思主义新闻观中国化以人民为中心的工作出发点。习近平总书记更是在新的历史条件下阐述以人民为中心的工作导向，提出人民性与党性的统一就是从根本上解决新闻传播工作“为了谁、依靠谁、我是谁”的问题，强调新闻和宣传工作必须处理好党性与人民性的关系。马克思主义新闻观内容生产的意义刻写具象在以人民为中心的发展向度，不仅包含了马克思主义新闻观对象化意指对人民的主体化关注，而且凝结了新闻传播服务人民的意向性评价标准。新闻传播工作以人民为中心的根本出发点的物态转换和外在生成，表征了马克思主义新闻观内容生产主体客体化、行为意识化、客体主体化的意义刻写。审视马克思主义新闻观的阶级属性和社会观照，以及其内容生产与意义刻写价值互动的社会行为，体现了传播实践社会交往、社会规范、社会教化和社会调适“以人为本”的功能特性。

以人民为中心进行新闻传播实践所反映的价值自觉的心理与行为过

---

① 马克思、恩格斯：《马克思恩格斯全集：第1卷》，中共中央马克思恩格斯列宁斯大林著作编译局译，人民出版社1995年版，第397页。

② 列宁：《列宁全集：第30卷》，人民出版社1985年版，第6页。

③ 列宁：《列宁全集：第11卷》，人民出版社1987年版，第297页。

④ 毛泽东：《毛泽东新闻工作文选》，新华出版社1983年版，第125页。

⑤ 习近平：《摆脱贫困》，福建人民出版社1992年版，第64页。

程，从作为实践主体的“人物”的目的性指向，到作为“人体延伸”的“媒体组织”对社会现象反映、分析、报道的机构定位和角色关系，均阐析了马克思主义新闻观内容生产与意义刻写在新闻传播场域中的社会学意义。在马克思看来，代表人民利益、反映人民意指的自由报刊作为“人民精神的眼睛”，其使命应当“是公民的捍卫者”[①]。承袭恩格斯所言，“深信你的听众正是你想要同他们说话的人”[②]，列宁认为，出版物与人民的关系应体现出“为千千万万劳动人民服务”的特质，强调“最大的（也是唯一的）危险是失去广大读者”[③]。毛泽东认为，宣传工作的关键是走群众路线，一如“射箭要看靶子，弹琴要看听众”[④]。习近平总书记则强调，新时代的新闻宣传工作应成为了解群众、贴近群众、为群众排忧解难的新途径，成为发扬人民民主、接受人民监督的新渠道。

二、交往与实践：马克思主义新闻观话语重构的系统整合

马克思主义新闻观话语重构指涉“一种实践的、既为别人存在并仅仅因此也为我自己存在的、现实的意识”[⑤]，指涉新闻传播语境“说话”与“受话”主导力、公信力及影响力的话语构成、表达语境和言说范式。交往的视野和实践的命题，以“系统内诸要素联系结合的形式和方式”[⑥]，贯通话语对象、叙事方法、概念框架的话语述情，观照马克思主义新闻观话语整合的言说空间、语言结构、释义法则，体现了马克思主义新闻观话语重构的阐述视角和系统整合与实践交互的能动。世界交往和主观见之于客观的中介，对媒介场景、文化情境、传播场域的结构性阐释，对叙述

---

① 马克思、恩格斯：《马克思恩格斯论新闻》，中国社会科学院新闻研究所编，新华出版社1985年版，第264页。

② 马克思、恩格斯：《马克思恩格斯选集：第4卷》，中共中央马克思恩格斯列宁斯大林著作编译局译，人民出版社1995年版，第400页。

③ 列宁：《列宁文稿：第46卷》，人民出版社1990年版，第289页。

④ 毛泽东：《毛泽东新闻工作文选》，新华出版社1983年版，第78页。

⑤ 马克思、恩格斯：《马克思恩格斯全集：第1卷》，中共中央马克思恩格斯列宁斯大林著作编译局译，人民出版社1995年版，第81页。

⑥ ［苏］尼·伊·茹科夫：《控制论的哲学原理》，徐世京译，上海译文出版社1980年版，第60页。

性、表意性、调节性话语联动的系统性观照，表征了马克思主义新闻观话语整合历时态发展和共时态凝聚的时空张力，借此构成了马克思主义新闻观话语整合的审视维度和实践向度。就此意义而言，马克思主义新闻观话语重构的系统整合，不仅凸显了主体走向客体、接受实践检验的客观化基础，而且彰显了回应时代命题、厚植理论素养的现实性考量。

首先，考察现代新闻业话语呈现的宏观视角——“世界交往”。作为不同主体间彼此影响和交互作用的社会化过程，交往以直接往来和间接接触为表征，指涉观念传播、信息共享、情感和理性的互动。“只有当交往成为世界交往，并以大工业为基础的时候，只有当一切民族都卷入竞争斗争的时候，保持已创造出来的生产力才有了保障。”[①] 以世界交往的角度审视马克思主义新闻观话语重构的系统整合，是现代新闻业产生和发展实践命题的系统呈现，是新闻传播精神产品确证乃至转化为物质产品的重点阐释方式。不同类型的新闻活动相互联系的组织互动，为不同传播主体塑造理解的在场和沟通的境遇，是马克思主义新闻观叙述性话语型构的新空间。以世界交往的视角投射不同的新闻传播主体意识、观念、文化的内容生产能力，关注既是交往形式又是交往结果的话语重构实践，其在现实性上构成了马克思主义新闻观话语整合价值生产活动的相互影响和相互交换。就此意义而言，不同社会主体间交往的视野与实践的命题，不仅丰富和发展了马克思主义新闻观话语构成的价值生产，而且构成了马克思主义新闻观话语呈现的革命性创新。

世界交往的宏观视角指涉马克思主义新闻观“在交往中实践，在实践中交往”的言说空间，投影了马克思主义新闻观话语重构与系统整合的媒介场景。马克思和恩格斯指出，世界交往使资本主义的劳动生产力创造了一种“可能有力量来利用全球的这种全面生产（人们所创造的一切）”[②] 的可能性，“特性怎样发展为多方面的或是地方性的，它们超越地方的局限性还是仍然受地方局限性的拘束……决定于世界交往的发展，决

---

① 马克思、恩格斯：《马克思恩格斯全集：第3卷》，中共中央马克思恩格斯列宁斯大林著作编译局译，人民出版社1960年版，第61－62页。

② 马克思、恩格斯：《马克思恩格斯选集：第1卷》，中共中央马克思恩格斯列宁斯大林著作编译局译，人民出版社1972年版，第42页。

定于他和他所生活的地区在这种交往中所处的地位”[1]。列宁进一步以“全体公民可以自由发表一切意见”强化了新闻交往与实践中理解的对话和融合理解的观念。毛泽东认为，“最迅速最广泛地同群众见面”的联系群众的理论，以马克思主义中国化的实践形态回应了马克思主义新闻观世界交往话语表达的实践向度。习近平总书记则以“明者因时而变，知者随事而制”的工作创新理念为出发点，通过“向基层拓展、向楼宇延伸、向群众靠近”的基本要求，提出深入探索马克思主义新闻观话语整合“理念思路、体制机制、方式方法”[2] 的具体要求。

其次，聚焦新闻现象话语重构的言说方式——“物化的知识力量”。现代交往媒介的实质是科学和知识的力量，是人的智力和创造能力的发展。一方面，交往的物化强调了人化和主体化的外在化，构成了精神交往文化刻写的内容；另一方面，主体的对象化和客观化构成了交往物化进一步拓展的形式。正如马克思所言，“铁路、电报、走锭精纺机等等。它们是……人类的手创造出来的人类头脑的器官；是物化的知识力量”[3]，在“物的社会性离开人而独立”的情况下，技术突破性的发展与变革对人类视觉、听觉、触觉的延伸，使新闻活动话语重构的实践产生了“由于交往手段的惊人发展”引起的交往革命。[4] “不断增强的流动性，现代化的交通电信技术的发展，似乎在迅速打破不同文化间的时空关系”[5]，经物质交换条件创新的马克思主义新闻观话语述情，以新闻活动中话语交往与物化力量的实践结合，体现了马克思主义新闻观话语自由对物质实践的肯定。在物质交换和信息交换频繁的商品社会，技术创新与信息传播全球化趋势的不可逆转，表征了全球互动所导引的生产、生活和交往方式的不可逆转，全球化过程中的“化物”形塑了马克思主义新闻观话语整合主体力量对象化的前提，通过交往心理对交往活动认知的导引，表征了马克思主义新闻观话语重构与系统整合对物化规律和物化手段的掌握与运用。

---

① 马克思、恩格斯：《马克思恩格斯选集：第 3 卷》，中共中央马克思恩格斯列宁斯大林著作编译局译，人民出版社 1960 年版，第 297 页。

② 习近平：《习近平谈治国理政：第 3 卷》，外文出版社 2020 年版，第 573 页。

③ 马克思、恩格斯：《马克思恩格斯全集：第 46 卷》，中共中央马克思恩格斯列宁斯大林著作编译局译，人民出版社 1980 年版，第 219 页。

④ 马克思、恩格斯：《马克思恩格斯全集：第 25 卷》，人民出版社 1974 年版，第 554 页。

⑤ ［美］拉里·A. 萨默瓦等：《跨文化传播》，上海三联书店 2010 年版，第 25 页。

物化的知识力量指涉马克思主义新闻观表达语境的阐释框架，投影了马克思主义新闻观话语重构与系统整合的文化情境。马克思与恩格斯在论印刷术的发明中，论证了经技术手段创新的交往媒介对于交往实践的重要性，指出世界信息交换量由于印刷术的发明而呈几何数倍增，以此实证科学复兴的技术手段是推动新闻实践发展的强大杠杆。列宁从政治宣传和文化教育的角度审视电影这一知识力量的“化物”，指出要更广泛地和经常地利用电影进行宣传，拓展电影在马克思主义新闻观话语传播方面的交往与实践。毛泽东观察和体验了报纸这一技术驱动下的产物后，指出要充分利用报纸的力量，“经过报纸把一个部门的经验传播出去，就可以推动其他部门工作的改造”[①]。习近平总书记强调，新时代马克思主义中国化的新闻传播工作要“科学认识网络传播规律，提高用网治网水平”，“使互联网这个最大变量变成事业发展的最大增量”。[②]

最后，关注新闻传播实效度的话语表达——“用时间消灭空间”。新闻传播活动交往空间的扩大与生产贸易交往活动的拓展密切相关，正如马克思和恩格斯所指出的那样，“资本一方面要力求摧毁交往即交换的一切地方限制，夺得整个地球作为它的市场，另一方面，它又力求用时间去消灭空间”[③]。任何物流和信息流都要克服社会生活空间和时间的限制，用较短的信息流通时间去抵消商品流通领域由于空间距离拉大而产生的成本。就此意义而言，在交往与实践中突破时空界域的传播技术，是实现马克思主义新闻观话语重构与系统整合的核心问题：传播赋意的赛博空间所展演的媒介化生存场域，以时空生产流动性的延展，逻辑性地契合马克思主义新闻观话语整合的要求，构成马克思主义新闻观话语整合交往与实践的内在机制。由此出发，现代商品生产条件下新闻实践交往手段的不断改革，以一种克服距离困难的内在趋向，映射全球化传播场域中马克思主义新闻观话语整合对时空界域的突破。

“用时间消灭空间”指涉马克思主义新闻观言说范式的释义法则，投影了马克思主义新闻观话语重构与系统整合的传播场域。马克思主义

---

① 毛泽东：《毛泽东新闻工作文选》，新华出版社 1983 年版，第 90 页。

② 习近平：《习近平谈治国理政：第 3 卷》，外文出版社 2020 年版，第 311 页。

③ 马克思、恩格斯：《马克思恩格斯选集：第 1 卷》，中共中央马克思恩格斯列宁斯大林著作编译局译，人民出版社 1995 年版，第 538 页。

“用时间消灭空间”理念的提出与19世纪由于较为广泛的世界贸易而逐渐形成世界市场的背景密切相关，“电报已经把整个欧洲变成了一个证券交易所”形象地体现了这一思想。全球话语空间舆论场中东方的缺失与西方的在场，形塑了马克思主义新闻观话语表达在交往与实践话语情境的结构性失衡，具象到中国化马克思主义新闻观话语重构的系统整合，习近平总书记提出“形成立体多样、融合发展的现代传播体系”① 的发展蓝图，以“传统媒体和新兴媒体融合”“推动媒体融合向纵深发展”② 的要求，实现媒体融合的流程再造和融媒体中心建设的全面贯通；同时，强调要发展各类新媒体进行互动式、服务式、体验式的新闻信息服务，推进对各类用户终端的全方位覆盖、全天候延伸、多领域拓展，以此占领马克思主义新闻观话语整合新的时空舆论场。

三、发展与演绎：马克思主义新闻观价值共意的空间交融

社会科学范式的问题空间，在赫伯特·西蒙那里指涉信息加工和解决问题的现象，不仅是语用学“算子（操作）”的议题，而且是与问题情境相关的“约束”性机制作用的对象，指涉所要解决问题的可能的认识状态。③ 马克思主义新闻观内容阐发的价值共意，不仅是核心要义的一以贯之，而且是根据时代发展、回应时代诉求的发展演化，其“问题空间”涵盖马克思主义论新闻、论宣传、论舆论等“因素—结构—功能”的规律性阐发和时代性投影。马克思主义新闻观价值共意的空间交融，指涉新闻传播共律呈现问题的起始状态、分析问题经验总结的中间状态，以及解决问题预期达到的目标状态。正因为“每一个时代的理论思维，包括我

---

① 中共中央文献研究室编：《习近平关于全面建成小康社会论述摘编》，中央文献出版社2006年版，第118页。

② 双传学：《坚定不移推动媒体融合向纵深发展》，载《人民日报》2020年1月21日第9版。

③ Simon H A, Newell A. “Human Problem Solving: The State of the Theory in 1970”. *American Psychologist*, 1971, 26 (2), pp. 145 - 159.

们这个时代的理论思维，都是一种历史的产物”[①]，马克思主义新闻观价值共意的空间交融以时空节点的共时态和历时态、对立统一的相互转换、稳定与发展的存续状态，型构马克思主义新闻观介入社会现实的存在方式和进行社会改造的空间演绎。具象之，马克思主义新闻观价值共意的空间交融，始步于马恩时代的奠基、列宁时代的发展、中国化马克思主义者的创新，其价值呈现的运用坐标、概念体系的评价标准、关系范式的解释框架，更是以“问题空间”的解决方案指谓了时空发展的内在关联、因果样式的循环建构和价值关系的反映指向。

马克思主义新闻观的理论体系形塑于自由资本主义阶段，马克思和恩格斯对新闻本源、真实性、出版自由等一系列问题进行重点阐释，以“用谎言来证明真理是对真理的莫大侮辱”[②] 话语表达的印证，回应对新闻问题的认识、关注与遵循。列宁在领导无产阶级进行革命斗争和社会主义建设的征程中，对新闻进行系列论述，并在领导无产阶级革命和社会主义建设的过程中，突出新闻媒体和新闻工作的作用。中国共产党历代领导核心回答了在新民主主义革命和社会主义建设中新闻工作所遇到的问题、改革开放和市场经济条件下新闻工作所遇到的问题、经济全球化和移动互联网时代新闻工作与舆论工作所遇到的问题，这极大地丰富和发展了马克思主义新闻观。马克思指出，在一定范围的社会交往中新闻的存在是以“未闻”为前提的，事实的变动对新闻的产生具有重要意义，变动的不均衡性构成了新闻与其他交往形态的区别。对于新闻的真实性原则，毛泽东强调“傍着活事件来讨论”[③]，习近平总书记指出真实性和客观性是新闻的本源，真实性是新闻的生命，事实是新闻的本源，虚假是新闻的天敌。

（1）马克思主义新闻观问题空间论“宣传”价值共意的发展演绎。马克思和恩格斯使用“宣传”这一概念，既指观念和学说的传播，亦指事实本身造成的影响。当他们谈到“自由的人民国家”这一用语时，恩格斯强调了“这个用语在鼓动的意义上暂时有存在的理由，但归根到底是没有科学根据的”。无论是马克思、恩格斯，还是列宁和毛泽东，他们

① 马克思、恩格斯：《马克思恩格斯文集：第9卷》，中共中央马克思恩格斯列宁斯大林著作编译局译，人民出版社2009年版，第436页。

② 马克思、恩格斯：《马克思恩格斯全集：第5卷》，中共中央马克思恩格斯列宁斯大林著作编译局译，人民出版社1958年版，第166页。

③ 毛泽东：《毛泽东早期文稿》，湖南出版社1990年版，第293页。

在广义上都使用了“宣传”这个概念，并着重于宣传的理论基础、功能效益、事实推动原则和对象分析。他们从经济结构引起社会变化的决定性因素的阐释出发，同时将宣传者的理论素养、方法运用、宣传艺术等因子视为影响宣传效益的要素，综合考量社会环境、社会事件对政治宣传的反馈，而不是将宣传视为孤立的社会行为。正是因为注重对宣传时机的掌握和宣传环境的分析，马克思主义新闻观论“宣传”的价值共意，落脚于用事实推动宣传的阐发中。马克思将此诠释为“少发些不着边界的空论，少唱些高调，少来些自我欣赏，多说些明确的意见，多注意一些具体的事实，多提供一些实际的知识”①，并在实践中将报纸宣传定位于“首先满足读者获知新闻的需求”，既要重视宣传产生的直接效应，更要关注宣传的长期效应。

在长期革命实践中，毛泽东始终非常重视党的思想宣传工作，始终把宣传工作作为党的工作的重要组成部分，指出宣传工作的首要原则是“完全符合于党的政策”并服务于党的中心工作，党要掌握宣传工具和宣传武器，“应该把报纸拿在自己手里”；指出“不但教员是宣传家，新闻记者是宣传家，文艺作者是宣传家，我们的一切工作干部也都是宣传家”②，宣传教育要着眼于提高党员干部和思想宣传工作者自身的政治素养、理论水平和业务能力；认识到自身力量并不足以破除当时新闻封锁的力量而将中立的中外媒介纳入宣传主体，指出宣传工作要注意“两条腿走路”的方式方法，即对群众进行说服教育、对敌对势力进行有策略性的宣传。同时，通过实事求是、理论联系实际、走群众路线、采取群众喜闻乐见的方式等具体要求，保证马克思主义新闻观的宣传活动富有成效。聚焦马克思主义新闻观话语共意时代要求和现实挑战呈现的阶段性特征，习近平总书记指出：“最好的宣传应该是能让被宣传的对象沿着你所希望的方向行进，而他们却认为是自己在选择方向。”③ 强调必须要进行宣传思想工作创新，重点要抓好理念创新、手段创新和基层工作创新。

（2）马克思主义新闻观问题空间论“舆论”价值共意的发展演绎。

---

① 马克思、恩格斯：《马克思恩格斯全集：第47卷》，中共中央马克思恩格斯列宁斯大林著作编译局译，人民出版社2004年版，第42页。

② 毛泽东：《反对党八股》，人民出版社1953年版，第12页。

③ 参见中共中央网络安全和信息化委员会办公室，中华人民共和国国家互联网信息办公室[EB/OL]. 2015-05-27. http://www.cac.gov.cn/2015-05/27/c_1115427872.htm.

舆论指涉某一具体区域内的各阶层大体一致的意见、倾向或情绪表现。从作为一种社会制约力量的原始社会舆论阐释出发，马克思谈到人们对习惯法的服从，“在小的地区和小的天然集团里运用时，它所依赖的惩罚性制裁，部分是舆论，部分是迷信”①。从商品经济向全球化拓展的现代舆论阐释出发，马克思、恩格斯将舆论视为“普遍的、无形的和强制的力量”，将共同利益诠释为一定范围内舆论形成的基础，将先进阶层和发达地区的“舆论”视为舆论的晴雨表，重视舆论的敏感和变化无常，重视舆论对权力组织和政治活动家的制约力量、对立法特别是经济立法的推动力量，用“舆论的陪审团”“名誉审判席”“批判的法庭”等用语，阐明舆论实现了普遍的社会监督。马克思主义新闻观论“舆论”的价值性阐释，还表现在马克思和恩格斯对现代舆论的控制方式（即“安全阀”）的系统关注，具体体现为对有意转移舆论的兴奋点、减轻对焦点问题的舆论压力、迷惑舆论使舆论顺从控制者、组织舆论和制造舆论以控制真实舆论等方式的论述和批判。

毛泽东并未对作为一种复杂的信息存在形态和传播方式的舆论下定义，主要以分散、自然的舆论状态进行论述。他以动员一切力量打破舆论封锁、整合新闻资源制造舆论强势、塑造“舆论领袖”引导舆论的具体表现，通过“舆论一律”和“舆论不一律”的价值主张，调动一切力量对敌人形成新闻舆论攻势，通过“借他人之口为我说话”为中国共产党和人民军队抗日斗争营造良好的舆论环境。具象新时代马克思主义新闻观“舆论”的发展与演绎，习近平总书记指出要坚持正确舆论导向，提高新闻舆论传播力、引导力、影响力、公信力。党的十八届三中全会特别强调“整合新闻媒体资源，推动传统媒体和新兴媒体融合发展”以占领新的舆论场。

---

① 马克思、恩格斯：《马克思恩格斯全集：第45卷》，中共中央马克思恩格斯列宁斯大林著作编译局译，人民出版社1985年版，第657页。

第一章　舆论生态与舆论引导创新

党的新闻舆论工作是治国理政、定国安邦的大事，面对技术飞速发展，认识到互联网已经成为舆论斗争的主战场；面对社会建设重任和舆论喧嚣氛围的矛盾，提出要构建天朗气清、生态良好的网络空间；面对国际形势严峻、国内媒体格局重构，强调要牢牢把握网络意识形态的主导权和主动权。习近平总书记指出："我们的同志一定要增强阵地意识。宣传思想阵地，我们不去占领，人家就会去占领。我看，思想舆论领域大致有三个地带。第一个是红色地带，主要是主流媒体和网上正面力量构成的，这是我们的主阵地，一定要守住，决不能丢了。第二个是黑色地带，主要是网上和社会上一些负面言论构成的，还包括各种敌对势力制造的舆论，这不是主流，但其影响不可低估。第三个是灰色地带，处于红色地带和黑色地带之间。对不同地带，要采取不同策略。对红色地带，要巩固和拓展，不断扩大其社会影响。对黑色地带，要勇于进入，钻进铁扇公主肚子里斗，逐步推动其改变颜色。对灰色地带，要大规模开展工作，加快使其转化为红色地带，防止其向黑色地带蜕变。这些工作，要抓紧做起来，坚持下去，必然会取得成效。"① 习近平总书记的舆论生态观深刻体现了中国共产党人"不忘初心、牢记使命"的治国理念。

习近平总书记指出："要抓住时机、把握节奏、讲究策略，从时度效着力，体现时度效要求。"② 马克思主义新闻观的研究范式聚焦内容生产意义刻写的思维方式、概念体系、评价标准，贯通价值生产话语重构的本体论、认识论、方法论，投射空间交融的意义框架、关系模式和理论诠释。在现实性上，党性原则的理论基础、尊重规律的价值表达、以人民为

---

① 中共中央党史和文献研究院编：《习近平关于网络强国论述摘编》，中央文献出版社2021年版，第52－53页。

② 习近平：《习近平治国理政：第2卷》，外文出版社2017年版，第333页。

中心的工作出发点，展现了马克思主义新闻观通过内容生产进行意义刻写的逻辑与规律；观察新闻现象的独特视角、物化知识力量的结构性阐发、用时间消灭空间的实践形态，形塑了马克思主义新闻观话语重构的阐述视角和系统整合的交互能动；马恩时代的奠基、列宁时代的发展、中国化马克思主义者的创新，以“问题空间”的解释框架，指谓了马克思主义新闻观空间交融发展演绎的内在关联、因果样式和价值关系。

第一节　习近平舆论生态观*

习近平总书记在中国共产党第十九次全国代表大会上的报告中指出，要提高新闻舆论传播力、引导力、影响力、公信力，牢牢掌握意识形态工作领导权。在2016年2月19日召开的党的新闻舆论工作座谈会和2013年8月19日召开的全国宣传思想工作会议中，习近平总书记专门针对新闻舆论工作作出重要指示。在此次党的十九大报告中，习近平总书记对舆论工作进行全局性和战略性定位：新闻舆论工作对于维护意识形态工作领导权具有重要意义。

面对当前国际政治形势剧变、国内社会矛盾突出、互联网技术飞速发展的挑战，习近平总书记强调要更加重视党的新闻舆论工作，重视把握民意和了解人心；互联网已经成为舆论存在的主场域，也是舆论斗争的主战场；网络生态事关社会建设事业大局，要构建积极良好的网络空间；意识形态斗争是一项长期且严峻的事业，需要牢牢把握意识形态建设的主导权和主动权。

习近平总书记关于新闻舆论工作，已经形成了以“党的新闻舆论工作是治国理政、定国安邦的大事”为统领，以从社会层面体察民心民意到政治层面维护主流意识形态、从认识网络空间舆论斗争到把握现实社会舆情为重要支撑，以正面宣传为主、壮大舆论工作队伍、坚持全党动手、推动媒体融合发展为方法的系统性新闻舆论观。习近平总书记的舆论生态观深刻体现了中国共产党人“不忘初心、牢记使命”的治国理念：为中

---

* 本节内容的作者为张志安和晏齐宏。

国人民谋幸福，为中华民族谋复兴。

一、党的新闻舆论工作是治国理政、定国安邦的大事

将“新闻宣传”改为“新闻舆论”，可见我党对舆论工作的认识已达到了新高度。习近平总书记强调，“做好党的新闻舆论工作，事关旗帜和道路，事关贯彻落实党的理论和路线方针政策，事关顺利推进党和国家各项事业，事关全党全国各族人民凝聚力和向心力，事关党和国家前途命运。必须从党的工作全局出发把握党的新闻舆论工作，做到思想上高度重视、工作上精准有力”①。这五个“事关”阐明了党的新闻舆论工作是党的事业的重要组成部分。

1. 党的新闻舆论工作体现党的意志，肩负着让党的主张成为时代最强音的历史使命

党的新闻舆论工作要体现党的意志，这也是坚持党性与人民性相统一的必然要求。中国共产党始终同人民站在一起，坚持“为人民服务、以人民为中心”的工作理念，把“人民拥护不拥护、赞成不赞成、高兴不高兴、答应不答应”作为衡量一切工作得失的根本标准。同时，新闻媒体积极了解人民群众生活、把握民情民意；向党中央传达人民心声，反映人民疾苦，做到这一点也就是做到了坚持党性原则。

新闻舆论工作坚持党性原则，核心就是坚持正确的政治方向，始终不渝地从思想上、政治上、行动上与党中央保持高度一致，坚决维护党中央权威、落实中央政策精神。坚持党性原则，就是要认识到新闻舆论工作不仅仅是信息传播工作，更是一项在面对复杂国情挑战下的思想斗争性工作。当前舆论格局纷繁复杂，需要新闻媒体守好党的舆论阵地，特别是要增强马克思主义思想在舆论阵地中的影响力。

新闻媒体要宣传党的主张，让党的主张成为时代最强音。党和政府主办的媒体是党和政府的宣传阵地，必须姓党。要向人民群众传达党的声音，宣传好党的十八大、十九大和二十大精神，宣传好马克思列宁主义、

① 习近平：《坚持正确方向创新方法手段 提高新闻舆论传播力引导力》，载《人民日报》2016年2月20日第1版。

毛泽东思想，宣传好中国特色社会主义理论体系，宣传好自党的十八大以来的理论创新成果，宣传好党的方针政策。以这些政策主张来传达党“为了人民利益”的工作理念，构建与加强党和人民的血肉联系。

2. 党的新闻舆论工作应围绕中心、服务大局，担负着为实现中国梦提供思想舆论支持的时代重任

从全局出发是新闻舆论工作的立足点，新闻媒体要有服务大局的意识。习近平总书记强调，“宣传思想工作一定要把围绕中心、服务大局作为基本职责，胸怀大局、把握大势、着眼大事，找准工作切入点和着力点，做到因势而谋、应势而动、顺势而为”①。从全局出发就是要从服务党和国家各项事业的大局出发，要坚持“阵地意识”“引领意识”“创新意识”。不断壮大党的宣传力量、占领舆论高地；不断提高新闻舆论工作的引导意识，引领其他宣传力量共同建构大宣传格局；不断增强新闻舆论工作的创新性，以创新手段提升宣传效果。

党的新闻舆论工作要始终围绕“人民”开展工作，这也是党的建设事业发展的重要支撑；要深刻阐释党的建设事业是“为了人民、依靠人民”的理念；要始终围绕人民福祉推进国家各项事业发展。在实践中不断摸索和前进，集聚各方力量、凝聚各方共识。党要带领人民协调推进“五位一体”总体布局和“四个全面”战略布局，带领人民实现“两个一百年”奋斗目标，实现中华民族伟大复兴的中国梦。

党的新闻舆论工作要坚持正确的舆论导向，为实现中国梦提供思想舆论支持。舆论导向正确与否关系党和国家事业的前途命运和兴衰成败。为了维护人民利益、促进社会发展、净化舆论环境，必须要“讲导向”。习近平总书记提出新闻媒体“讲导向”的八个方面：“各级党报党刊、电台电视台要讲导向，都市类报刊、新媒体也要讲导向；新闻报道要讲导向，副刊、专题节目、广告宣传也要讲导向；时政新闻要讲导向，娱乐类、社会类新闻也要讲导向；国内新闻报道要讲导向，国际新闻报道也要讲导向。”② 坚持正确的舆论导向，营造天朗气清、和谐相融的网络空间，为

---

① 倪光辉：《胸怀大局把握大势着眼大事 努力把宣传思想工作做得更好》，载《人民日报》2013 年 8 月 21 日第 1 版。

② 习近平：《坚持正确方向创新方法手段 提高新闻舆论传播力引导力》，载《人民日报》2016 年 2 月 20 日第 1 版。

我国社会建设事业提供重要的舆论支持。

3. 党的新闻舆论工作承担武装人、引导人、塑造人、培养人的神圣职责

党的新闻舆论工作要以科学的理论武装人，以正确的舆论引导人。面对新时期复杂的国内外形势，要做好新闻舆论工作不仅要以情动人，更要以理服人。新闻舆论工作要始终贯彻理论与实践并重、互推互进的工作原则。运用科学的理念阐释当下政治社会的复杂性、社会主义建设事业的长期性、坚持政治立场的必要性。同时，也要在具体实践中发挥新闻媒体监测环境、凝结共识、传承文化的作用，坚持正确的舆论导向，并以正确的舆论引导人。

新闻舆论工作要宣扬核心价值观，以高尚的道德情操塑造人、培养人。价值观对个人发展具有重要导向作用，也是引领社会前进的重要精神支柱。社会主义核心价值观，即富强、民主、文明、和谐，自由、平等、公正、法治，爱国、敬业、诚信、友善，是凝聚社会共识、强化社会信任、增进社会认同的重要路径。习近平总书记强调，“要加强社会主义核心价值体系建设，积极培育和践行社会主义核心价值观，全面提高公民道德素质，培育知荣辱、讲正气、作奉献、促和谐的良好风尚”[①]。新闻舆论工作要提升和创新价值观传播方式，让人民在党的宣传思想的感召下成为讲文明、树新风的新时代主人。

4. 党的新闻舆论工作负有“讲好中国故事、传播好中国声音、展现好中国形象”的家国情怀

党的新闻舆论工作要宣传阐释中国特色，提升中国文化软实力。中华民族有着深厚的历史传统和文化积淀，传播好中国特色文化、积极发扬中华民族精神，是中国进行国际传播的宗旨；讲好中国故事，是实现中华文化国际传播的重要路径。主流媒体要利用多种包装策略，积极创新文化内容的传播方式。新媒体要增强文化传播意识，提高议题设置能力，通过讲好中国故事，增强国家文化软实力。

党的新闻舆论工作要构建中国故事的国际传播话语体系，打造融通中外的新概念、新范畴、新表述。在全面对外开放的国际环境中，只有看清

---

① 倪光辉：《胸怀大局把握大势着眼大事 努力把宣传思想工作做得更好》，载《人民日报》2013年8月21日第1版。

国际形势才能正确审视自身。中国始终与世界同呼吸共命运，只有在国际局势中进行清晰的自我定位，才能找到较好的切入点和新路径，才能从头到尾地讲好中国故事。这就需要深刻体察对象国的文化背景及其社会心理，了解对象国的文化接受规律。中外融合，构建传播中国声音的新概念、新范畴、新表述，将被动灌输中国文化转为对象国自然而然地接收，甚至主动了解中华文化的良好局面。更要在国际舆论场中，主动设置议题、积极发声、争取把握舆论主动权，让世界对中国有一个客观的认识，从而展现中国良好形象。

二、互联网已经成为舆论斗争的“主战场”

当前，互联网已经全面渗透人民生活，也成为舆论表达的主场域、舆论斗争的“主战场”。同时，互联网也是舆论斗争的有力“武器”。要利用互联网聚合各方力量、整合各类资源开展舆论斗争工作。要做到用好互联网、善用互联网，以互联网凝聚舆论宣传人才，把握互联网发展规律，从而推进舆论斗争工作。

1. 要把打赢网络舆论斗争作为首要任务

互联网已成为意识形态斗争的“主战场”，要积极应对网络舆论斗争。面对国内外的发展困境，网络舆论斗争也越加激烈并成为常态。从国际形势来看，国外敌对势力始终宣传西方“和平演变”战略，利用网络向我国散布影响主流价值观的意识形态；从国内看，在中国特色社会主义的主流意识形态之外，各种社会思潮之间的交锋日趋激烈，分化与聚合趋势加快。互联网作为意识形态斗争的“主战场”已成为各种力量相互较量的主场域。针对舆论斗争，在原则性问题上绝不退让，响应主流意识形态，这是打赢网络舆论斗争的基本保障。

积极重视和利用互联网的影响力，为打赢网络舆论斗争做准备。互联网成为意识形态斗争的“主战场”，也相应成为意识形态建设的“利器”。通过互联网了解主流意识形态和其他社会思想意识的交锋状态，把握舆论表达主体的社会心理，更要正视互联网的影响力，并积极利用互联网营造积极向上的网络空间氛围。但这并不意味着一味推崇正面宣传，而是在正面宣传的同时开展舆论监督。只有将正面推进和反面批评相结合，才能更加突出事物的矛盾性、问题的复杂性，从而为打赢这场网络舆论斗争提供深厚的事实支撑。

2. "主战场"必须有"主力军"

传统媒体和网络媒体协调发展，共同打造舆论阵地主力军。在舆论斗争中，新闻媒体要发挥"主力军"作用。传统媒体要发挥其在新闻工作中的权威性和专业性，坚持正确政治导向，这是塑造阵地意识的基本保障；网络媒体要体现其新闻工作的创新性和规律性，坚持互联网思维和一体化发展理念，这是落实阵地意识的有效手段。坚持传统媒体与网络媒体的协调发展，才能守住主流媒体和网络上正面力量构成的"红色地带"，科学合理地引导负面言论向积极方向发展。

壮大网络新闻舆论工作队伍，培养高素质综合性宣传人才。在舆论斗争中，新闻舆论工作队伍要有坚定的政治立场，坚持正确的政治方向；要承担引领舆论导向的重要使命，引领和谐相融的网络文化氛围；要有明确的新闻志向，良好的个人综合素质和专业水平；要坚持正确的工作取向，始终坚持以人民利益为首的原则。加强网络舆论阵地建设，让新闻工作者做党的政策主张的传播者、时代风云的记录者、社会进步的推动者、公平正义的守望者，成为打赢网络舆论斗争的主要力量。

3. 要顺应互联网发展大势，推进全方位创新

顺应网络发展趋势，推进舆论斗争工作的理念创新。在网络舆论斗争中，新闻媒体要加强互联网思维，正确认识网络舆论斗争的风险和挑战，深刻把握舆论斗争的本质和逻辑。当下，多样化的舆论格局已经形成，政治话语表达在内容和形式上都更加丰富和多样。但是，不能把多样化的政治话语表达或意识形态的争论，看作社会分裂而进行过分斗争，而是要有理、有利、有节地分析舆论表达背后的深刻含义。同时，网络负面言论会直接影响舆论空间氛围，但开展舆论斗争并不是一味"战斗"，而是要加强理性和协商式对话。

积极利用互联网特点和优势，重点推进以内容创新等为代表的创新体系建设。在网络舆论斗争中，除了理念创新之外，还需要强调内容创新、手段创新、体制机制创新。要加强网络内容建设，积极宣传党的方针政策，向人民解疑释惑；弘扬主旋律、传播正能量；要积极利用互联网了解网民表达文化，以受众喜闻乐见的方式推进舆论工作；要不断完善互联网应用于舆论工作的体制、机制建设工作，在变革中推进舆论宣传工作，以创新的方式应对网络舆论斗争。

4．网络舆论斗争要讲究战略战术

网络舆论斗争要坚持张弛有度、克制自省的原则。在意识形态工作中，习近平总书记强调，“特别要注意区分政治原则问题、思想认识问题、学术观点问题，旗帜鲜明反对和抵制各种错误观点”[①]。当前，我国思想领域存在多元意识形态思潮，其中有些思潮可能会有质疑中国共产党的领导、质疑中国特色社会主义道路等倾向，这是网络舆论斗争中要坚决抵制的。但是，对于多元化舆论格局下的意见争论，要始终保持适度原则，既不能过度强调“斗争性”，也要坚持有攻有守。同时，要找到舆论斗争爆发的原因和作用机制，审视舆论传播的路径，进而达到积极高效的斗争效果。

网络舆论斗争是技术与艺术的结合。舆论引导是一门技术，要适当通过强硬的手段控制与管理舆论表达失序状态，着眼于舆情应对指标体系建设，通过信息透明度、动态反映、问责体制、网络技巧、征求专家意见等，以科学性提高效用性，并且准确把握舆情态势，找到意识形态争论的诱发因素。同时，舆论引导又是一门艺术，要增强软性手段的灵活运用，积极回应网民诉求，利用创新方式进行主流价值观的宣传，以社会主义核心价值观感召人，以正面宣传鼓舞人，让主流意识形态渲染环境、熏陶人民。

三、构建天朗气清、生态良好的网络空间

网络空间氛围是现实社会生态的缩影，良好的网络空间氛围有助于培植积极的社会生态、消解社会混沌污浊的不理想状态。面对政治局势复杂、社会矛盾不断、表达环境喧嚣等挑战，习近平总书记强调：“网络空间是亿万民众共同的精神家园。网络空间天朗气清、生态良好，符合人民利益。网络空间乌烟瘴气、生态恶化，不符合人民利益。谁都不愿生活在一个充斥着虚假、诈骗、攻击、谩骂、恐怖、色情、暴力的空间。”[②] 深

---

① 习近平：《决胜全面建成小康社会 夺取新时代中国特色社会主义伟大胜利——在中国共产党第十九次全国代表大会报告》，载《人民日报》2017 年 10 月 25 日第 2 版。

② 习近平：《在网络安全和信息化工作座谈会上的讲话》，载《人民日报》2016 年 4 月 26 日第 2 版。

刻反映了良好的网络空间对于个人与社会发展的重要意义。

1．要把网络舆论工作作为重中之重

互联网是反映和承载舆论的平台，要把网上舆论工作作为宣传思想工作的重中之重。伴随着互联网的不断普及、人民的网络表达意识和能力的不断增强，互联网逐渐成为反映人民心声的重要场域。习近平总书记说："老百姓在哪儿，民意就在哪儿。我国有 7 亿网民，传统方式和网络渠道共同构成了现在反映民意、了解民意、沟通民意的新途径。"[①] 舆论工作在本质上是一项思想建设性工作，通过信息传播来影响人、感召人。面对网络舆论的繁荣发展态势，需要深刻把握网络舆论的缘起、发展和影响路径，从而制定符合舆论传播规律的宣传策略和宣传路径。

通过互联网了解社情民意，推动网络舆论工作取得实效。舆论是人民之音，互联网除了承载舆论外，也为了解和把握民意提供了便利。在具体实践中，则要把握网络舆论表达的特征、规律，了解网络舆论表达的动机和目的，更好地体会网络舆论表达文化。通过对比现实境况与网络意见之间的相似与差异，找到网络舆论表达的形成原因，以期更好地把握社会结构、社会心态等对于舆论的深刻影响。

2．正能量是总要求、"管得住"是硬道理

把握网络传播规律，积极宣传正能量。弘扬主旋律，社会思想就有了主心骨；传播正能量，社会发展就有了动力源。网络空间只有充满正能量，才能以正气渲染社会氛围，为社会建设与创造良好的舆论氛围，最终推动社会事业的发展。习近平总书记强调："做好网上舆论工作是一项长期任务，要创新改进网上宣传，运用网络传播规律，弘扬主旋律，激发正能量，大力培育和践行社会主义核心价值观，把握好网上舆论引导的时、度、效，使网络空间清朗起来。"[②] 要积极利用互联网传播正能量，重点抓好理念创新、手段创新、基层工作创新，让社会主义核心价值观充盈网络舆论空间。

坚持"管得住"思维，提升正能量的宣传效果。宣传正能量，并非

---

① 习近平：《在网络安全和信息化工作座谈会上的讲话》，载《人民日报》2016 年 4 月 26 日第 2 版。

② 习近平：《在中央网络安全和信息化领导小组第一次会议上的讲话》，载《习近平谈治国理政》，外文出版社 2014 年版，第 198 页。

毫无针对性地宣传正面事物，而是要讲究宣传战略与策略。“管得住”是硬道理，是提升宣传效果的必要条件。提高正能量的宣传效果，一要坚持正确的政治导向，舆论工作要有导向意识，宣传人员要有政治敏锐性；二要把握网络传播规律，舆论工作要提高引导能力，宣传人员要有较高的综合素质和传播能力；三要坚持适度创新的宣传路径，舆论工作要注重方法策略的运用，结合受众诉求推进正能量的宣传。只有通过坚持政治导向、把握网络传播规律、适度创新传播路径，方能提高正能量的宣传效果。

3. 坚持团结稳定鼓劲、正面宣传为主

坚持团结稳定鼓劲，是凝心聚力推进工作的前提。习近平总书记强调：“当前和今后一个时期，我国发展的目标是实现‘两个一百年’奋斗目标。建设富强民主文明和谐的社会主义现代化国家，实现中华民族伟大复兴，是鸦片战争以来中国人民最伟大的梦想，是中华民族的最高利益和根本利益。”[①] 社会主义建设是一项长期性、过程性的事业，任何单一的力量都不足以支撑起这项艰巨而伟大的历史任务。这就需要各方力量具有看齐意识，始终团结在以习近平总书记为核心的党中央周围，始终围绕社会主义建设事业开展和落实各项工作。同时，各方力量要共同配合、齐心协力，积极推进社会主义建设事业不断向前发展。

坚持正面宣传，处理好主流与支流的关系。当前，网络舆论表达整体有序，但也不排除宣泄嘈杂的舆论表达。这就需要坚持正面宣传，构建积极向上的网络表达氛围。新闻媒体报道要坚持实事求是原则，以摆事实讲道理的姿态加强正面宣传力度。当然，坚持正面宣传也要有底线思维，对于大是大非问题，要积极向人民澄清是非界限。同时，网络舆论表达中的“嘈杂”之音和丑恶现象应该受到批评，但也要认识到这只是支流。总体来讲，社会主流是积极向上的。坚持正面宣传也是坚持主流、营造主流氛围的重要方式。

4. 把握好网络舆论引导的时、度、效

积极把握舆论发展规律，抓住不同时机引导舆论。网络舆论的发展和传播具有不同的时间节点和效应。在网络舆论引导中，要抓住时机把握节奏，针对不同阶段进行适度引导。在网络舆论萌生期，要提前做好网络舆

① 习近平：《在网络安全和信息化工作座谈会上的讲话》，载《人民日报》2016 年 4 月 26 日第 2 版。

情监测工作，尽量预防网络舆论朝着负面态势发展。在网络舆论发展过程中，要及时公开信息、传播事实、敢于讲真话，避免错误信息的扩散和传播。在网络舆论消亡期，要引导网络舆论朝着理性向善的方向发展。

把握好适度原则，有理有节地开展舆论引导工作。新闻报道数量要适度，价值传播要恰当，舆论工作要有理有度。同时，舆论工作既要主动引导舆论，也要虚心接受人民的批判，更要向人民学习。在具体舆论引导工作中，要从不同声音中找到公众利益的关切点，对不同意见要有包容意识，引导宣泄性表达向理性表达方向发展。

积极进行长期社会心态调适，把握好舆论引导的效果。短期信息调控能够为舆论场提供正能量，驱动舆论场的演化和发展。但短期信息调控可以解决“入眼”清朗的问题，却无法达到“入脑入心”的说服效果。相比较而言，对社会心态的研判，可以由表面的社会情绪基调深入到内部的社会共识甚至社会价值取向。通过研究社会心态，把握个人的社会心理和公众对社会的整体评价，进而超越短期的信息调控、实施长期的心态调适，有利于构建舆论引导的长效机制。

5. 网上网下形成同心圆

网络现实是一个同心圆，要积极凝聚社会共识。互联网是一个集开放性、去中心化、多边形的圈层化传播格局。这种传播格局赋予普通民众表达的权力，但也可能会更加强化优势阶级的意见。由此，多元复杂的舆论格局更加需要有“共识”性意见，以集聚建设性力量，为社会主义现代化服务。具体来看，要以坚持党的领导下的社会共识为核心，以社会主流价值观为支撑；同时，要根据实际情况采纳不同意见，以实践为导向不断调适非主流价值观为依托，构建网上网下同心圆。习近平总书记强调，“凝聚共识工作不容易做，大家要共同努力。为了实现我们的目标，网上网下要形成同心圆。什么是同心圆？就是在党的领导下，动员全国各族人民，调动各方面积极性，共同为实现中华民族伟大复兴的中国梦而奋斗”①。

正视舆论多元化格局，凝聚共识并不是只讲一种调子。当前，舆论多元化格局已经形成：网络舆论场与现实舆论场、主流舆论场和底层舆论

① 习近平：《在网络安全和信息化工作座谈会上的讲话》，载《人民日报》2016年4月26日第2版。

场、官方舆论场和民间舆论场。多元化舆论格局一定程度上对凝聚共识构成挑战，但凝聚共识不应该只有一个调子、一种声音。从舆论形成过程看，凝聚共识更应该是不同个体、不同群体在多元化舆论格局中相互交流、相互争论，通过协商对话达成良性的社会共识。从舆论形成结果看，由于社会舆论可能有所偏差，通过不同舆论场的相互批评、审视他人的意见并进行自我慎思，更有可能达到理性的舆论表达目标，从而凝聚社会共识。

6. 培养向上向善的网络文化

积极倡导社会主流价值观，培育健康向上的舆论表达氛围。近年来，随着物质生活富足，拜金、拜物等观念有所凸显，再加上网络消费主义带来的享受和快感，使得传统主流价值观和信仰有所动摇。这些都对积极向上向好的网络文化构成了冲击，腐蚀了对主流价值观的坚守。这就要求积极宣传社会主流价值观培育健康向上的舆论表达氛围。在社会主义核心价值观的感召下，人民群众才能在思想上达成共识、行动上达成一致，以实现习近平总书记所说的“社会主义核心价值观内化为人们的精神追求，外化为人们的自觉行动”（2014 年 2 月 24 日，在中央中共政治局第十三次集体学习时的讲话）。

加强网络内容建设，培养积极向上的网络文化。习近平总书记指出，要“依法加强网络空间治理，加强网络内容建设，做强网上正面宣传，培育积极健康、向上向善的网络文化，用社会主义核心价值观和人类优秀文明成果滋养人心、滋养社会，做到正能量充沛、主旋律高昂”①。这要求释放网络舆论场的正能量，做实做强网络内容建设。围绕关乎公共利益和社会发展的重大话题进行议程设置，围绕贴近实际、贴近群众、贴近生活的议题开展宣传工作，引导人民积极参与网络内容建设。同时，要积极探索新型传播方式，以人民喜闻乐见的方式呈现传播内容，让社会主义核心价值观深入人民生活，真正发挥正面宣传鼓舞人、激励人的作用。

---

① 习近平：《在网络安全和信息化工作座谈会上的讲话》，载《人民日报》2016 年 4 月 26 日第 2 版。

四、牢牢把握网络意识形态工作主导权和主动权

当前，国内外意识形态斗争不断，对党的建设事业构成了挑战。习近平总书记在十九大报告中强调，意识形态工作是党的一项极端重要的工作，必须得到重视。把握意识形态的主导权和主动权，首先，要坚持党管网络的原则，坚持明确的政治导向，要能管网、会管网；其次，更要善用互联网、用好互联网，推进媒体融合发展；最后，要加强网络综合治理，全党协作，形成大宣传格局。

1. 坚持党管网络原则

坚持党管网络原则，是维护国家安全的重要保障。随着互联网的发展，受众群体不断扩大、影响力逐步上升，并为舆论提供了新的表达场域。但是，互联网不是法外之地，绝不能脱离党的领导。要站在维护国家意识形态安全、政治安全的战略高度，落实好党管网络的原则。这说明，既要坚决抵制西方意识形态的侵袭，捍卫社会主流价值观，又要与国际力量合作，抵御反动势力对网络表达秩序的破坏。以国家主权理念坚守网络意识形态阵地，以共享共治理念回应全球合作的价值追求。

维护主流意识形态，推动多种思想意识的有序表达。党管网络要处理好主流意识形态和其他思想意识的关系，要努力维护主流意识形态建设，让意识形态主旋律充盈网络空间。但是，党管网络不是限制或控制网络舆论，而是要为网络舆论表达创造良好的秩序基础，让各种思想意识汇聚于互联网，形成多元开放、富有活力的网络舆论表达格局，培育健康向上的网络表达氛围。

培养现代管理理念，将党管网络落到实处。近年来，我国互联网建设管理模式不断完善，但仍然需要创新管理理念。从实践层面看，现代管理理念更加注重对管理对象的把握，不鼓吹多数或优势意见，也不压制少数意见。同时，现代管理理念更加注重适度灵活的原则，积极宣传主流意识形态，反对庸俗的言论和表达；既尊重自由的舆论表达理念，又会控制失序的舆论表达行为。

2. 大力推进媒体融合发展

着力打造一批新型主流媒体，加强主流意识形态阵地建设。主流媒体要坚持阵地意识，积极维护主流意识形态；坚守传统新闻报道的专业主义

精神，借助网络新技术提升自我价值；运用多种手段创新发展模式，增强主流媒体的宣传能力。要以互联网思维推进主流媒体建设、以用户市场思维宣传主流价值观，将主流价值观渗透到人民日常生活中。着力打造新型主流媒体，扩大主流价值观的影响力、感召力。

积极培养新媒体人才队伍，把握好主流意识形态的领导权。主流意识形态阵地建设，重点在于培养政治素质过硬、综合能力突出、新闻业务精湛、道德情怀高尚的新闻舆论工作者。同时，新时期主流意识形态的维护，更需要在内容和技术方面下功夫。需要加强网络内容建设，培养具有深厚理论基础、能够把握意识形态战略全局性的理论工作者；也需要优化网络技术配置，培养懂政治、有想法、重经验的技术人才。由此形成一支以新闻舆论工作者为核心、以理论工作者和技术工作者为支撑的新媒体人才队伍，推动新媒体建设事业发展，最终获得意识形态的主导权和主动权。

3. 加强网络综合治理

积极推进网络信息事业发展，提高网络意识形态安全防范能力。没有网络安全，就没有国家安全。积极推进网络信息事业发展，健全信息基础设施安全保障体系，是国家安全的基础条件。目前，我国互联网建设管理运用不断完善，但仍有众多技术障碍对意识形态安全构成挑战。这要求加强网络核心技术创新和基础设施建设，增强对网络舆论表达的筛选、处理、采集能力，提高对敌对意识形态的辨识能力，为掌握意识形态工作领导权创造良好条件。

依法治理网络空间，规范网络空间行为。当前，网络舆论空间总体秩序良好，但仍存在一些失范行为。网络舆论表达中掺杂着网络暴力、网络谣言、网络恶搞、网络攻击等行为，不仅污染了网络空间环境，也不利于主流意识形态的坚守。针对这些行为，既要运用相关法律进行治理，推进网络法制化建设进程，严厉制止动机不纯的网络舆论表达行为，也要在技术层面提供条件和贯彻落实，通过技术手段维护网络舆论的自由表达，遏制失范性舆论表达行为。法律和技术的保障，是网络空间治理的有效手段，也是维护主流意识形态的必要条件。

4. 必须全党动手

宣传思想部门需加强相关工作，党委要重视宣传思想工作。宣传思想工作始终处于意识形态工作的最前沿，要以战略意识、全局意识开展宣传思想工作。宣传思想工作要与其他各项工作协调发展，以构建全党动手的大宣传格局。同时，各级党委也要重视宣传思想工作，把宣传思想工作置于政治工作、改革发展全局中，进行统筹规划，以宣传思想工作带动其他各方工作，以其他各方工作助力宣传思想工作，形成全盘合力、灵活有度的政治工作格局。

各方力量要积极参与宣传思想工作，自觉支持宣传思想战线工作。习近平总书记强调，“做好宣传思想工作必须全党动手……要树立大宣传的工作理念，动员各条战线各个部门一起来做”①。宣传思想工作的具体落实，离不开各级党组织和普通党员的积极响应和支持。基层党组织和党员要着眼大局、团结协作，支持宣传部门工作；也要在宣传工作中发挥带头示范作用，凝聚更多普通群众参与宣传工作；更要发挥上通宣传思想部门、下达普通群众的联通枢纽作用。构建大宣传格局不仅需要制度性力量的建构，也需要普通党员的参与，以建立有血有肉、上下联通的有序宣传体系。

习近平总书记在十九大报告中指出：“意识形态决定文化前进方向和发展道路……要落实意识形态工作责任制，加强阵地建设和管理。”② 维护和坚守主流意识形态，是一项长期性、复杂性、艰巨性的任务，特别需要重视新闻舆论工作。在“2·19”重要讲话中，针对新时期党的新闻舆论工作，习近平总书记提出“48 字”工作方针。其中，“高举旗帜、引领导向，围绕中心、服务大局”是导向和方针，“团结人民、鼓舞士气，成风化人、凝心聚力”是目的和结果，“澄清谬误、明辨是非，联接中外、沟通世界”是手段和要求。习近平总书记的讲话既具有系统性和全局性，也具有紧迫性和挑战性，对新时期尤其是新媒体语境下的网络舆论生态进行了深入阐释。

习近平总书记将新闻舆论工作置于重要地位，认为党的新闻舆论工作是治国理政、定国安邦的大事；面对技术飞速发展，认识到互联网已经成为舆论斗争的主战场；面对社会建设重任和舆论喧嚣氛围的矛盾，提出要

---

① 倪光辉：《胸怀大局把握大势着眼大事 努力把宣传思想工作做得更好》，载《人民日报》2013 年 8 月 21 日第 1 版。

② 习近平：《决胜全面建成小康社会 夺取新时代中国特色社会主义伟大胜利——在中国共产党第十九次全国代表大会报告》，载《人民日报》2017 年 10 月 25 日第 2 版。

构建天朗气清、生态良好的网络空间；面对严峻国际形势、国内媒体格局重构，强调要牢牢把握网络意识形态的主导权和主动权。这些内容构成了舆论生态观的重要理念，即以坚持中国共产党的领导为核心，以服务党的政治工作为旨归，以为人民服务为目标，以互联网为手段的系统化、全方位、理论与实践并重的舆论生态观。这是坚持马克思主义新闻观，实事求是、与时俱进的舆论生态观，也是一个集聚智慧和需要勇气贯彻实施的舆论生态观。

第二节　舆论引导范式创新的三个关键词*

习近平总书记在党的新闻舆论工作座谈会上所作的重要讲话，针对新时期新闻舆论工作的迫切需求，提出了一系列新要求、新思想。切实提高舆论工作的传播力、引导力、影响力、公信力，是塑造理性舆论场、发挥舆论功能的关键前提。本文试图从传播学、心理学、政治学、社会学等多学科维度出发，以三个关键词阐述当前舆论引导范式的创新着眼点，即把握国情、社情的“问题单”，超越单一思维的“认知框”，建构有效沟通的公共“话语包”。

一、习近平总书记讲话系统阐述新闻舆论工作新要求

2016 年 2 月 19 日，习近平总书记在北京主持召开党的新闻舆论工作座谈会并发表重要讲话（简称“2.19”重要讲话）。针对新时期党的新闻舆论工作，他系统性地提出“48 字”工作方针：高举旗帜、引领导向，围绕中心、服务大局，团结人民、鼓舞士气，成风化人、凝心聚力，澄清谬误、明辨是非，联接中外、沟通世界。

第一句“高举旗帜、引领导向”，就是要讲导向、讲政治、讲责任，导向原则是我们党新闻宣传思想工作的一贯要求。第二句“围绕中心、

* 本节内容的作者为张志安和陈席元。原文为《舆论引导范式创新的三个关键词》，载于《岭南传媒探索》2016 年第 2 期。

服务大局”，这是引导舆论的主要实践方式，应紧紧围绕党和政府的中心工作和重大议题来进行新闻舆论工作，实现政府议程、社会议程和媒介议程三者的高度统一。为此，主流媒体要吃透上头、了解下头，要在尊重媒体传播规律的基础上来承载舆论引导任务。第三句“团结人民、鼓舞士气”，主要是对报道内容、报道倾向和报道价值观提出的总体要求，坚持以正面报道和宣传为主，通过正面报道来鼓舞公众、服务社会。

在这“48字”工作方针里，前三句话更加注重对以往新闻宣传工作经验的传承，后三句话更加注重立足当下社会语境和面临的挑战而提出创新要求。第四句“成风化人、凝心聚力”，即强调说明如何真正地感化受众、真正地凝聚共识，既解决正面报道“入眼”的问题，也解决“入脑”和“入心”的问题，确实充满挑战。要想真正地强化公众认同、建立理性认知、激发创造动力，需要不断探索舆论引导“时、度、效”的科学规律。第五句“澄清谬误、明辨是非”强调的是，我们的新闻传播工作要尊重事实、尊重规律，要敢于且善于对各种谬误进行澄清，主要的依托手段就是明辨是非、求真务实。第四和第五句话，强调的是把新闻规律和引导要求有机地结合在一起。最后一句“联接中外、沟通世界”，强调要打通国内和国外舆论场，加强全球对话、讲好中国故事，争取更好的国际舆论环境。

从总体上理解，习近平总书记这次重要讲话精神，对主流媒体和职业新闻人提出了新时期尤其是新媒体语境下舆论引导的更高要求，即如何在媒介融合的情境下、社会心态多元的语境中，准确把握舆论生态、尊重传播规律，真正创新传播形态、转变引导范式。过去，我们对“新闻宣传工作”这个提法比较熟悉，而习近平总书记这次提出的“新闻舆论工作”既有所传承、更有所超越。谈宣传，侧重从主体需要和价值倡导出发，评估宣传效果的传统方式主要看媒体报道的立场、角度和影响；谈舆论，则侧重从互动过程和科学规律出发，评估舆论引导的效果则需要更加科学化、专业化的指标和手段。

二、新闻舆论工作实现范式创新的三个方面

当前，新媒体环境下的媒体行业和舆论生态呈现出重大变革的新趋势：传播主体日益多元化，不再只是传统媒体，还可以是政府、企业、社

会组织乃至个体；传播权力逐步去中心化，专业媒体所掌握的话语权和影响力正在衰落，受众的权利和话语得到极大提升；传播模式告别单向化，传播者和接受者之间的“互动”和“对话”成为新常态。从总体上看，新闻舆论场正在发生结构性转变，即从过去以传统媒体、主流媒体、机构媒体为核心的“新闻传播舆论场”，逐步转变成专业媒体、平台媒体和自媒体协同共生的“公共传播舆论场”。

立足公共传播舆论场的新生态、新挑战，如何探索新时期新闻舆论引导的科学化和实效化？有学者认为，具体达成步骤可分为群体、社会和个体三个层次循序渐进：以多元行动者为突破口，先聚焦特定议题，促进社会各界就此达成共识，继而形成对现实社会普遍问题的正确评价和情感态度，壮大主流思想舆论，最终通过个体心理的“归属感”要求对个人的态度和价值观产生影响。[①]

回溯过往文献，相关学科都对舆论引导有各具侧重点的研究贡献：传播学以议程设置、沉默的螺旋等理论为主，研究舆论的形成与传播；心理学着重社会建构角度，研究作为“社会的表层意识”的舆论在网络群体和网络社区所反映出的深层价值观与社会心态[②]；政治学重视舆论引导在突发事件和政策交流过程中扮演的角色[③]；社会学方面多为网络群体性事件的案例研究，关注多元主体在舆论场的互动与线下行动的结合[④]。笔者认为，我们要充分借鉴上述多学科的理论、知识和工具，立足中国当下的政治经济和社会文化语境，重点从以下三个方面进行积极探索。

（1）把握国家治理和社会发展过程中具有重要性的“问题单”。议程设置理论说明的是媒介议程与公众议程之间的相关性，反映了媒介引导舆论的一种客观功能，主观能动设置议题并在合适的时机通过媒介传播，能够在一定程度上影响公众议程。[⑤] 积极向上、健康主流的舆论场，必须首

---

① 参见刘春波《舆论引导论》，社会科学文献出版社2015年版，第53页。

② 参见曹茹、王秋菊《心理学视野中的网络舆论引导研究》，人民出版社2013年版，第234页。

③ 参见陈沐岸《政治传播视野下的新闻舆论引导研究——以《人民日报》“两会”特刊报道为例》（硕士学位论文），中共广东省委党校2014年。

④ 参见常锐《群体性事件的网络舆情及其治理模式与机制研究》（博士学位论文），吉林大学2012年。

⑤ 参见陈力丹《舆论学——舆论导向研究》，上海交通大学出版社2012年版，第166－173页。

先要围绕关乎公共利益和社会发展的重大话题来进行公共表达、凝聚社会共识。

为此，新闻报道要从舆论引导的基础条件出发，建立和强化“议程设置”的意识，真正肩负起设置稳定的公共议题的社会责任。一方面，主流媒体要超越网络事件的浮躁化和碎片化特点，真正懂得判断、聚焦和把握重大的社会话题；另一方面，也要努力实现媒介议程、公共议程和社会议程的有效对接和充分融合，引导公众真正关注城市发展和国家治理的重大问题，也有利于舆论引导工作从传统的短期“事件导向”进行信息调控向建设长期“问题导向”相对稳定的舆论场生态发展。

（2）为公众提供理解敏感和复杂议题的理性“认知框”。习近平总书记在“2·19”重要讲话中强调，“团结稳定鼓劲、正面宣传为主，是党的新闻舆论工作必须遵循的基本方针”。作为社会心理表层的舆论，其反映的是普遍的社会心态。态度是人们对特定事物持有的带有倾向性且较为稳定的评价和心理准备。舆论引导的过程可以用态度改变模型来解释，说服者、说服信息与情境针对说服对象共同作用，引导效果则表现为社会心态的整体调适，最终表现在个体心理出于控制感对一致性的追求而形成正确的社会认知和价值观。

主流媒体不能只是单纯强调正面看待问题，或者只看问题的积极面，而是要帮助受众建立对复杂中国和发展中国的理性认知。所谓提供复杂性的认知框架，就是能够超越正面或反面的立场去审视问题，能够超越简单的道德判断去看待问题，能够采用理性思辨的观念去全面深刻地剖析问题，归根结底在于既认识到中国现实的复杂性，又看到中国发展的积极面。习近平总书记在“2·19”重要讲话中提到，“要根据事实来描述事实，既准确报道个别事实，又从宏观上把握和反映事件或事物的全貌。舆论监督和正面宣传是统一的，新闻媒体要直面工作中存在的问题，直面社会丑恶现象，激浊扬清、针砭时弊，同时发表批评性报道要事实准确、分析客观”。

倡导舆论引导过程中的复杂性认知框架，主要基于三个原因：传统宣传方式的效果弱化、网民自主意识的不断增强、社会问题的日益复杂。伴随改革开放进入“深水期”，越来越多的社会问题背后包含错综复杂的原因，其解决的方法也涉及多重因素的协同。面对这些复杂社会问题的舆论引导，采用“复杂性认知框架”，才能比较准确、贴切、真实地说明问题。现实社会本来就不是黑白分明的，而是灰色的，采用灰色的眼睛去审视现实，往往能够客观分析事物的多面性；对现实社会的认知也不能只停留于极端个案或事物表层，而是要整体观察和深度理解，运用复杂性的认知框架，往往更能启发受众客观、全面地看待问题，其所表达的观点也往往更加具有说服力和引导力。

（3）建立针对不同领域热点问题进行舆论引导的“话语包”。在媒体融合发展时代，面对分众化、差异化传播趋势，舆论引导工作更要讲求时机、节奏和策略，体现针对性和实效性，这就要求主流媒体要探索更加多元、有效的公共话语，采用更加理性、专业的媒介话语，针对不同领域的热点、难点和焦点问题进行舆论引导。尤其是当下的网络舆论场中，或多或少存在着仇富仇官、低信任感、冷漠和结构性怨恨等复杂的社会心态，要对这些社会心态进行调适，需要运用更有效的话语方式来争取更大的话语权。为此，在具体的网络舆论引导过程中，要接近与熟悉新媒体文化与传播规律，不应该讲大话、讲空话，而要运用朴实、平等，兼具亲和力和公信力的公共话语，在“对话感”的拟态环境中，以事实来说服人、以理性来引导人。

米哈伊尔·巴赫金（Michael Bakhtin）的“话语理论”、米歇尔·福柯（Michel Foucault）的“心灵规训”，都反映了话语作为权力在社会实践活动中传播和运作的社会化过程。西方马克思主义先驱安东尼奥·葛兰西（Antonio Gramsci）的“文化领导权”更是直白地阐明，文化领导权不是以高压强迫、违背意愿的方式，而是令人们积极寻求、理解和认可统治世界的现存秩序，从而获得政治正当与道德合法性。

以塑造政治认同与政党认同的四种话语为例：“历史选择”的话语，主要从具体的历史情境、特定的历史阶段来说明中国革命是如何选择中国共产党、中国共产党又是如何引领中国革命的；“发展绩效”的话语，主要从新中国成立后的“兴国”和改革开放以来的“强国”业绩来强调党执政的合法性；“失败警诫”的话语，主要运用东欧剧变、苏联解体的历史事实来强调，失去我们党的领导，就很难确保完成实现中华民族伟大复兴的使命；“民族主义”的话语，主要从国家之间的意识形态冲突、经济发展竞赛和国家利益博弈等角度来强调严峻的生存环境，从而激发公众对中国特色社会主义道路的认同和自信。

习总书记在以往关于新闻舆论工作的讲话中，曾经有“三个地带”

的提法：红色地带、黑色地带和灰色地带。立足当下网络舆论场的生态，红色地带正在扩大，灰色地带仍然占据较大比例，黑色地带尽管不大但值得重视。具体来说，红色地带包括人民日报、中央电视台、各级党报等传统媒体平台，始终坚持正面宣传为主、积极引导舆论；灰色地带既有主流媒体微博、微信公众号上发出的正面声音，也有普通网友、网络大V的负面批评。此外，还有少数网络社区平台、微博、微信群中存在的敏感信息和激烈批判，即黑色地带。

如何不断扩大红色地带、减少灰色和黑色地带，是当前新闻舆论工作面临的重要问题。立足新形势和新挑战，我们党在执政兴国、全面建设小康社会新征程的宏伟蓝图指引下，面对互联网络新媒体这片舆论阵地的全新语境，要加快从“事件驱动”、二元对立分明、斗争旗帜鲜明的宣传工作范式向“问题驱动”、理性互动、凝聚共识的舆论工作范式创新转型。

我们要清醒地认识到，社会心态整体向好的调适离不开社会现实状况的积极改变。舆论引导的目标绝不是单纯控制与过滤负面信息，而是要取得大众评价与社会现实的趋近一致，为全面建设小康社会争取最大公约数。

三、新闻教育如何实现从新闻传播向公共传播的范式转变

主流媒体和新闻工作者在贯彻落实习总书记讲话精神的过程中，要想真正把新时期的新闻舆论工作落到实处、取得实效，就要在学习中深化对舆论本质的理解，在实践中探索舆论引导的规律，在反思中提高舆论工作的水平，为国家治理能力现代化做出应有的贡献。同时，新闻传播教育工作者也应该结合习总书记讲话精神的学习体会，立足当前新旧媒体融合变革的新环境和新挑战，积极探索新闻传播教育自身的改革和创新。

在笔者看来，学界要跳出为媒体机构培养人才的传统定位，走向为社会各行各业培养人才的全新模式。立足新闻传播业、服务公共传播业，是新闻传播人才培养创新的必由之路。“立足新闻传播业”强调的是对事实、信息、真相的不变追求，和对公开、透明、责任的精神坚守。“服务公共传播业”倡导的不再囿于为专业媒体培养人才，而鼓励为正在兴起

的、更加广泛的、多元主体的公共传播业培养人才。他们的能力不仅只是采写编评、挖掘真相、引导舆论，还包括如何促进对话与公共交流。

以中山大学新闻传播学院为例，我们正在以新媒体为枢纽，进行全方位、有特色的改革，尤其重视立足网络化关系社会的全新语境，通过实践平台、实训项目、实验教学来创新人才培养模式。目前，已初步建成融合新闻采集平台、用户行为研究平台、交互设计平台三大实验室板块，希望学生在实践中提升技术和人文的双重素养。例如，我们建设了大数据传播实验室，帮助学生提升数据分析的思维和能力，从而更精准地把握网络舆论场的生态和社会心态调适机制；连续两年推出《中国新闻业年度观察报告》，汇聚师生的共同智慧去观察和推动新闻业的进步，发挥其在理性舆论场中扮演的中坚力量。

笔者认为，新闻传播教育改革的核心目标就在于：提升社会洞察、建立价值共识、懂得行动倡导、服务公共传播，在新媒体交往建构的全新景观、改革进入纵深期的时代语境中坚持情怀、担当责任。

第三节　媒体生态新格局和舆论引导新机制*

一、一个事件带来的教训和启示

首先，笔者用一个比较典型的案例来剖析突发事件处置中的主要技巧和策略，同时结合这个案例讲述现在的舆情态势。

2017 年，在四川某县的一所中学，一个中学生从楼上坠落摔死。待事情尘埃落定、调查清楚后，大家了解到他是失足从楼上坠落，而非被人欺凌或遭到殴打。但是这件事情发生以后，有一些复杂的情况出现。首先，的确有不少人借势传播谣言，比如说他是被五个同学殴打致死，这样的谣言在网上引发了部分民众的质疑。其次，这个孩子的家长在事情发生之初，并未同意给孩子进行尸检，由此导致最后死因鉴定结论迟迟未定。

* 本节内容的作者为张志安，原文载于《城市党报研究》2019 年第 6 期。

最后，该事件发生过程中，当地政府并没有做好新华社等主流媒体的接待工作，导致负面舆情进一步扩散。

从这件事中我们能得到哪些教训和经验启示？

第一条经验，突发事件如何处置？调查部门如何确立？该事件发生后的第二天，所在地的市公安局迅速成立调查组开展调查工作。当突发事件发生后，到底应该由谁来牵头调查呢？有两种情况。第一，应该是这个事件涉及的主要部门，但如果这个事件涉及多个部门，那么最好的选择就是利益直接相关的部门。但其实，地方政府在处置时，会有另外一种选择策略，即取决于对这个事件性质的界定。如果这个事件涉及多个部门，比如上述案例，既和教育部门有关，也和公安部门有关，因而就要看公众对事件的关注角度。如果公众更多从教育的角度关注，那就可以由教育局牵头来调查；如果公众更多从案件调查的角度关注，那更多可以由公安局牵头。从事件调查和处置部门的层级角度来讲，一般来说，由基层的政府部门来做牵头调查的主管部门更好，这样可以把事件性质界定为基层事务。但是这里面临一个问题，负责调查的基层政府部门是否和这件事情存在利益冲突？如果有冲突的话，那么安排更高一级的政府部门来调查会显得更权威、更独立。由此，我们可以得出结论，突发事件的主管部门通常应由不存在利益冲突的上级主管部门，并且符合公众心理预期的部门来进行危机的牵头调查处理，这样比较合适。

第二条经验，突发事件的新闻由谁来发布会比较合适？一般来说，应该由负责调查的政府部门来发布。如果宣传部门要帮助其进行传播，也应该在负责调查的政府部门发布微博或微信之后，用宣传部、外宣办的官方账号来进行转发，由此体现出“谁主管、谁发布”的原则及其角色明确和责任担当。

第三条经验，如何掌握突发事件新闻发布的节奏？突发事件的新闻发布有一个基本原则，就是边调查边发布，但一定要快报事实、慎报原因。因为原因没有那么快可以确认，必须要有确凿的证据才能确认和说明原因。另外，如果刚得知一个事件的结果就立马公布原因，公众会觉得结论下得比较草率。这种情况下，如果需要第一时间公布调查结果，就必须把详细的调查过程、调查依据和确凿的证据充分地展示给公众，只有这样公众才会相信结论的真实性。

第四条经验，突发事件处置过程中怎样接待媒体记者采访？有一次，某中央媒体记者赶到当地进行采访，结果被当地政府围追堵截。笔者后来了解到，是因为当地负责处置这件事的领导刚刚上任，他虽然地方工作经验很多，但是对媒体舆论、宣传工作的经验却不足。主流媒体的记者本来是可以通过沟通去配合政府做好舆论引导工作的，但是当地领导的做法却激怒了媒体记者。

第五条经验，面对谣言传播时应该如何有效地辟谣？要有据有理，据在先、理在后。如果地方政府只是简单地发布消息，说涉嫌传谣的网民已经找到并且接受了处罚，那么一部分的公众仍然持有怀疑的态度——这个做法是否存在掩盖真相的企图；而部分公众仍然会感到疑惑——这些谣言到底从何而来？因此，最有效的办法在于说明谣言的不实之处或传播的源头，让公众了解真相，并真正相信的确是谣言所致。

当这个事件尘埃落定后，当地市委书记召开由"一把手"正式通报的新闻发布会，该类型的新闻发布会是高规格的。由"一把手"进行新闻发布，既体现了当地政府对此事的重视态度，也体现出地方主要负责人的担当和责任意识。

总的来说，这个案例至少可以给我们如下启示和教训：简易的新闻发布是无法解疑释惑的。当公众情绪激动的时候，政府要采取灵活的发布方式；当谣言四起时，辟谣要更加有据有理；阻挠记者采访，显示出政府部门的不自信。突发事件发生时，记者既不是政府部门的领导，也不是下属，记者应当是政府部门在应对突发事件过程中的挑战者，以其专业调查挑战政府部门进行专业处置和回应的能力。此外，这个案例也反映出一些值得总结的教训：公众为什么会相信谣言？我们一定要在突发事件的处置中有换位思考的意识，了解谣言背后的公众有着怎样的认知特点。只有对公众的风险感知和社会心态有一个整体把握，我们才能比较有针对性地理解和回应。

二、新媒体环境下的公共沟通策略

当下，我们已经进入到以互联网为舆论主战场的新常态，进入到各大平台舆论分化的新常态，进入到习惯于不同利益群体存在不同诉求的新常态，以及进入到突发事件舆情处置还未能够做到政府发布后就获得百分之百赞同的新常态，因为整个社会的利益和价值观在一定程度上分化了。那么，在这些新常态之下，政府的公共沟通应该怎么办呢？

首先是对象转换。政府部门过去主要是跟主流媒体沟通，他们是政府部门舆论工作的重要中介。但现在，政府部门有时候要直面公众并因此有一些压力。所以，很多和公众联系紧密的政府部门都有开设自己的微博、微信、今日头条账号，以便直接和公众沟通与交流。但在这一过程中政府部门也会遇到诸如人力物力不够、专业化程度不够等问题。还有一点：如果由涉事部门发布信息，就算其对事件真相持有负责的态度，也会因其独立性不足备受公众质疑——在公众看来，政府部门还是从自己的利益诉求出发进行回应的。如果主流媒体这个时候有所介入、报道和发声，则可以因其相对独立的立场而有助于政府获得公众的信任。

其次是观点赛跑。过去，政府部门认为自己公布意见时可以一锤定音；而现在公众会有各种质疑的声音，因而自我的意见、反对的意见和边缘的意见都会相互竞争。以前，政府部门在应对舆情时，主要的新闻发布策略是讲事实；而现在，讲事实是不够的，公众对政府部门有了更高的期待。政府在讲事实时，所表达的情感是真诚的还是傲慢的，公众对此都会产生不同的反应；没有真挚情感作为支撑的新闻发布，有时候是无法被公众所接受的。仅有事实披露和情感表达这两点还不够，还需要有更高的站位，也就是价值观正确：你的“三观”正不正？你在阐述这件事情时，是否站在为人民服务的立场，是否持有一个国家依法治国、国家治理现代化的理念？总之，在当下的舆情处置和风险沟通的过程中，事实、价值和情感这三个要素变成越来越重要的三个变量。只有做到以上三点，才能在观点赛跑中取得胜利。

最后是坚持底线。不说谎、不躲避、不出丑。有可以不说的真话，但是决不说假话。这是非常重要的技巧也是底线，做到这点并不容易。举个例子，天津北辰大火事件发生后，初期的新闻发布最主要的问题是缺乏足够的重视和担当，当地政府指派基层干部出来讲话时，相关部委负责人和市领导都不愿意担此重任。于是，在事故发生后的第三天召开的新闻发布会中记者问道“这次爆炸事故的总指挥是谁？”时，主持发布会的领导“要详细了解后才能答复”这一回答立马引起了次生舆情。因为这样没有担当的回复容易给公众造成“没有人在真正负责”的感受。其实，即便暂时没有确定由哪个部门的领导来做总负责人，也可以讲得中性一点，避免造成负面的公众感知。比如，“情况是这样的，总指挥的确定，既要考虑事故调查的专业性，又要考虑组织救灾的便利性，截至目前，这次爆炸事故由中央部委和市政府共同协同指挥”。类似于这样的话语，或许既可以描述客观事实，同时又可以避免公众产生误会。

国际上有个舆情应对和新闻发布的3T原则：①Tell it fast；②Tell it your own；③Tell it all。翻译过来就是及时告知、主动告知、充分告知。为什么不是全部告知？因为舆情应对和新闻发布要充分考虑社会环境和政策制约。充分告知，即尽量告知但未必能百分百告知。再加上反复告知——针对一些复杂问题，需要多次解释和说明。因此，“及时告知、主动告知、充分告知、反复告知”这16个字就是我们新闻发布的基本原则和主要策略。

三、网络舆论的基本格局和主要特征

接下来，笔者将重点剖析一下网络化社会——包括微博、微信、抖音、知乎等不同互联网平台的舆论格局，以及在此基础上，通过一些案例讲解在今天的舆论格局之下，我们如何跨学科地超越对舆情的简单认知，以一种更高的战略眼光看待舆情背后的社会心态和意识形态。

当前，网络舆论的生态格局是怎样的？如何在舆论的基础上去做社会心态的研究？如何把社会心态和意识形态联系到一起，让舆论引导变得更加有针对性和实效性？

当然，主流媒体要担当重任，更要加快融合转型。无锡日报报业集团正在构建一个以数据和技术为驱动、注重结果导向的新型主流媒体——未来媒体中心，这一未来新型主流媒体必将实现内容流、传播流和注意流的“三流合一”。建设未来媒体中心，必然能实现优质内容的集中、汇聚和分发。同时，在处理好专业媒体与平台媒体之间关系的前提下，未来媒体中心还将实现优质内容与不同平台之间的对接，讲好无锡故事、传播好无锡声音。其中，更为关键的是能实现注意流的汇聚，内容流、传播流可以做到无锡故事、无锡声音的“入眼、入耳”，但是要做到“入脑、入心”就需要媒体争取到用户的注意力。通过建设未来媒体中心，可以实现对注意力的舆情分析，这不仅能够强化传播对象的精准性，而且能够整体提升传播的效率。

无锡日报报业集团的未来媒体中心在无锡未来的智慧城市建设中应该

贡献更多力量，例如，可以尝试通过舆情分析与地方产业发展结合，为地方经济社会发展提供智力支持。报业集团的未来媒体中心应成为无锡智慧政务的协同指挥中心，在结合当前大数据的前提下，主流媒体应成为智慧城市治理的大脑。

具体到舆情研究或网络舆论研究，首先涉及如何有效认识网络舆论。舆论是什么？舆论要有很多人参与，并且在参与过程中形成相对一致的看法。中国人民大学新闻学院的陈力丹教授认为，没有三分之一的人讲话就不叫舆论，没有三分之二的人形成共识性观念就不叫主导舆论。很多情况下，我们现在的网络舆情只是部分网民针对一件事的反应，我们的舆情大多聚焦于事件而不是围绕着话题，这是中西方舆论的差异之一。

首先，我们要重视网络舆论、敬畏网络舆论，但是不宜盲从和顺从舆论。浙江某地爆炸发生后，当地区政府快速处置危机、动态发布事实，但是在发布事实时，却没有提到领导对事件的重视程度，结果导致面临内部压力和有网民说领导不重视的外部舆论压力。于是，当地外宣部专门补发了一条关于领导重视度的新闻，把各级领导的关注和关切都展现了出来。

这个事情最大的教训是什么？我们的确要回应质疑，但是不能因为质疑而乱了阵脚。如果复盘的话，这个事情应该怎么做？应该正常通报事故进展，同时在正常通报中放上一段话，来适当体现各级领导对事件的高度重视。

虽然微博现在的热度有所下降，但其依然是主流平台；其中的负面情绪、批评声音有所减少，但依然是观点交互的空间。突发事件发生后，微博爆炸式传播的力量还是非常强大的。笔者建议地方政府还是不要放弃微博平台，微博基本上是能相对开放地看到完整的舆论、听到开放声音的唯一平台。可以说，微博是形成网络舆论为数不多的公共广场之一。

如今，要了解真实的舆情特别是隐性舆论，微信群变得越来越重要，很多话有时候不适宜在公开平台公布，就演化成在微信小群里面传播，于是，微信群成了解潜在舆论的重要渠道。目前，微信的用户规模超过10亿人，其信息扩散速度极快，情感动员力极强。当然，微信也有一个挑战，小而散的公众号无法完全规范管理，所以会成为负面信息传播的主渠道。另外，敏感议题在群里面传播监控的难度比较大。总之，微信是局部舆论生成的客厅、后院，有一定的封闭性，也有很强的开放动员性。我们应该如何进行微信公众平台的舆论引导？我们既要开通自己的账号，也要有效地监测微信群。危机处置的基本原则是尊重人心。不尊重人心，舆论引导工作就做不好，因为网络意识形态不是传统意识形态机械的网络化，而是碎片化的、娱乐化的、生活化的传播。

四、突发事件新闻发布的关键策略

笔者将结合重大突发事件的新闻发布得失进行一个策略方面的介绍。

首先，危机发布的基本原则就是及时讲真话。危机处置部门是站在前面的，而宣传部门负责统筹协调工作是站在后面的，因而不要随便把宣传部门推出去。例如，前些年，上海的闵行区倒楼事件，相关部门在倒楼事件发生两个小时后立即开发布会，发言人简洁精炼地用三句话介绍了相关情况：（事发情况）几点几分倒了楼；（处理措施）马上成立了三个小组，包括事故调查小组、居民疏散小组和媒体沟通小组；（事故性质及政府承诺）这个事故归根结底是一起安全生产事故，但是请买了房的老百姓放心，政府一定会切实维护好百姓的权利。由于新闻发布单位处理妥善，最终得以平复公众舆情。由此可见，危机处置中有很多具体的技巧和做法，需要心思缜密才行。

其次，要掌握合理的发布节奏。先要表达遗憾，然后进行及时补救，再进行必要补偿，最后是给出改革举措。大部分地方政府最容易忽略的就是第四个环节：改革。什么是改革？即要从事件中吸取教训，哪怕是推行一项制度的一个改进举措，都比一个不推要好。看一个地方政府舆情工作是否做得好，最直接的就是看其是否总结经验教训，是否从地方治理角度出发提出新做法、新举措以及摆明姿态的转变或调整策略。现今，在信息传播和内容传达方面特别强调情境意识，需要针对具体事件具体分析。每一次危机的处理，既要看利益相关者，也要看危机史。如果这个危机第一次发生，便比较好处理；如果同类型的危机发生过好几次，则不太好处理。

再次，要建设媒体平台。微博、微信、今日头条、抖音等各大平台都要进行建设。可以有策略、有选择地运用这些平台与大众进行沟通。同时，要注意新闻发布的信息协同。很多人问，现在我们还需要发布会吗？答案是当然要。即便有网络发布，发布会也要召开，只是我们要了解不同发布形式的作用。网络发布是动态记录事实，如政务微博。新闻发布会是当面交流关键事实。主流媒体准确报道核心事实是一锤定音。意见领袖，这个工作好多地方政府还没有开展，但真的是越来越重要。我们要构建一个包括自媒体、机构媒体在内的舆论引导协同的网络，这样可以为我们营造灵活的、多元的舆论引导方式创造优良的条件。因此，要整合资源，也要维护意见领袖的关系。

最后，要持续探索新闻发布的话语创新。笔者再讲一个非常好的案例。有一次，中央电视台曝光某地区民间捕杀候鸟的消息。当地市林业局对此很重视并马上采取措施，当天晚上便准备了新闻发布稿，交给市委对外宣传办公室。发布稿交与中央对外宣传办公室，虽然稿子写得不错，但是中央对外宣传办公室一看还是发现了很多问题：包括过于强调领导，有喧宾夺主之嫌；负面用词，没有做到中性化表述；总体框架还是略显被动，经修改后才相对具有主动性。

关于重大事件的舆情应对，党的十八大以来，政府探索了许多行之有效的做法，例如，实施贯彻新方案制度，建立标本兼治的工作目标，善用新媒体，对国际舆论和国内舆论的倒灌进行防范。除此之外，我们存在的问题主要包括：责任主体不够明晰；针对重大事件的评估缺乏提前的风险意识；地方党政“一把手”的舆论引导意识还需要提升。

综上所述，针对数字媒体时代的舆论引导，我们有如下七点建议：第一，完善重大事件的舆情分析和风险评估。我们目前的不足是，通常根据涉事死亡人数来判断重大事件，而实际上重大舆情取决于这一事件引发的全国人民的关注度。第二，强化领导部门和主管部门的舆情风险意识，需要进行舆情风险评估。第三，要做好背后社会心态的解读和长期研判。第四，要特别重视中层网民群体的诉求，中层群体是未来中国社会治理的关键。第五，防谣、辟谣。第六，意见领袖和自媒体联盟。第七，运用大数据健全重大事件意识形态风险评估体系。这就是我们针对重大突发新闻事件做的一些改进和建议。

我们要超越舆论引导的“入眼、入耳”，要更加深刻地走向“入脑、入心”，把复杂心态作为舆论引导的主要目标，把复杂心理的引导作为工作的关键挑战。从议程设置、理性表达和媒介话语创新去探索新的社会心态的调适范式，这样才能做到对舆论业态的敏锐把握和舆论引导方式的持续创新。

第二章　媒体融合与发展

当今，随着世界多极化、经济全球化、文化多样化、社会信息化的推进，舆论传播从传播方式、传播渠道到传播速度都在发生着深刻变革，全程媒体、全息媒体、全员媒体、全效媒体让全媒体时代加速到来。媒体在凝聚和引领社会共识方面的作用越来越大。2019 年 1 月 25 日，习近平总书记在支持中央政治局就全媒体时代和媒体融合发展举行第十二次集体学习时发表重要讲话，指出“推动媒体融合发展、建设全媒体成为我们面临的一项紧迫课题”。主流媒体必须占据传播制高点，全面提高舆论引导能力，为实现中华民族伟大复兴的中国梦提供强大精神力量和舆论支持。

我国已步入新时代的历史方位，我国社会的主要矛盾已经转化为人民日益增长的美好生活需要和不平衡不充分的发展之间的矛盾。这一矛盾反应在新闻传播领域尤其突出。随着移动互联网的快速发展，公众对于信息、技术、服务等方面的需求以几何级数增长。这种需求使新闻舆论工作面临新的挑战，对应的是传播媒介发展的不平衡不充分，尤其是传统主流媒体，在商业资本、自媒体等多重挑战之下，面临着巨大的转型压力。我们要加快推动媒体融合发展，要运用信息革命成果，加快构建融为一体、合而为一的全媒体传播格局。使主流媒体具有强大的传播力、引导力、影响力、公信力，形成网上网下同心圆，使全体人民在理想信念、价值理念、道德观念上紧紧团结在一起，让正能量更强劲、主旋律更高昂。

习近平总书记关于推动媒体融合发展、做大做强主流舆论的重要论述，为推动媒体融合发展、加快全媒体建设指明了前进方向，提供了根本遵循。推动媒体融合发展，要统筹处理好传统媒体和新兴媒体、中央媒体和地方媒体、主流媒体和商业平台、大众化媒体和专业性媒体之间的关系。要形成资源集约、结构合理、差异发展、协同高效的全媒体传播体系。新闻舆论工作者要深入学习贯彻习近平总书记关于推动媒体融合发展的重要论述，树立创新意识，坚持以先进技术为支撑、内容建设为根本，推动传统媒体和新兴媒体在内容、渠道、平台、经营、管理等方面的融合向纵深发展，加快全媒体建设，做大做强主流舆论，牢牢掌握意识形态领导权，巩固全党全国人民团结奋斗的共同思想基础。

第一节　和谐社会建构中政府与大众传媒的双向平衡模式*

和谐社会是多个社会行动主体之间呈现有序和相互协调关系的社会形态。在信息化时代，这种协调关系要求社会信息沟通顺畅与平衡。作为社会管理者的政府在和谐社会的建设、协调和管理中负有主要责任，承担社会监督、信息告知等重要功能的大众传播媒体也扮演着重要角色。从政府的角度，和谐社会的建构表现在三个主要的层次上，这三个层次也可以从大众传媒的社会作用角度给予理解和重视。因此，政府应该与大众传播媒介建立一种以社会公共利益为砝码，重视与社会公众沟通和理解的双向调节式新型关系。

一、和谐社会建构过程中的政府和大众传媒

在信息化时代的和谐社会建构过程中，政府和大众媒体所起的作用十分重要。所谓和谐社会，是指多个社会行动主体之间呈现有序和相互协调关系的社会形态。作为现代社会公共信息管理者的政府和承担社会监督、信息告知等重要功能的大众传播媒体，是建设、协调和管理这种和谐形态的两个重要因素。但是，人们往往将和谐社会建构的责任单纯地放在政府这边，较少从社会信息传播和各个社会阶层相互沟通的角度谈论大众媒体的作用。从政府作为社会管理者的角度来看，和谐社会的建构表现在三个主要的层次上，这三个层次也可以从大众传媒的社会作用角度给予理解和重视。或者说，在信息化时代，政府与大众传播媒体的相互作用在和谐社会的建构过程中有新的意义和体现。

* 本节内容的作者为张宁，原文载于《江淮论坛》2007 年第 2 期。

第一，和谐社会首先体现在全社会成员的人际关系、社会道德和社会环境的和谐这个层面。这种和谐既体现在日常生活领域里的和谐有序、人与人的相互信任与帮助，也体现在社会安康稳定、崇尚道德规范和社会秩序井然等方面。在这个层面上，政府作为社会的管理者，起着决定性的作用，即保证和维护社会环境的安定发展和社会成员平稳的日常生活，发扬高尚的社会道德规范，通过社会成员之间友好的诚信关系，体现祥和安宁的社会画面。大众传媒也在这个过程中起着重要的作用，例如，通过社会信息的传播实现社会环境的守望、预警和告知，通过传播政府信息和社会成员的声音保证社会管理过程的顺利进行，以及政府与社会成员、众多社会成员之间的相互沟通和理解信任。[①] 由于大众传媒的传播特性，媒体的作用比政府的作用更易被社会成员所察觉，也更易在社会环境中引起大的反响。大众媒体的社会作用有正负两面，其正面作用是促进和维护社会和谐局面，负面作用则会导致这种局面的消失。如何通过大众传媒的信息传播建构，协调政府与社会成员之间的和谐关系，在这个层面上显得十分重要。

第二，和谐社会还体现在各个社会阶层、利益团体和非利益团体的协调和有序的相互作用上。与上面日常生活领域的和谐相比，这个层次的和谐是公共领域里的和谐。目标不同、利益不同的多种社会组织在一个社会里和睦相处、平等互动的条件，是制度的保证和公开透明的社会信息传播环境。这与作为社会管理者的政府的各种制度制定和决策行为密切相关。如何处理和协调各个社会阶层和社会团体的关系，及时有效地消除各种社会冲突，建立信息流畅、职责分明、积极互动的社会关系，是新时代政府面临的一个重要课题。为此，政府更要重视与各个社会层次和团体的信息沟通，重视社会关系建构中大众传媒所起的作用。现代社会的各种大众传播资源都具有公共性，它们在社会公共领域进行信息传播、设置议题、提供公共论坛、引导公共舆论，这些作用越来越显而易见和不容忽视。它的公共性和公开性既保证了政府的信息传播，同时又是各个社会阶层反馈社情民意、为社会管理出谋献力的最佳渠道。

第三，和谐社会还体现在国家之间的和谐，或者说国际社会相互关系的和谐上。这种和谐虽然超出了本国的范围，但是在全球化时代，国际社

---

① 参见张昆《大众媒介的政治社会化功能》，武汉大学出版社2003年版，第135页。

会的摩擦和纠纷往往会导致国内公共领域甚至是日常生活领域的不和谐或失调。这就要求政府在重视对内沟通的同时也要重视对外沟通，向国际社会有效传递国内的信息，在国际信息环境中积极建立国内的议题，发出本国的声音，与世界各国建立友好和共同发展的相互关系。有了国际环境的和谐，国内环境的和谐才得以保证。在这个层面上，大众传媒的作用往往在正确传播信息、加深国家间的相互理解和相互发展上得以突显；或者相反地，大众传媒也能夸大片面信息、误导国际和国内舆论，形成片面的国家形象。政府如何把握与媒体的关系，使大众媒体的报道在促进国内外社会的有序和谐上起正面作用，也是和谐社会建构过程中一个值得思考的重要问题。

“和谐”一词有多种意思，不管哪种定义都强调复数的事物之间相互关系的协调有致。从传播学角度来看，复数的事物之间相互关系的协调依赖于有效的信息传播而达到的沟通和理解。所以，在信息化社会，更应该从传播的角度看和谐社会的建构。和谐社会建构的过程中，政府如何把握与大众传媒的关系，合理有效地运用信息传播来加强社会沟通，这是一个新的看待问题的角度，有助于我们对和谐社会的建构取得新的认识。

二、政府与大众传媒的关系模式

古往今来的政府都是如何看待和把握与大众传媒关系的呢？一般来说，政府与大众传媒的相互关系有三种主要模式，即严控模式、自由模式和责任模式，它们反映了不同历史时期的政府对大众传媒功能的不同认识和由此导致的不同的社会信息形态。

所谓严控模式，是指集权主义时期政府主张媒介要绝对服从于统治阶级的权力，无条件地为统治阶级服务。在这样的管理模式之下，社会信息环境是保守、刻板、封建的，也是独裁和不自由、非人性化的。那时的社会关系不可能谈到和谐或协调，能看到的只是政府对社会各阶层实行的严厉管制和对媒体的严格操纵。

自由模式是在 18 世纪形成的，它主张人们不经政府许可即可拥有出版自由权，报刊等媒体可以批评政府的观点和行为，政府不能干涉或审查媒介的内容，媒介有权传播与政府不同的意见。自由模式体现的是一种媒体在传播信息方面拥有裁量权的状态。但是，这种自由模式是与资本主义的一定政治经济制度结合在一起的，当资本主义发展到垄断阶段，自由模式的局限性和弊端就不可避免地表露出来了。比如说，媒介垄断集团出于赢利的目的会使媒介的传播内容失去公正性，不断滑向娱乐化、浅薄化和庸俗化，涉及社会公共利益的报道越来越少，普通民众在媒介上发表自己意见的机会和空间也就越来越少。媒体不负责任的报道会导致社会关系紧张甚至社会危机，无法促成各种社会关系的协调和平衡。

应运而生的责任模式主张大众传播媒介要在新闻自由的同时肩负起相应的社会责任，强调媒介不能无原则地使用新闻自由，必须在国家法律、政府有关规定的范围内进行报道，煽动扰乱社会稳定、支持民族分裂及种族歧视等的报道都是不被允许的。责任模式体现了国家制度及政府政策对媒体的约束作用，同时，政府可以而且也应当约束庸俗、煽情及危害社会道德的媒体传播行为。

从理论上来看，责任模式相对来说能促成一种相互制约的社会关系的形成。但是，在现代西方国家，随着各种社会关系的日趋复杂和社会问题的不断增加，政府与媒体的相互关系也变得越来越复杂，难于把握和处理。一方面，西方政府用社会责任论来协调报道国内外的各种问题时与媒介的矛盾；另一方面，西方媒介集团视自由主义媒介理论为自己的传播行为的后盾。当国家利益和公众知情权发生冲突时，当媒体商业利益与公众利益产生矛盾时，各种社会关系的紧张和摩擦往往随政府行为和媒体报道而来。

可见，在以上三种政府与媒体的相互关系模式中，前两种模式比较极端化，显得比较合理的责任模式在现代社会也并非十全十美。政府希望媒体能更多地承担社会责任，而媒体希望有更自主的传播条件以实现自我目标，两者相互制约。但是，社会传播的中心点放在哪里还是不够明确。

在我国，大众传播媒体作为党的“喉舌”，应该发挥传播政策信息、引导监督舆论和宣传动员等作用。但是，随着社会的发展和传播环境的不断变化，政府对媒体传播活动的指导调控功能受到各种影响，面临各种问题。例如，由于社会各阶层利益关系的多样化和复杂化，政府在传播政策和重大危机事件信息时，难以及时把握各种利益关系和冲突以引导媒体的传播方向；同时，媒体自身的商业化趋势也使得媒体的传播导向功利化，时时偏离维护公共利益的准则。政府和媒体在建立、维护和谐稳定社会的过程中，为了较好地实现各自的职能，首先需要对政府和媒体如何建立一种和谐的相互关系做进一步的探讨。

三、以构建和谐社会为目的的双向平衡模式

在信息化时代的和谐社会构建中，政府如何把握与大众媒体的相互关系以促进各种社会关系的协调，这首先与信息化时代政府的社会职能密切相关。

信息化时代政府的职能与信息传播息息相关，这也体现了政府构建和谐社会的时代特征。例如，政府在公共管理活动中的公共信息管理和传播，政府与公众和各种社会组织之间的信息交流与沟通、信息服务和信息调控，这些通过沟通、协调达到相互理解协作的传播行为涉及三个要素，即作为传播内容的公共利益、作为传播对象的社会公众和作为传播工具的大众媒体。这其中，公共利益是抽象的，社会公众也是不能简单把握的宏观群体，只有大众媒体是具体的组织形态，是政府可以使用和调节的公共传播工具，且很多时候两者在公共传播的范畴内目标一致，所以，可通过传播活动促成社会沟通的和谐。政府要重视与媒体之间形成一种良性、可行的、可适应现代社会环境不断变化的变数关系。

信息化时代的政府应该与大众传播媒介建立一种以社会公共利益为砝码，重视与社会公众沟通和理解的相互合作、相互制约的新型关系，我们称之为“双向平衡模式”。所谓双向平衡，是指相互作用的两个因素相互影响、相互调解和控制，以达到一种趋于平衡的状态的过程。传播学领域里的双向平衡模式源于控制论模式，它以控制论为指导思想来看待传播过程，主张社会传播过程不是“单向直线性”，而是“双向循环性”，同时引入了“反馈”的概念。[①] 公共关系学者詹姆斯·格鲁尼格（Jomes E. Grunig）在很多论述中都曾谈到公共传播的双向平衡模式，他认为双向平衡模式是一种理想的传播模式，代表着组织之间的最佳传播状态。[②] 本文使用“双向平衡模式”一词，主要是出于可从下面三个特点定位政府与

---

① Denis McQuail: *Mass Communication Theory*: *An Introduction*. New York. Sage Publications. 1994.

② 参见郭惠民、廖为建、格鲁尼格《关于公共关系学若干问题的国际对话》，载《国际关系学院学报》2000 年第 4 期，第 43 – 49 页。

大众媒体之间的相互关系，当然，这同时也代表两者之间的一种传播状态。

双向平衡模式的第一个特点是双向性，表现在政府与媒体的相互合作和相互制约上。相互合作是指政府应该积极利用大众传播媒介这种公共资源，以客观、真实、公正、平等的态度积极主动地向大众媒体提供政府信息，理解大众传播媒介的传播理念和价值取向，懂得如何突出政府信息的社会重要性。政府的社会管理行为应该有意识地放在媒体的注视之下，政府应该是一个主动的、有积极的传播意识的传播者，而不是被动的被报道者。相互制约是指政府作为社会的管理者，对大众传播媒介这一社会组织负有管理监督的职责，对于媒介报道不利于社会发展和稳定的信息，以及对于侵犯公众利益和权利的媒介行为，要进行管理和监督。同时，大众传播媒介作为社会公共资源，有必要对政府行为进行评论和监督，将社会公众的意见传达给政府。而两者合作和制约的中心点在于公共利益这个砝码。对于政府来说是重视对整体社会关系的协调和平衡的科学把握，对于媒体来说则是重视对公共利益的公平认识和自觉维护。正是这样一种方向一致而又从不同角度相互沟通合作的双向平衡模式，才能保证政府和大众媒介都能以社会公共利益为行为目标，通过透明和流畅的社会公共信息的传播来实现社会关系的和谐。

双向平衡模式的第二个特点是良性调节。它主张一种政府和媒体都以维护社会公共利益为中心的目标一致的关系状态；在立场和角度不一致的场合，两者都要在重视公共利益的前提下相互理解各自的信息需求，共同促进公共传播。这个模式要求政府和媒体都具有主动沟通意识。尤其是作为社会管理机构的政府，要通过政策过程的公开化制度、公众参与制度和舆论监督制度，通过大众传播媒体的传播活动，来实现社会各阶层之间相互关系的透明化、和谐化。在这个过程中，媒体应明确自己作为社会公器的职能和角色，成为公众的信息平台和公共论坛；同时，媒体更应该明确，它传播的主要是社会中有责任感的成员的理性观点，而不是非理性的意见。这对于商业化潮流中的媒体传播行为有一定的约束作用。例如，在公共危机出现的时刻，媒体应该自觉衡量公众利益与媒体利益，做出适当的选择；而政府也应该以公众利益为中心衡量社会稳定与知情权的关系。这种权衡和互动的结果，是以公共利益为衡量标准得出的一种平衡状态。

双向平衡模式的第三个特点是动态。政府与大众媒体的双向平衡模式可以看成是一种目标状态。在这个模式中，政府与媒体不断以公共利益作为砝码来衡量与对方的关系，相互调节以保持杠杆的平衡。这个模式是动态的，处于不断变化和调节中，不是固定、僵化或者一成不变的，是根据社会的发展和事物的变化来互动的，公益砝码偏向政府决策或媒体报道的情况都有可能出现。正是随着公共事务的变化，两者之间不断进行动态调整，才能通过传播行为达到一种趋于平衡的社会关系状态，才能体现出政府和媒体各自的社会职能，保证社会公共信息传播的流畅、透明和各种社会关系的和谐。

四、以双向平衡模式构建和谐社会

平衡可以看成是各方面的要素达到相互适合或协调的一种状态。比较历史上政府与媒体的各种关系模式，双向平衡模式更强调政府与媒体在公众利益杠杆调解下的互助、互利和互依的合作型关系。在构建和谐社会的过程中，政府以双向平衡模式把握与大众传媒的关系，有利于促进社会关系和社会管理的和谐化。

首先，政府不是简单地管控媒体的传播行为，而是以公共利益为准则在一条看不见的“平衡杆”上根据实际情况调整与媒体关系的松紧。对有利于社会发展、符合社会公共利益的信息，政府应鼓励，以促进其在大众媒体上的传播；而对于与此情况相反的信息，政府则以公共利益为基准把握媒体传播的效果。其次，双向平衡模式要求大众传播媒介在信息传播过程中也必须重视公共利益，维护社会的和谐发展。对于传播价值高、但会导致社会关系紧张的信息，要慎重考虑其传播方式与带来的后果。在政府与媒体之间，公共利益是平衡关系的砝码。最后，政府和媒体都必须重视与社会公众和各个社会基层的沟通和信息反馈，这是把握公共利益所在的前提条件。所以，社会公众也处于双向平衡模式的中心位置。

以双向平衡模式处理政府与大众传媒的关系，体现了信息化时代政府职能与大众媒体传播活动特点的结合。信息化时代的政府职能在公共信息发布和传播方面多有表现。例如，公共信息是现代社会的一大资源，政府则是这个重要资源的主要掌握者和管理者。所以，有效地公开公共信息可以保证政府对社会的有效管理，保持与公众的双向沟通可以保证政府与各种社会组织之间的协调，及时传播公共服务信息可以为社会公众提供各种方便，等等。这些政府职能都必须积极利用大众传播媒体的传播优势来实现。在服务公共利益方面，政府和大众媒体应该相互配合，打造透明、有效的社会公共传播环境。

在信息化和全球化的背景下，我国大众传播媒介的发展如何既适应信息化和全球化的进程，同时又兼顾我国的国情，这是一个还在探索中的课题。从多种媒体一种理念到多种媒体多种理念，新的多种媒体共存的传播环境对现代政府有了新的要求。不同的传播理念导致媒体重视不同的传播内容和不同的传播效果。政府工作人员要对大众媒体的传播理念有一个比较清晰的认识，懂得用变化的观点看待现代大众传播媒介及其价值观。我国大众传播媒介的传播理念的变化之一，是重视社会公共信息或有关公众利益的信息，这一点与政府的目标和利益是一致的。

那么，在构建和谐社会的过程中，政府应该如何具体把握与大众媒体的关系，实现科学有效的公共传播呢？首先，政府要树立自觉的传播与被传播的意识。政府既要积极主动地向媒体提供信息，建立固定的公共信息发布渠道和制度，保持畅通的与公众和媒体的信息沟通渠道；也要自觉认识到媒体对政府行为的关注度，自觉保持在媒体注视中实施政府行为的意识。其次，政府作为社会管理者，要主动引导媒体的公共传播朝理性的方向发展，要使媒体的传播活动尽量避免商业化的负面影响，积极主动地传播促进社会平稳发展的信息。再次，政府作为公共信息的主要掌握者，要善于设置传播议题，力求达到最佳的传播效果，保证社会组织对政府决策的理解。最后，政府要熟知媒介运作过程的特点，把握有效传播的时机。不仅要熟知国内大众传播媒介的特点，还有必要了解国外媒体的特点。这是因为越来越多的国外媒体不但长驻国内，还积极进军国内媒体市场，对国内受众的影响力与日俱增。政府传播人员不能忽视国外媒体的存在，而是要积极利用这部分新的资源。对国外媒体与国内媒体的不同之处，如意识形态、新闻价值观、采写原则、问题审视的角度等，要有充分的了解和正确的认识。

总之，在信息化社会，政府与大众传播媒体的相互作用，在和谐社会的建构过程中有新的意义和体现。我们有必要首先从观念上对“有效的政府传播是构建和谐社会的重要环节”这一观点进行认识和理解，也就是说，在理论上树立对新环境中政府与大众传播媒介相互关系的新的认识角度，在实践上对政府传播方式做科学有效的改进。政府传播是一项必须积极利用大众传播媒介来开展的活动，新的传播意识和传播方式则是在信息化社会和全球化背景中构建和谐社会的前提之一。

第二节　公共传播领域中的媒体协同发展*

在构建全媒体传播体系中，必须处理好大众化媒体和专业性媒体的关系。大众化媒体的内容定位比较宽泛和综合，兼顾精英和“草根”，以一般公众为主要受众群体；专业性媒体主要是面向特定行业公众提供相对垂直内容的行业性媒体。两类媒体角色有所不同，可以从内容把关、议程设置、社会功能三个方面的实践来体现传媒公共性的使命。在构建现代化的全媒体传播体系过程中，大众化媒体和专业性媒体应当发挥好协同发展的作用，包括适应移动传播、创新新闻叙事，提高对受众的吸引力和传播力；结合自身内容生产的优势，充分整合资源，有效设置议程，在公共传播新环境下实现融合发展；既要第一时间以速度吸引流量，更要审时度势以深度来强化主流舆论的影响力。

公共领域是由公众、公共舆论和公众媒介、公众场所三个要素构成的，其中公众媒介是重要的主体之一。[①] 在尤尔根·哈贝马斯（Jürgen Habermas）看来，公共领域处于国家和社会之间，是开放的、流动的，其与国家、社会的边界是模糊的。[②] 公众通过媒介获取信息，参与讨论并形成社会舆论，同时也对国家起到舆论监督的作用。戴维·莫利（David Morley）认为，公共领域的体制的核心是由报纸及大众传媒放大的交流网组成的。[③] 以大众媒介为主要工具的公共传播领域，构成了公共领域的重要部分，同时发挥着促进公共对话、形成公共舆论的社会作用。

---

* 本节内容的作者为张志安和李宜乔，原文载于《新闻与写作》2019 年第 8 期。

① 参见［德］哈贝马斯《公共领域的结构转型》，曹卫东等译，上海学林出版社 1999 年版，第 35 页。

② 参见陈勤奋《哈贝马斯的“公共领域”理论及其特点》，载《厦门大学学报（哲学社会科学版）》2009 年第 1 期，第 114 – 212 页。

③ 参见［英］戴维·莫利《电视、受众与文化研究》，史安斌主译，新华出版社 2005 年版，第 176 页。

2019年1月25日，习近平总书记在中央政治局第十二次集体学习时发表讲话，就全媒体时代的挑战和机遇、全面把握媒体融合发展的趋势和规律及推动媒体融合向纵深发展做出重要指示，“推动媒体融合发展，要统筹处理好传统媒体和新兴媒体、中央媒体和地方媒体、主流媒体和商业平台、大众化媒体和专业性媒体的关系”，“要形成资源集约、结构合理、差异发展、协同高效的全媒体传播体系”。[①] 要处理好这四种媒体的关系，需把握其不同价值和优势，实现传播功能上的互补。其中，传统媒体和新兴媒体的关系在于渠道整合，中央媒体和地方媒体的关系在于结构优化，主流媒体和商业平台的关系在于竞合态势，大众化媒体和专业性媒体的关系在于功能协同。

在全媒体传播体系中，大众化媒体的内容定位比较宽泛和综合，主要是面向一般公众提供内容的媒体，多数党报、都市报、电视台的新闻综合频道都是大众化媒体，如新华社、人民日报及其推出的融媒体产品，澎湃新闻和封面传媒等地方媒体，以及各省市区政府部门创办的政务机构媒体账号如“广东发布”“上海发布”等，这些媒体的定位相对宽泛，兼顾精英和“草根”，但以一般公众为主要受众群体；专业性媒体主要是面向特定行业公众、提供相对垂直内容的行业性媒体，比如专注财经报道的财新传媒、中国经营报、21世纪经济报道，还有像检察日报这样的行业报，以及中央政法委创办的微信公众号“长安剑”等，其定位相对细化和精英化。以新京报等大众化媒体为例，其优势主要在于对重大议题的把握、内容形态富于变化、贴近年轻用户群体，有较强的舆论影响力。以财新传媒为代表的市场化专业性媒体为例，其主要面向精英人群，注重事实和深度报道，通过内容付费支撑起深度财经新闻的原创风格。

移动互联网对传播领域的结构性再造，使很多新现象和新挑战得以出现，这改变了公共领域中信息的传播方式。对于涉及公共利益的事件，大多经历了先由大众化媒体介入，而后由专业性媒体作解释性跟进，最后由主流媒体追踪报道出事件结果的过程。新时期的公共传播领域，大众化媒体和专业性媒体的整体业态和主要变化有哪些？如何发挥各自优势、共同构建起全媒体传播体系，在公共传播领域发挥互补协同的公共功能？本节

---

① 习近平：《加快推动媒体融合发展 构建全媒体传播格局》，载《求是》2019年第6期，第4－8页。

立足于新媒体环境下媒体格局的变化，针对大众化媒体和专业性媒体的协同发展问题进行论述。

一、传媒功能性和大众化媒体、专业性媒体的功能互补

哈贝马斯的公共领域理论主要倡导的是民主商议，公众意见的表达是公民在公共领域中进行政治参与实践的重要部分，实现了一种非正式的民主讨论。民众在公共领域的自由商谈，构建了公共权力的合法性。在哈贝马斯看来，大众媒介在公共领域中组成了交流信息和观点的网络，形成“有关特定话题的公共意见”。①

大众媒介不仅仅是政府与民众间沟通的传播渠道，也是进行公共讨论的场所，民众通过对各种议题发表意见引导社会的公共舆论导向。② 哈贝马斯强调，“公共领域最好被描述为一个关于内容、观点，也就是意见的交往网络；在那里，交往之流被以一种特定方式加以过滤和综合，从而成为根据特定议题集束而成的公共意见或舆论”；他认为，在公共论述的基础上可以创造“社会融合”。③ 而学者查尔斯·泰勒（Charles Taylor）则跳出了哈贝马斯提出的公共领域的理性设置，他认为现代社会已被深深嵌入大众传媒之中，现代公共领域的形成是建立在公共媒体的基础之上，其是分散讨论且无形的公共空间。④

中国媒体语境下的“公共传播领域”，区别于西方社会的公共领域。传媒业的根本属性之一是公共性，即追求公共利益至上⑤，传媒公共性可以进一步被定义为传媒“服务于公共利益的形成与表达的实践逻辑”，服

---

① ［德］哈贝马斯：《在事实与规范之间》，童世骏译，生活·读书·新知三联书店2003年版，第35－38页。

② 参见［英］詹姆斯·卡伦《媒体与权力》，史安斌、董关鹏译，清华大学出版社2006年版，第239页。

③ 参见邓力《传媒研究中的公共性概念辨析》，载《国际新闻界》2011年第9期，第40－46页。

④ 参见汪晖、陈燕谷《文化与公共性》，生活·读书·新知三联书店2005年版，第203－207页。

⑤ 参见李良荣、张华《参与社会治理：传媒公共性的实践逻辑》，载《现代传播》2014年第4期，第31－34页。

务对象是公众[①]，具备公开性、批判性和公益性等特征[②]。实践过程中的传媒公共性，通过公共舆论的形成、聚合与扩散得以运作，具体表现为经由公众沟通、公共利益与民主参与等方式形成的公共舆论，代表了公众与国家展开互动，对公共权力进行监督，并在社会内部实现自我协商、自我调节。[③] 传媒公共性随着国家—社会—市场关系的变化而变化，我国的政治体制和传媒制度决定了大众传媒既要服务于党和政府的意识形态工作、传播社会主流价值观，也需要通过多元的报道和表达，服务于不同的受众群体。[④] 一方面，多元利益格局的社会结构变迁推动着媒介改革；另一方面，媒介技术本身的发展改变了社会传播权力的格局，不同利益主体被赋予了更多的表达权利诉求的空间，多元社会开始显现。[⑤]

在社会生活中，公共领域的活动是建立在事实性信息的共享之上的，各类群体通过表述和交流自身的诉求，形成内部纽带，并展开协调性行动、制造公共物品。[⑥] 以记录和传播事实为基础的公共传播，结合大众化媒体和专业性媒体的不同角色和功能，可以从三个方面的实践来体现传媒公共性的使命和职责。

第一，主流媒体需要做好内容把关，确保信息的真实准确。大众化的综合性媒体为不同群体提供对复杂社会的总体理解和宏观把握，除了少数中央级媒体外，大部分大众化媒体是省、市或县级的地方报业集团，这些媒介机构基于区域化的信息服务，通过公共领域的传播来增进不同群体的地方认同；专业性媒体则主要聚焦于对社会某个横切面的洞察和专业理解，有助于提高特定社会群体对行业的认知力和洞察力，从而为其在该行

---

① 参见潘忠党《序言：传媒的公共性与中国传媒改革的再起步》，载《传播与社会学刊》2008 年第 6 期，第 1 – 16 页。

② 参见董天策《中国语境中的网络时代与传媒公共性——〈网络时代媒介公共性的建构〉序》，载《新闻界》2015 年第 13 期，第 43 – 46 页。

③ 参见黄月琴《公共领域的观念嬗变与大众传媒的公共性——评阿伦特、哈贝马斯与泰勒的公共领域思想》，载《新闻与传播理论》2008 年，第 111 – 119 页。

④ 参见潘忠党等《反思与展望：中国传媒改革开放三十周年笔谈》，载《传播与社会学刊》2008 年第 6 期，第 17 – 48 页。

⑤ 参见李良荣、张华《参与社会治理：传媒公共性的实践逻辑》，载《现代传播》2014 年第 4 期，第 31 – 34 页。

⑥ 参见潘忠党《媒介化时代的公共传播和传播的公共性》，载《新闻与传播研究》2017 年第 10 期，第 29 – 31 页。

业的自我发展和安身立命提供重要的信息参考。大众化媒体和专业性媒体二者协同，可以完成公共传播过程中面向大众和特定群体的事实信息供给。

第二，大众化媒体和专业性媒体的公共功能体现在议题设置的不同偏向上。大众化媒体主要关注国计民生等社会发展中的重大问题，这些议题对大部分公众的切身利益有所影响；专业性媒体则侧重于行业的、专业领域的问题，服务于不同群体的特定信息需求，如财经类媒体向读者提供财经知识、投资信息，或持续跟踪报道某一个行业的问题；法治类媒体则旨在增强大众的法治知识，提高大众的法律素养和强化大众的法治认同。二者在议题的设置上既有区别，也互为补充。以近年来由中央政法委创办的政法新媒体“长安剑”为例，该账号长期发布政法领域的重大政策和独家新闻，从法治角度结合社会背景和公众心态，对时事热点进行解读和政策阐释，提升了公众的法治意识、强化了网民的法治认同。

第三，在社会功能方面，大众化媒体强调信息传播，专业性媒体侧重信息服务。总体上看，大众化媒体的内容强调信息的时效和质量，着重于吸引大众的关注、转发或评论，以产生较大范围的社会影响为效果层面的追求；专业性媒体的内容强调信息的价值和深度，着重于对特定行业的观念阐释和政策影响，注重从特定专业人群的需要出发，强调信息的服务性和专业性。因此，大众化媒体承载着监测环境的社会功能，专业性媒体则承担了传播知识、服务行业的社会功能。如专业财经媒体——财新传媒，通过启动付费阅读功能，探索内容变现的运营模式并支撑其新闻采编成本，长期专注于金融、商业等专业领域重大事件的深度报道，成为其目标读者群洞悉金融业态变化、把握宏观政策走势的重要参考。

二、新媒体环境下的大众化媒体和专业性媒体的变化

随着技术的革新和传媒生态的不断变化，自媒体、机构媒体和平台媒体快速兴起，主流媒体的影响力、专业新闻工作者的职业权威都受到严峻挑战。原本由主流媒体承担的专业化信息传播，逐渐转为泛社会化的信息

传播。[①] 2014 年，习近平总书记在中央全面深化改革委员会领导小组第四次会议中发表讲话，提出传统媒体和新兴媒体融合发展，要“坚持传统媒体和新兴媒体优势互补、一体发展，坚持先进技术为支撑、内容建设为根本，推动传统媒体和新兴媒体在内容、渠道、平台、经营、管理等方面的深度融合……”[②] 由此，加快传统媒体的融合发展和数字化转型的工作上升为国家发展战略。

新媒体环境下公共传播领域在传播主体、传播结构、传播叙事等方面都出现了新变化，大众化媒体和专业性媒体的变化趋势主要体现在以下三个方面。

一是从传播主体的角度看，大众化媒体的创办主体本身变化不大，但普遍呈现朝移动互联网化方向发展的特征，主要通过开设微博、微信等客户端的账号来扩充网络影响力，其中比较有代表性的媒体如人民日报新媒体中心、澎湃新闻客户端、“南方 +”客户端、封面新闻等；专业性媒体则日益分化为主流媒体和大量小型垂直机构媒体，如专注于教育产业信息挖掘与传递的行业内资讯服务媒体平台“芥末堆”、聚焦医学知识分享与医疗行业的网站“丁香园”、专注于财经资讯和行业观察报道的“布谷TIME”和“功夫财经”等等。

二是从传播结构的角度看，尽管东方早报、京华时报等一批都市报已经停办，但大众化报刊的总量没有发生实质性变化，而且新增了信息发布类新媒体账号，其中，尤以“@上海发布”“@广东发布”等政务发布类微博发展得最为迅猛。2018 年 12 月，国务院办公厅印发《国务院办公厅关于推进政务新媒体健康有序发展的意见》，提出要积极运用政务新媒体传播党和政府声音，做大做强正面宣传，巩固拓展主流舆论阵地。[③] 中国互联网信息中心于 2019 年 2 月发布的《中国互联网络发展状况统计报告》显示，截至 2018 年 12 月，经过新浪平台认证的政务机构微博达到

---

① 参见李良荣《中国新闻学学科发展面临的挑战及重构路径》，载《浙江传媒学院学报》2016 年第 6 期，第 2 – 5 页。

② 新华社：《习近平主持召开中央全面深化改革委员会领导小组第四次会议》，http://www.gov.cn/xinwen/2014 – 08/18/content_ 2736451.htm.

③ 人民网舆情研究中心：《2018 年度人民日报 · 政务指数微博影响力报告》，http://yuqing.people.com.cn/NMediaFile/2019/0121/MAIN20190121133500032986025357 2.pdf.

138253个。[①] 这类政府部门的机构账号整合了信息发布、宣传和服务的功能，针对一系列国计民生、事故灾害、生活热点等进行权威发声，通过“互联网+政务”的模式推动了信息公开、公众参与。若论传播影响力、公信力和引导力，以政务微博、微信为代表的新型大众化媒体，既形成了规模效应，也建立了比较成熟的运营机制，成为大众化媒体的生力军。而小型垂直机构媒体主要在一些特定热点事件中发挥议程设置、舆论动员的社会功能，总体上的影响力和引导力相对较弱。

三是从叙事方式上看，受新媒体用户需求和互联网文化的影响，大众化媒体和专业性媒体都采用了符合互联网传播语态的叙事方法，融合多媒体叙事表现形式和轻松活泼的语言风格，以相对消费化、娱乐化、碎片化的方式来适应新媒体平台的传播特点。如人民日报等大众化权威媒体，改变了以往相对刻板严肃的传统报道叙事，通过微博、微信、抖音等社交媒体平台探索了鲜活生动的叙事风格，大量使用口语化、亲民的语言风格，以及情感化、混合型的内容模式，以此增强语言的互动性、建立与读者间更加亲密的关系。[②] 对于专业性媒体而言，则总体呈现相对分化的叙事方式，传统的财经、政法等媒体，依然按照专业报道风格来进行内容生产，而绝大多数缺乏时政新闻采编资质的垂直小型机构媒体，主要采用夹叙夹议的评论性广告、专业述评和观察文章来进行写作。后者由于大量存在标题煽情、版权争议、涉嫌洗稿、过度营销等问题，受到越来越严格的行业规制和内容监管，面临着可持续发展的不确定性和商业运营模式的不稳定性等问题。

三、公共传播领域大众化媒体和专业性媒体的融合发展

在新环境下的公共传播领域，如何实现大众化媒体和专业性媒体的融合发展？依据上文对传媒公共性的探讨，笔者认为可以从以下三个方面来

---

① 中国互联网信息中心：《中国互联网络发展状况统计报告》，http://cnnic.cn/gywm/xwzx/rdxw/20172017_7056/201902/W020190228474508417254.pdf.

② 参见李艳红、龙强《新媒体语境下党媒的传播调适与“文化领导权”重建：对〈人民日报〉微博的研究（2012—2014）》，载《传播与社会学刊》2017年第39期，第157－187页。

提升。

其一，适应移动传播、创新新闻叙事，提高对受众的吸引力和传播力。

移动互联时代，用户每天面对海量信息和过剩内容，主流媒体要保持在受众中的影响力不再是那么容易的事情。[①] 以市场为导向的大众化媒体旨在满足受众需求，可能会与官方媒体的传统新闻宣传功能产生冲突。[②] 然而，正如一项针对中国青年报的研究发现，传统意义上的官方媒体正在尝试将大众化风格与新闻专业理念结合起来，这种“组合”在商业化媒体竞争环境中确立了中国青年报的优势。[③] 时下，大众化媒体越来越善于将严肃的报道主题与流行文化相结合，利用个性化、口语化的风格，输出更加贴近受众生活的内容，既不会减少媒体的专业性，又增加了对受众的吸引力。

近年来，新华社尝试将新的传播形式融入新闻生产和作品创新的探索中。2016 年 2 月，新华社面向网络和手机用户推出《四个全面》说唱动漫 MV，融合舞曲、说唱、合唱等多种时下流行的音乐形式，用通俗易懂的歌词解读“四个全面”的意义，同时加入了拼贴、波普等艺术手法和“快闪”“弹幕”等网络流行元素；为纪念中国共产党成立 95 周年，新华社发布微电影《红色气质》，通过 30 多家地方电视台、3000 多个门户网站和客户端进行播出。这部纪录片的素材来自中国照片档案馆自 1892 年以来收集的历史影像资料，通过 3D 技术还原历史瞬间，让照片中的人物和场景都“动”了起来。新华社的实践说明，无论大众化媒体还是专业性媒体，都需要面向新媒体用户的特征和需求，运用适用移动互联网传播规律、创新数字化作品的叙事风格，将官方声音用更吸引受众的方式讲述出来。[④]

---

① Zhao Y Z. “China's Quest For ‘Soft Power’: Imperatives, Impediments and Irreconcilable Tensions?” *The Public: Journal of the European Institute for Communication and Culture*, 2013 (20), pp. 17 – 30.

② Goldman M. *The Role of the Press in Post-Mao Political Struggles.* In C. C. Lee (Ed.), China's Media, Boulder, CO: Westview, 1994, pp. 23 – 35.

③ Wang H Y, Sparks C, Yu H. “Popular Journalism in China: A Study of China Youth Daily”. *Journalism*, 2017, pp. 1 – 17.

④ Xin X. “Popularizing Party Journalism in China in the Age of Social Media: The Case of Xinhua News Agency”. *Global Media and China*, 2018, 3 (1), pp. 3 – 17.

其二，结合自身内容生产的优势，充分整合资源、有效设置议程，在公共传播新环境下实现融合发展。

大众化媒体和专业性媒体，在内容原创、事实把关和基本价值导向等方面具有各自的优势，可以通过专业、严肃、高质量的新闻产品，在呈现事实的基础上提供深度的解释框架。如学者喻国明所言，“互联网+”时代的新型主流媒体应该关注社会发展的关键问题，为社会主流受众提供资讯和设置议题。[①] 此外，特别是在社交媒体高度发达的环境中，各种类型的网络谣言容易在短时间内扩散和发酵，更需要主流媒体做好信息“把关人”的角色。

主动设置议题、及时澄清谬误，是大众化媒体和专业性媒体增强舆论影响力和引导力的两个有力的“抓手”。以 2017 年 11 月的北京“红黄蓝幼儿园”事件为例，11 月 22 日晚间，微信朋友圈、微博开始曝出北京红黄蓝幼儿园（新天地分院）出现疑似虐童事件，有传言称老师给孩子喂食白色不明药片，有的孩子身上出现针孔，有的孩子疑似遭到猥亵，微博上更是出现了“老虎团”性侵行为的爆料。首先报道这起事件的新京报并未提及儿童遭猥亵的相关内容[②]，北京青年网、环球网、澎湃新闻等媒体进行跟踪报道，新华网设立了专题页面，同步发布最新报道、热门评论，人民日报评论部官方微信公众号发布了题为《虐童事件再现 “幼有所育”底线不容击穿》的评论文章，呼吁在源头上予以整改，微信公众号“易简财经”则披露了红黄蓝教育集团融资上市和创始人的相关消息。11 月 28 日，警方公布调查的初步结果，确定“所谓的猥亵和部队参与性侵行为”均为严重造谣。针对事件传闻引发的公众恐慌情绪，大众化媒体及时介入、快速调查，以快速、客观的报道还原真相，起到了辟谣作用，也对舆情进行了有效疏导。

其三，既要第一时间以速度吸引流量，更要审时度势以深度来强化主流舆论的影响力。

---

① 参见喻国明《打造新型主流媒体价值范式与影响力的关键——以北京广播电视总台线上直播平台“北京时间”G20 杭州峰会报道为例》，载《新闻与写作》2016 年第 10 期，第 48–52 页。

② 参见郭雨祺《突发事件网络新闻反转过程分析：以红黄蓝幼儿园事件为例》，载《人民网研究院》2019 年 1 月 11 日，http://media.people.com.cn/n1/2019/0111/c424557-30523233.html.

以“王凤雅事件”为例，从一场“网络爱心公益众筹”演变成“网络暴力”事件，主流媒体不仅及时报道动态、还原事件过程，还引导社会对互联网公益进行审视和反思。河南女孩王凤雅患有视网膜母细胞瘤，因家庭无法承担巨额治疗费用，其父母通过网络平台“水滴筹”发起众筹。2018年5月24日，微信公众号“有槽”发布文章《王凤雅小朋友之死》称，王凤雅的父母并没有将筹得的善款用于对女儿的救助，反而去北京给儿子治疗唇腭裂，最终，王凤雅不治身亡。由此引起了极大的舆论争议，王凤雅父母被网友质疑“诈捐”。5月24日当天，南方都市报发表《女童王凤雅父母被疑网络骗捐，未就医拒退筹款！警方称不构成诈骗》一文，就“诈捐”事件采访了王凤雅父母、警方等不同对象；5月25日，该报发表《王凤雅事件背后的众筹困境：个人求助难鉴真伪，平台不负法律责任》，从警方、平台、律师、专家等不同专业的角度展开专业、理性的报道；5月26日，该报又发表《五问王凤雅事件：家属否认消极治疗称已尽全力，将追究造谣者责任》一文，报道了事件细节和后续处理。[①] 此后数月，南方都市报发表多篇深度报道探究网络众筹和互联网公益平台存在的问题。6月8日，人民日报刊文《互联网公益渐成社会新风尚 网上献爱心如何更放心?》，针对部分平台存在的审核机制不健全、资料真实性难保障等问题，结合《中华人民共和国慈善法》，对互联网公益的发展现状进行调查，呼吁主管部门加强引导、互联网众筹平台加强自律，同时社会公众也要提升公益意识和公益理性。通过中央和地方媒体的联动报道，这次网络众筹引发的争议事件，对网络众筹平台的治理有所启示，并推进了政府部门出台弥补漏洞的有效措施。

需要强调的是，在新的公共传播领域中，大众化媒体和专业性媒体的边界并非截然分开的。特别是在移动互联网的影响之下，面对不同群体呈现的多元需求，需要大众化媒体和专业性媒体根据媒介环境的发展趋势不断调整策略。大众化媒体的专业化和专业性媒体的大众化，就是这种边界融合的具体体现。如南方日报将自身定位为“政经大报”，以时评为主，聚焦宏观经济、区域政策等领域的专业化报道，同时减少国际新闻、国内新闻等综合报道，不再追求面面俱到，更加突出服务高端人群。政法类新

---

① 参见代羽、袁婕《“王凤雅事件”引发的网络公益众筹平台公信力重构思考》，载《南方传媒研究》2018年第4期，第109－113页。

媒体“长安剑”在定位于法治专业领域的基础上，经常以法治的视角追踪解读热点时事，使其内容定位兼具灵活性和专业性。

总之，在公共传播领域中，大众化媒体和专业性媒体具有各自不可或缺的功能，要面向技术前沿、面向传播规律、面向传媒格局的变迁，充分激发其协同发展的效能，不断壮大主流媒体的影响力。

第三节　国家介入、平台依赖与新闻业可持续发展*

平台兴起对传统新闻业影响力的冲击及新闻业对平台的经济依赖已使平台成为影响新闻业可持续发展的重要因素之一。本节对欧盟颁布的《数字化单一市场版权指令》（简称《指令》）与澳大利亚颁布的《新闻媒体和数字化平台强制议价准则》（*News Media and Digital Platforms Mandatory Bargaining Code*，简称《准则》）进行比较，并对其维护新闻业可持续发展的有效性进行分析。研究发现，欧盟的《指令》因其所涉及关键概念的模糊性而具有被平台剥夺法律效力的风险；澳大利亚的《准则》虽然能够确保平台向媒体付费，但并不能够实现其所宣称的维护媒体多样性的政策目标。笔者认为，为了确保相关政策的有效性，立足民族国家媒体公共性的维系来构建整体性监管框架，应当是相关政策制定和落实的目标。

一、互联网平台兴起与新闻业的平台依赖

历经数十年的普及和发展，互联网已经不再是以非营利的资源共享与最小化行政干预的自由主义哲学为运作逻辑的操作系统①，少数超级平台更是成为支撑社会运转的数字基础设施。平台崛起，体现在其所拥有的数字市场的垄断权力及其商业模式对新闻业等传统行业的颠覆性影响。除了

* 本节内容的作者为张志安和冉桢，原文载于《新闻与写作》2021年第12期。

① Noam E M. “From the Internet of Science to the Internet of Entertainment”. *Chapters*, 2016, pp. 553 – 569.

中国以外，全球数字市场的控制权正日益集中在被称为“FAMGA”（Facebook，Apple，Microsoft，Google，Amazon）的5家平台公司手中。[①] 当下，全球网民所栖身的网络空间并非一个完全平等开放的网络，而是由少数作为关键节点的平台所支配的有等级的网络。

当下的平台在用户规模、算法推荐、触达范围等方面的影响力已超过了专业媒体，已成为社会信息传播的核心载体，其在数字环境中的核心节点地位和在数字经济中的支配性权力引发了社会的广泛关注。有学者认为，平台已成为“治理结构中的新层级”，因为其已拥有在内容管理方面的审核权力、通过控制内容分发来调节媒体市场的权力、通过压制或鼓励某种类型的表达来调节内容流动的权力。[②] 互联网平台通过技术垄断来操纵舆论已成为平台与政府之间的主要矛盾（冲突），而平台与新闻业之间的矛盾则集中在其多边市场的商业模式从根本上颠覆了新闻业二次售卖的传统销售模式，致使新闻业广告收入锐减、行业萎缩、影响力衰落。作为网络基础设施的少数超级平台改变了新闻业的生产、发布与评价方式，新闻从业者不得不将大量注意力投入社交媒体的量化指标分析及与用户的互动中。[③] 平台与新闻业之间，正逐渐形成复杂的包含技术、流量与用户等多种因素的依赖关系。[④]

需要指出的是，这种平台在不同政治制度的社会中表现出巨大差异。在欧美资本主义社会中，专业媒体对平台更多地体现出单向依赖，媒体不仅无法从平台直接获得检验其数字广告战略的用户数据，而且还需要时刻根据平台内容算法与政策变化来不断调整自身的传播策略。这些会对新闻媒体的创作激励、内容变现以及品牌维护等造成负面影响，并给新闻业的可持续发展带来危机。在中国，一方面，专业媒体需要在微博、微信、抖音等互联网平台上分发内容、适应算法和平台规则；另一方面，平台迫切

---

① Mosco V. “Becoming Digital: Toward a Post-Internet Society”. *Journal of Communication Inquiry*, 2017, pp. 449 – 452.

② Langvardt K. “A New Deal for the Online Public Sphere”. *Social Science Electronic Publishing*, 2018.

③ Bossio D, Holton A E. “Burning out and Turning off: Journalists’ Disconnection Strategies on Social Media”. *Journalism*, 2019 (2), pp. 2475 – 2492.

④ Cooao T. “Australian Competition and Consumer Commission”. *Travel Law Quarterly*, 2011, pp. 17 – 19.

需要专业媒体的原创内容来提升其正能量的传播，需要专业媒体的正面报道来强化平台企业的社会形象，因而表现出双向依赖关系。

本节尝试分析欧盟与澳大利亚出台的旨在维护新闻业可持续发展的两个法令，并对其维护新闻业可持续发展的有效性进行分析，同时结合中国实际情况，就中国新闻业的可持续发展与平台监管等内容进行探讨。

二、欧盟和澳大利亚两个法令的影响及效果

1. 新闻出版商的邻接权：欧盟《数字化单一市场版权指令》的实践

欧盟关于新闻业可持续发展的保护举措，主要基于 2019 年通过的《指令》中的新闻出版商邻接权（简称“邻接权”）提出的法令，该项权利允许在成员国设立的出版商就信息社会服务提供商的在线使用向公众复制和提供新闻出版物。平台如果想要在线使用新闻媒体所生产的新闻内容，应当获得媒体许可并支付报酬。[①] 私人用途与非商业目的的个人使用、超链接行为、单个词语或非常短的摘要则属于规定的例外情况，不受邻接权保护。

该邻接权自生效以来，就面临着来自经济与法律两方面的质疑。来自经济方面的质疑主要集中在平台与新闻媒体之间的经济关系，以及严格执行该项指令后可能带来的潜在负面后果两个方面。批评者认为，该指令的出台并没有因循证据导向的基本路径，因为在先期调查中并没有证据表明互联网平台依靠对新闻内容的在线使用来获取商业利益，即“搭媒体便车”的行为。[②] 还有质疑指出，邻接权未能证明其可以有效增加新闻媒体获得来自互联网平台的收入。早在 2013 年，德国就率先将新闻出版商纳入邻接权保护，而西班牙在 2014 年选择跟进。但由于西班牙不允许新闻媒体退出或与平台展开自由谈判，而是强制执行《指令》，最终谷歌新闻

---

① 参见咸晨旭《新闻聚合模式引发的著作权问题与对策——以欧盟新闻出版媒体邻接权为借鉴》，载《科技与法律》2019 年第 5 期，第 18－26 页。

② Bently L, Kretschmer M, Dudenbostel T, et al. “Strengthening the Position of Press Publishers and Authors and Performers in the Copyright Directive”. *Policy Department for Citizen's Rights and Constitutional Affairs*, 2017, p. 23.

选择退出西班牙，致使该国新闻业遭受损失。[1]

来自法律方面的批评主要聚焦于其条款所涉及关键概念的模糊，以及由此衍生的法律执行的有效性上。例如，《指令》未能够对所涉及的关键概念——“非常短的摘要”作出明确的概念界定。考虑到《指令》及邻接权的属地性质，欧盟各成员国在执行《指令》时难免存在执行尺度不统一的问题。[2]

平台对新闻内容在线使用的规模、关键概念的清晰与否，均是影响邻接权是否有效的重要因素。以欧盟境内率先通过《指令》的法国为例，法国规定以数字格式复制新闻出版物并向公众传播所产生的报酬，应基于“直接或间接使用这些出版物所产生的收入或固定费率进行评估”[3]。作为回应，谷歌宣布“除非新闻出版商对谷歌免费授权，否则谷歌将不会在包括其各类服务上展示出版商的新闻摘要、图片、图表与视频内容”[4]，谷歌还发布了新的代码片段来让出版商插入自己的新闻网页源代码中，以方便其对新闻内容进行提取摘录。

谷歌在法国的做法暴露了该政策执行难的问题。早在该《指令》立法前夕的调查阶段，欧盟就确认了出版商所制作的“受保护的内容”在谷歌各类服务上的存在与出版商的内容点击率之间的因果关系。[5] 倘若所制作的内容无法再在谷歌的各类服务上被搜索与被展示，那么出版商将无法应对所面临的流量损失。由于担忧谷歌对其进行排名推荐降级，大多数新闻出版商面对谷歌新定的内容展示政策，只能选择遵守，而无其他的反制手段。[6] 谷歌通过转变内容展示政策并强迫新闻出版商免费授权的不公

---

① Nasr, Nikrooz, Jeon, et al. “News Aggregators and Competition among Newspapers on the Internet”. *American Economic Journal Microeconomics a Journal of the American Economic Association*, 2016.

② Czarny-Drodejko E. “The Subject-Matter of Press Publishers' Related Rights Under Directive 2019/790 on Copyright and Related Rights in the Digital Single Market”. *IIC-International Review of Intellectual Property and Competition Law*, 2020.

③ French Law 2019 – 775 (n 26).

④ Google. “How We're Complying with France's New Copyright Rules” (2020). https://france.googleblog.com/ 2019/09/comment – nous – respectons – ledroit – dauteur.html.

⑤ Google. “How We're Complying with France's New Copyright Rules” (2020). https://france.googleblog.com/ 2019/09/comment – nous – respectons – ledroit – dauteur.html.

⑥ https://www.autoritedelaconcurrence.fr/fr/decision/relative – des – demandes – de – mesures – conservatoires – presenteespar – le – syndicat – des – editeurs – de.

平交易条件剥夺了邻接权的大部分法律效力。[①]

谷歌的做法引起了法国新闻界的反对，法新社等媒体随即向法国竞争管理事务监察总署（Autorité de la concurrence）提出申诉，指控谷歌滥用支配地位（以及经济依赖）实施不公平交易。但在欧盟反垄断法的框架下，这种申诉并不能将邻接权所规定的新闻出版商权利转化为平台必须付费的义务，也无法将谷歌改变内容政策的做法转化为施加不公平交易条件的指控。[②] 其原因有两点：第一，欧盟用于知识产权领域反垄断执法的基础设施原则并不适用于处理平台与新闻业之间的关系，谷歌并不是作为知识产权的新闻内容的持有者，也没有利用新闻内容来收取高额费用。[③] 第二，针对谷歌的指控并不符合欧盟法院在 MEO 案[④]中确立的证据标准（反垄断条款中并不禁止占支配地位的公司进行价格歧视，而只禁止有扭曲下游市场竞争倾向的价格歧视）。[⑤] 法新社对谷歌提出的指控中，关于谷歌是如何阻碍内容受保护的出版商相对于内容不受保护的出版商之间的地位竞争的问题，并没有明确的证据指向。[⑥]

---

① https://www.autoritedelaconcurrence.fr/fr/decision/relative - des - demandes - de - mesures - conservatoires - presenteespar - le - syndicat - des - editeurs - de.

② Petit N. "France v Google: Antitrust as Complement to Copyright Law?" (2019). https://www.linkedin.com/pulse/france - v - google - antitrust - complementcopyright - law - nicolas - petit/?Article Id?6590267769609048064 > accessed 03 October 2021.

③ CJEU, 26 November 1998, Case C - 7/97, Oscar Bronner GmbH & CoKG v Mediaprint Zeitungs-und Zeitschriftenverlag GmbH & Co. KG and others.

④ 欧洲法院此次裁定案件的争议双方是电信运营商 MEO 公司和葡萄牙市场竞争主管机构，争议源于 MEO 公司向葡萄牙市场竞争主管机构投诉著作权集体管理组织 GDA 涉嫌价格歧视。MEO 公司诉称，GDA 给 MEO 的报价高于给 MEO 的其他竞争者在提供同等服务情况下的价格，违反《欧洲联盟运行条约（Treaty on the Functioning of the European Union）》第 102 条的规定，构成滥用市场支配地位。欧洲法院的最终裁决认为，判断存在滥用支配地位的行为，不要求该行为影响行为主体在其自身经营市场内——相比其本身潜在竞争者——的竞争地位。除了证明具备市场支配地位的主体实施了歧视行为之外，还应当证明该主体实施争议行为的目的在于干扰公平竞争。因此，法国出版商关于谷歌滥用市场地位的指控，因未能够提供谷歌如何扭曲出版商之间的竞争的有效证据，所以在证据确立过程中存在瑕疵。

⑤ CJEU, 19 April 2018, Case C - 525/16, MEO—Servic? os de Comunicac? ~oes e Multime?dia SA v Autoridade da Concorre? ncia.

⑥ Kathuria V, Lai J C. "The Case of Google 'Snippets': An IP Wrong that Competition Law Cannot Fix". *SSRN Electronic Journal*, 2020.

2. 澳大利亚的《新闻媒体和数字化平台强制议价准则》法案及其仲裁机制

2021年2月25日，澳大利亚联邦议会正式通过《新闻媒体和数字化平台强制议价准则》，澳大利亚为全球首个强制数字平台为媒体内容付费并引入相关仲裁机制的国家。[①] 该法案为国家在版权法与传统反垄断法之外，直接介入新闻媒体与数字平台之间的纷争提供了新的解决方案。新闻媒体倘若想要向数字平台发起议价谈判，需要向澳大利亚通信与媒体管理局（Australian Communication and Media Authority，ACMA）提交注册申请。互联网平台倘若使用了新闻媒体的内容，就必须向媒体提供用户交互与新闻推荐的流量数据，并告知媒体可能影响新闻推荐的算法与内部工作的重大变化，这是为了“向新闻媒体提供基本限度的透明性”[②]。

满足上述条件后，即可开启谈判。媒体谈判代表可以通知数字平台并表达议价要求。当告知程序完成后，双方就可以进入实质性谈判阶段。倘若能达成协议，则尽快以书面形式将协议告知ACMA；倘若未能够在3个月内达成协议，则将进入强制仲裁程序。在议价双方均提交最终报价及其相关材料后，仲裁小组可根据具体情况选择以下操作中的一项来执行：除非双方报价都可能严重损害本土新闻业与消费者利益，否则应当接受其中一方的最终报价；倘若双方报价均不被仲裁小组所接受，则通过调整两者中相对合理的一方报价来使其满足公共利益；若只有一方提供最终报价，则在不损害公共利益的前提下，直接接受其作为仲裁结果。

在ACMA看来，《准则》所建立的仲裁机制与传统商业仲裁相比具有两个优点：其一，让谈判双方自行给出适当的报价，由仲裁小组进行选择，有利于将谈判双方的利益引导到合理的方向以满足仲裁需求；其二，针对仲裁程序设立了严格的时间表（3个月以内），仲裁小组应当在收到谈判双方报价与意见后的30个工作日、最长不超过45个工作日内作出决定。[③] 与欧盟的《指令》相比，澳大利亚的《准则》既不会让互联网平

---

① 参见胡闲鹤《澳大利亚强制平台向媒体付费，巨头应承担更多公共责任?》，载《财经》2021年3月2日。

② Treasury Laws Amendment（News Media and Digital Platforms Mandatory Bargaining Code）Bill 2020，p. 44.

③ Australian Competition & Consumer Commission，“Q&As：Draft news media and digital platforms mandatory bargaining code”，2020.

台利用“非常短的摘要”等例外情况来剥夺法律效力，又能保证互联网平台可以快速完成向新闻媒体付费的交易。

不过，《准则》也引发了“导致澳大利亚媒体市场进一步垄断与寡头化”的争议。在法律征求意见阶段，推特平台上就有人指出“该准则可能会以牺牲小公司为代价帮助大型媒体公司，还可能进一步促使目前占主导地位的互联网平台成为新闻发布的垄断渠道”①。布里斯班的班达伯格地区委员会（Bundaberg Regional Council）认为，《准则》“提供了过多的权力来干预自由市场，并有可能会扼杀创新”②。事实上，由于该地区新闻媒体流失严重，委员会不得不创办在线社区新闻服务“Bundaberg Now”来应对主流新闻媒体报道当地问题和事件的能力持续下降的状况。对于这类致力于服务本社区的小型初创媒体而言，其生存与发展离不开互联网数字平台的支持，媒体与平台是互利关系，而不应是对立的关系。③ 澳大利亚联合新闻社（Australian Associated Press）④、澳大利亚地区新闻协会（Australian Country Press Association）⑤ 等组织也认为，《准则》并不能实现所谓的保护媒体多样化与民主社会运转的目标。

3. 提升监管有效性：基于民族国家来构建平台监管的整合框架

欧盟《指令》与澳大利亚《准则》的出台，反映出国家层面开始深度介入平台和新闻业关系的重构，并用立法的方式积极回应新闻业衰落、虚假与错误信息泛滥等公众关切的问题。尽管两项法律都有着良好的立法初衷，但两项法律在现实执行过程中面临两个巨大的挑战，而且立法想要

---

① Twitter. Treasury Laws Amendment（News Media and Digital Platforms Mandatory Bargaining Code）Bill 2020 [Submission no. 44].

② Bundaberg Regional Council, Submission to the Senate Standing Committee on Economics, Inquiry into the Treasury Laws Amendment（News Media and Digital Platforms Mandatory Bargaining Code）Bill 2020, [Submission no. 11], 15 January 2021, p. 1.

③ Bundaberg Regional Council, Submission to the Senate Standing Committee on Economics, Inquiry into the Treasury Laws Amendment（News Media and Digital Platforms Mandatory Bargaining Code）Bill 2020, [Submission no. 11], 15 January 2021, p. 1.

④ Cowdroy E（Chief Executive Officer, Australian Associated Press）, Evidence to the Senate Standing Committee on Economics Legislation, Inquiry into the Treasury Laws Amendment（News Media and Digital Platforms Mandatory Bargaining Code）Bill 2020, Canberra, 22 January 2021, p. 28.

⑤ Country Press Association, Submission to the Senate Standing Committee on Economics, Inquiry into the Treasury Laws Amendment（News Media and Digital Platforms Mandatory Bargaining Code）Bill 2020, [Submission no. 45], 18 January 2021, p. 1.

达成的政策目标也面临诸多的不确定性。

第一个挑战来自“规范性”维度，即互联网平台是否应当由政府进行强势监管与治理的问题。鉴于互联网诞生发展过程中所伴随的新自由主义与技术乌托邦思潮的兴起，政府发起的针对平台的监管常常会引起对于是否损害了公民言论与表达的自由权，以及是否会破坏互联网开放性等问题的激烈讨论。但随着网络政治极化、虚假与错误信息泛滥等问题的普遍出现，对“规范性”维度的政策争议逐渐减少，政府对平台进行强势监管的正当性问题已得到一定程度的解决，而涉及平台监管的技术路线问题开始成为新的焦点。

第二个挑战属于“技术路线”维度，即用怎样的政策、制度与监管行动的组合才能既做到尊重数字经济发展规律，又能保证监管的有效性，从而促进新闻业可持续发展。从经济政策的层面看，经济政策注重解决创新与经济行为所引发的负面问题，但对解决虚假信息与平台权力等问题的作用有限。从维护新闻业可持续发展的动机来看，仅考虑改善媒体的经营状况显然是不够的，还需要对其他政治与社会动机进行考量，因为单纯使用经济政策所能达成的效果至多只能维持以大型媒体公司为主的新闻业的基本存续。

制定怎样的政策、让哪些机构能参与平台监管，均与整个社会对相关问题的认知有关。当前，全球各国开展平台监管的主要法规有经济和传播政策两类，但现实情况远比制定政策要复杂。平台运作依靠的是旧资本（资本与注意力）与新资本（用户与数据）的结合，数据化与商品化构成了平台的核心运作机制。[①] 对交互操作的技术与经济标准的开发，对一整套运作机制的控制以及网络效应与全球扩散的能力，是构成互联网平台权力生成与积累的关键条件。[②] 放眼全球，网络平台巨头不仅能够通过管理网关来控制流量分配，还能够通过流量分配来控制依附于平台的其他行动者，并在其自身发展成为连接社会的基础设施的过程中，可能会出于商业利益的需要对政治与社会进行干预。

---

① Dijck J V, Poell T, De W M. *The Platform Society*: *Public Values in a Connective World*. New York: Oxford University Press, 2018.

② Dijck J V, Nieborg D, Poell T. “Reframing Platform Power”. *Internet Policy Review*: *Journal on Internet Regulation*, 2019, p. 8.

平台监管框架和法律规章的运作效能受行动者能力、权力关系网络以及正当性构建等多重因素的影响。[①] 国家通过立法手段促使平台向媒体付费是使新闻业可持续发展的第一步。由于新闻业在公共生活领域中承担着重要的角色，加上互联网向平台化发展的现实状况，因此制定公共政策的目标应当是保证平台的使用与信息供给必须符合公共利益的要求，这会涉及互联网平台的社会责任和国家通过监管手段推动相关平台履行社会责任两个层面。这一目标需要依靠民族国家或欧盟这样具有实际权力的政治共同体来实现，只有民族国家与政治共同体才能较好地解决监管过程中多利益主体的权力与利益分配问题，这是监管政策具备实际效力的必要条件。

以民族国家为行动主体来强化平台监管，既意味着国家的地位与作用在平台治理中得到了承认与强调，更意味着一个以国家为核心行动者的互联网治理阶段的到来。[②] 在美国，平台曾长期处于实质性监管的范畴之外，这既与1996年美国通过《通信内容端正法》（*Communications Decency Act*）第230条有关，也与互联网平台被视作需要独立于国家监管之外的新自由主义语境有关。[③] 但随着互联网平台的社会“负外部性”逐渐凸显，加上相关多边国际组织能力有限等多种因素的影响，针对平台的监管政策的密集出台与执行正成为常态。对于欧盟与澳大利亚等不具有本土超级平台的国家和地区而言，如何通过政策与制度创新提升监管效力，并且在监管实践中与传统政治理念形成合理调适，是需要继续探索的问题。

三、启示：中国语境下的平台监管与新闻业可持续发展

互联网平台的社会“负外部性”虽为普遍问题，但置于不同国家与地区的政治、社会、历史和文化语境中时，会具有不同的偏向、表现和挑

---

① Gorwa R. “The Platform Governance Triangle: Conceptualizing the Informal Regulation of Online Content”. *Internet Policy Review*, 2019 (8), p. 2.

② Flew T, Gillett R. “Platform Policy: Evaluating Different Responses to the Challenges of Platform Power”. *Journal of Digital Media & Policy*, 2021, 12 (2), pp. 231 – 246.

③ Bradshaw S, et al. “The Global Disinformation Order: 2019 Global Inventory of Organized Social Media Manipulation”. 2019, https://comprop.oii.ox.ac.uk/wp-content/uploads/sites/93/2019/09/CyberTroopReport19.pdf.

战。在中国，主流媒体作为党的新闻事业的核心构成，其数字化转型受到各级党委与政府的高度重视；主流媒体拥有的时政新闻采访权，使其仍然是数字新闻业基础性原创内容的重要来源；主流媒体在核心价值观传播、主流意识形态塑造、正面宣传和舆论引导等方面的政治传播功能，具有不可替代的重要性。作为基础权力与国家能力都很强大的国家，中国的平台监管与新闻业可持续发展与欧盟、澳大利亚等西方国家明显不同。因此，研究中国的平台监管、内容付费和新闻业可持续发展等问题就必须充分立足于中国语境。

在平台监管层面，作为拥有强大国家能力的国家，中国的平台监管始终在一边发展数字互联网产业，一边强化平台监管体系建设。在组织层面，2011 年 5 月，国家互联网信息办公室成立，整合了原先分散于各部委的内容监管职能；2014 年 2 月，又设立了中央网络安全和信息化领导小组，2018 年 3 月更名为“中国共产党中央网络安全和信息化委员会”。这两大机构的设立在组织层面解决了网络监管政策主体各自为政、相对分散的问题。在制度层面，近年来，中共中央网络安全和信息化委员会办公室相继出台《网络信息内容生态治理规定》等一系列政策文件，并上线“中国互联网联合辟谣平台”，开展“清朗”系列行动，有效净化了网络内容生态，遏制了虚假与错误信息的传播，因而中国的互联网内容生态领域的监管并不存在“政策孤岛”的问题。

在新闻业可持续发展层面，总体上看，尽管传统主流媒体因移动互联网的冲击、经营模式的颠覆而面临影响力衰落、数字化转型困难等压力，但鉴于中国媒体制度的特点和媒体功能的定位，在中央和各级政府的支持下，通过主流媒体的探索创新，媒体发展格局趋于稳定、现代传播体系逐步形成。《人民日报》、新华社等中央媒体，《南方日报》《广州日报》等省市级党报媒体，《新京报》《南方都市报》等头部市场化媒体，均与腾讯、阿里巴巴、字节跳动等互联网平台公司之间达成了版权购买协议。而且，财新传媒、南方周末等长期做深度原创内容的媒体，也在新闻付费领域取得了比较可观的回报。而对于广大省市级党媒而言，由于肩负本地和本省的宣传任务和正能量传播的核心使命，其内容在互联网平台上的传播效果是形成网络舆论影响力、引导力和建构公信力的重要基础。因此，与西方国家以市场化方式运作、以盈利为目标的新闻媒体与平台之间的关系不同，中国的互联网平台与新闻媒体之间更多地呈现出互为需要、深度嵌入的双向共生型关系，是平台的“技术—用户资本”与新闻媒体的“政治—文化资本”的双向资源交换关系。

需要指出的是，这种双向资源交换关系并不纯粹是市场自然演化的结果，而是在国家强力推动媒体深度融合与数字化转型的政策背景下，各利益相关方出于多重因素所进行理性选择的结果。这种双向关系也在一定程度上打破了媒体基于地域的条块格局，更多地展现出一种与互联网的平台化紧密联系的特征：超级互联网平台的技术与用户资本高度地向人民日报、新华社、央视新闻等拥有超强政治和文化资本的媒体倾斜，其余省市级媒体则需要在宣传任务与平台逻辑的双重约束中寻找自己的道路。原本以科层制与条块化为组织特征的新闻媒体，因为平台的介入，在总体格局变得扁平化的同时，也具备了一定的数字化产业特征，其中，少数央媒已经建立了强大的数字新闻业内容原创规模和舆论引导优势。

尽管与西方媒体相比，中国媒体运营情况相对乐观，但这并不意味着欧盟的《指令》与澳大利亚的《准则》出台的政治考量与政策执行实践对中国的平台监管没有启示。随着超级互联网平台成为社会运作不可或缺的基础设施，平台作为基础设施的公共属性与所有制层面的私有属性之间的矛盾[①]，已成为全球的治理难题。欧盟与澳大利亚为维护本地新闻业可持续发展的立法实践与背后的社会政治考量，置于中国新闻业发展的语境下，至少有三点值得我们重视与借鉴。

首先，国家在必要情况下以政策法令的方式可以介入平台与新闻业的关系调整，这一做法的正当性已获得普遍认同。以中国为例，相关法律规定只有主流媒体具有新闻采访权，商业平台可对其赋予编辑和刊载权，但需遵循可供网站转载的新闻单位“白名单”的要求。这一做法，确保了主流媒体在原创新闻、时政报道领域的独特权利和领先优势，也有利于巩固主流媒体的内容经由互联网平台分发，网络内容生态总体保持正能量的态势。国家介入平台与新闻业发展的利益和关系调整，可根据实际情况，从采访资质、版权保护、转载权限、新闻置顶、流量倾斜等各环节、各层次介入，平台付费仅为手段之一，需基于国情继续进行探索与实践。

其次，根据澳大利亚《准则》法案的规定，在谈判过程中，平台应

---

① 参见李良荣、辛艳艳《论互联网平台公司的双重属性》，载《新闻大学》2021 年第 10 期，第 1－15 页、第 117 页。

当向新闻媒体提供其原创内容在平台上的流量数据。此举增强了媒体与平台在版权协议谈判中的自主性和话语权，回应了新闻业在平台上进行的新闻生产与分发过程中所面临的绩效评价难的问题。这种做法有利于加强平台企业的透明性，在助力新闻业数字化转型与可持续发展等方面具有重要作用，对于中国新闻业而言亦有借鉴价值。当前，中国的超级互联网平台企业在重大主题报道宣传策划、主流数字内容产品分发等方面与管理部门、主流媒体有诸多合作，提供的点击量和互动量等流量数据也成为评价舆论引导实效的重要依据。

最后，欧盟和澳大利亚在国家介入、新闻付费和新闻业可持续发展等方面制定的政策实施后所引发的争议也值得我们重视。例如，澳大利亚的《准则》实施后，引发了公众对澳大利亚媒体垄断现象加剧、损害媒体多样性与民主政治的批评，《准则》实施后所带来的后果，对我们立足于中国新闻业的实际情况考虑互联网平台与新闻业的关系调整有一定的启示。在中国，建立中央、省市、县级媒体的现代传播体系，保持媒体生态的多样化和活跃度，需要我们积极利用好互联网平台的赋能作用，让各级主流媒体在日益基础设施化的互联网平台上通过矩阵账号实现内容分发，持续提升主流媒体的影响力和引导力。

总之，在平台监管日渐强化与媒体深度融合战略的助力下，尽管中国媒体并不担心总体上的生存困难，但主流新闻业对互联网平台的用户与流量依赖已是不争的事实。以现今中国的国家能力为背景，平台与新闻媒体双方的“技术—用户资本”与“政治—文化资本”双向资源交换正成为中国新闻传播业运作的新常态，资本正成为国家治理体系中虽隐蔽却重要的关键因素之一。这种新常态对媒体的管理机制将产生哪些影响、在落实公共性和提升公众福祉方面将如何完善、超级平台与主流新闻业的关系将怎样优化等问题，有待进一步的持续观察和深入研究。

第三章　人工智能与传播

新形势新语境下“培养积极健康、向上向善的网络文化，用社会主义核心价值观和人类优秀文明成果滋养人心、滋养社会，做到正能量充沛、主旋律高昂，为广大网民特别是青少年营造一个风清气正的网络空间”①，新闻宣传需要把握正确舆论导向，提高舆论引导能力，画出最大“同心圆”，打造一个开放、包容、立体、多元的社会舆论场，引导网民自觉践行社会主义核心价值观。大数据舆情工作通过对舆论信息的量化分析和研判，能够在复杂的话语场中，发现网民关注点、把握舆情走向，助力新闻宣传议程设置，用恰当的方式扩大主流声音，提高新闻舆论影响力和公信力，同时规避谣言或有害信息左右舆论走势，让舆论回归理性。

作为新一轮科技革命和产业革命的重要驱动，人工智能对政治、经济、社会发展等诸领域也产生了重大而深远的影响。面对新技术所带来的机遇和挑战，如何善用技术、用好技术，发挥人工智能的特色优势，助力新闻策划、盘活内容生产、拓展传播渠道、增强用户体验，更好地服务于党的新闻舆论工作；如何准确把握人工智能的特点与趋势，加快推动人工智能与新闻传播的融合发展，均是新闻媒体面临的重要议题。习近平总书记指出，“要探索将人工智能运用在新闻采集、生产、分发、接收、反馈中，全面提高舆论引导能力”，要通过“弘扬主旋律，激发正能量”。②

习近平总书记强调：“党的新闻舆论工作坚持党性原则，最根本的是坚持党对新闻舆论工作的领导。”③ 只有坚定正确的政治方向，坚持党对新闻舆论工作的领导，才能推动党的新闻舆论工作在新时代中国特色社会主义的顺利开展。未来，大数据、人工智能、区块链、卫星互联网、5G

---

① 习近平：《习近平谈治国理政：第 2 卷》，外文出版社 2017 年版，第 337 页。
② 习近平：《习近平谈治国理政：第 1 卷》，外文出版社 2018 年版，第 198 页。
③ 习近平：《习近平谈治国理政：第 2 卷》，外文出版社 2017 年版，第 332 页。

等新技术将深入影响新闻业态发展，尤其是人工智能的新闻生产，容易加剧社群区隔，不利于主流意识形态的整合。新技术平台媒介舆情工作应进一步增强其责任感和使命感，加快与新一代数字技术、人工智能技术的深度、有机融合，充分发挥舆论监督和引导作用，在构建网络舆论新格局、完善网络舆论话语体系、传递中国好声音等方面发挥积极作用。

第一节　网络技术、人工智能和舆论传播的机遇及挑战*

当前，大数据、人工智能、区块链等互联网与传播科技迅速发展。其中，大数据、人工智能在新闻与舆论传播领域已从探索应用阶段逐步进入深度应用的阶段；区块链、卫星互联网作为2018年热门的新技术正在被全球各领域竞相研究与探索。这些新技术给传媒产业和舆论传播带来直接或潜在的影响，值得跟进观察与研究。本节主要介绍各类互联网新技术及其应用特征，探讨它们在传媒领域的应用进展与前景，着重分析它们对传媒产业和新闻舆论工作带来的机遇和挑战，以为相关管理工作提供参考。

一、互联网新技术的定义及应用特征

当下流行的互联网新技术主要包括大数据、人工智能、区块链、卫星互联网和5G等，这些新技术的技术定义和应用特征主要包括以下五个方面。

（1）大数据。一种规模大到在获取、存储、管理、分析方面大大超出了传统数据库软件工具能力范围的数据集合，具有海量的数据规模、快速的数据流转、多样的数据类型和价值密度低等主要特征。大数据技术广泛应用于人工智能、区块链、产业营销、传媒等技术和行业领域。

（2）人工智能。亦称机器智能，是指由人类制造出来的机器所表现出来的智能，目前在计算机领域内尤其在机器人、经济政治决策、控制系统、仿真系统中得到广泛应用。

---

* 本节内容的作者为张志安和汤敏，原文载于《传媒》2018年第13期。

（3）区块链。广义来讲，区块链技术是利用块链式数据结构来验证与存储数据，利用分布式节点共识算法来生成和更新数据，利用密码学的方式保证数据传输和访问的安全，利用由自动化脚本代码组成的智能合约来编程和操作数据的一种全新的分布式基础架构与计算范式。作为一种基于分布式数据存储、点对点传输、共识机制、加密算法等技术的分布式协作模式，区块链集中应用于金融服务、供应链管理、物联网、智能制造、数字资产交易等领域。

（4）卫星互联网。一种尚处于设想与探索中的、通过人造地球卫星部署全球宽带的通信技术。作为设想中的卫星宽带网络“Starlink”的技术成果，卫星互联网将向包括偏远地区在内的、全球范围内的人群提供高速、低时延的互联网连接服务。

（5）5G。即第五代移动通信技术，是4G之后的延伸。5G拥有更大的信息容量、更全面的网络覆盖、更快的速度、更灵敏的反应，除了为日常移动通信提供更优质的信号传输服务外，还将满足新的使用需求，如物联网、广播类服务以及自然灾害发生时的生命线通信等。

可以说，作为信息传输与节点交互中介的媒体，在新一代通信技术逐渐变为现实的背景下，势必迎来更为广阔的业务创新与服务拓展的市场空间，区块链、5G、卫星互联网等技术的发展必将重塑新闻传媒业的生态。当然，新技术的蓬勃发展也必然给建基于旧技术语境下既有的新闻传播与舆论工作格局造成冲击，从而给当前的新闻与舆论工作带来挑战。

二、互联网新技术给新闻舆论工作带来的机遇与挑战

人工智能、区块链、5G等前瞻性技术被国内外互联网公司、通信公司所率先探索与运用，在我国的主流媒体中则处于仅被关注、讨论及少量应用的阶段。而大数据和人工智能等技术则已经向传媒领域纵深发展，主要应用于新闻生产的提质升级、主流媒体的舆情监测，以及内容资讯产品的精准分发等。具体来讲，这些互联网新技术给新闻舆论工作带来以下几个方面的机遇。

（1）人工智能技术作用于传媒领域，可极大提升新闻传播的用户体验。当前，人工智能已受到越来越多媒体和互联网公司的推崇与采纳，算

法推荐、机器人写作、语音机器人等技术被日益频繁地应用于新闻传播领域的选题策划、信息采集、内容生成和产品分发等环节，以职业媒体人为主体的传统新闻生产正在逐渐进入多元行动主体参与、专业化与智能化并重的时代。

首先，机器人写稿等人工智能技术主要解决的是新闻报道和推送的速度问题，它带来新闻传播的新时效，并直接改变了突发事件报道的新闻生产流程。其次，“语聊机器人”还被应用于新闻产品的呈现环节，它让新闻的呈现方式更加智能化、互动化，提升了新闻消费的用户体验。当然，最重要的是，算法推荐等人工智能技术应用于内容资讯产品的个性化分发，可极大提高新闻传播与舆论引导的针对性与精准性。借助大数据运营，当海量的内容到达云平台后，平台根据加工者能力和对用户数据的收集、整理、分析和判断进行合理分工，实现对用户需求的个性化匹配及反馈。

快速反馈、灵活交互、精准匹配与个性化服务，这些都可以确保主流媒体的内容始终具备先进传播力的基本特征。比如，围绕重大突发事件进行的新闻传播，基于人工智能的技术优势，能快速地生成报道、推送和分发，这样能极大地提高“网络辟谣、阻击谣言、披露真相”的效率，从而避免因不实消息的传播所导致的大众社会情绪割裂和意识形态激化等问题。因此，人工智能可让主流媒体的新闻舆论与意识形态工作在传播形态上更具有互联网属性，包括更快速的信息采集与内容生成、更友好的用户体验的内容呈现、更具个性化优势的资讯分发，从而增强新闻舆论工作的感染力和传播力。

（2）区块链技术应用于传媒领域，能给虚假新闻与谣言的治理、媒体数字版权维护等带来新的可能。区块链是分布式数据存储、点对点传输、共识机制、加密算法等计算机技术的新型应用模式，被认为是继大型机、个人电脑、互联网之后计算模式的颠覆式创新，很可能在全球范围内引起一场新的技术革新和产业变革。区块链技术逐渐在传媒行业的应用，正在改变传统的媒体业态，并在业务流程、组织架构、治理体系和商业模式等方面引发新一轮变革。

具体到新闻舆论工作领域，我们知道，随着微博、微信、短视频等社会化传播平台上自媒体的大量生长，如何阻滞虚假新闻与网络谣言的传播、提升各类专业媒体和自媒体的公信力，一直是舆论空间治理的重大难题。推动“共信革命”的区块链技术可以简化程序，降低由媒体管控的制度性交易成本，推动新媒体与舆论治理体系从建立中央信任机制或者互信机制向建立全社会共信机制转变。

政府部门可借助区块链技术，针对每一个合法的媒体注册唯一的数字身份，通过共同维护的账户来记录该数字身份的所有信息，实现新闻发布资质验证；由人工智能自动按照相关管理规定，对申报自媒体平台的团体和个人审核评分，核定其信任积分；邀请区块链网络上所有用户参与评分，通过一定的算法对各类媒体的信任积分进行动态管理；定期将信任积分向全网公布，使信任积分成为衡量媒体公信指数的重要评价标准，提高其违规成本；通过智能化合约，使信任积分低于阈值的自媒体账号直接关停。

此外，维护传统专业媒体与新型主流媒体在原创新闻生产及内容经营方面的优势，一直是推动主流新闻宣传与舆论引导工作的重要抓手。而如何更好地维护专业媒体内容产品的知识产权及相应的版权收益，是其中的一个难点。区块链技术在这方面亦可带来新的技术可能：首先，区块链技术可以提供一整套追踪新闻来源的解决方案，从而实现媒体信源认证；其次，区块链技术能以数字签名算法（Elliptic Curve Digital Signature Algorithm，ECDSA）和哈希算法对新闻作品版权进行精准跟踪，从确权、用权、维权三个环节完整记录新闻作品版权的流转过程；最后，区块链技术还可以对媒体无形资产进行确权和价值评估，媒体的新闻作品、文学作品、摄影作品、创意设计作品，乃至用户浏览数据、互动评论内容，均可作为数字资产获得融资回报。

（3）5G 和卫星互联网技术将给人们带来实时在线、虚实融合、万物互联的连接感，为传媒业的发展带来更广阔的技术空间与市场空间。如果说 3G 和 4G 技术主要侧重于原始带宽的提供，那么 5G 技术则旨在提供无所不在的连接，其技术特征可以用几个数字来概括：1000x 的容量提升、1000 亿 + 的连接支持、10GB/s 的最高速度、1 毫秒以下的网络时延，因而拥有更大的信息容量、更全面的网络覆盖、更快的速度、更灵敏的反应。而卫星互联网技术一旦变成现实，则将进一步在全球范围内压缩时空，彼时将实现真正的全球连通。无论是在偏远地区、高速移动等恶劣环境下，还是在人员密集、流量需求大的区域，人们仍然能运用移动设备来进行远程交流与沟通，建立“远距离的亲密感”。

5G 技术不仅可以压缩时空距离，还将推动信息传播形态的变革，信息的传播形式将更加具象、直接，移动视频通信或将成为人们的首选通信方式。利用快捷的 5G 网络，人们可以随时随地“进入”虚拟空间，不受限制地在现实和虚拟两种空间穿梭，虚拟与现实之间界限消融的实时在线感，必将进一步形塑新闻传播的表现形态。

此外，无论是 Web 1.0 还是 Web 2.0 时代，互联网始终强调的是人与人、人与信息之间的连接，而 Web 3.0 时代则将更强调人与物、物与物之间的连通。在 5G 技术发展的推动下，人们将加快进入 Web 3.0——“万物互联”时代的步伐，届时推动媒介融合发展就不仅仅只是传统媒体与新媒体的融合，而是朝着“万物互联”“所见即所得”的方向实现媒体与卫星互联网的衔接，从而让新闻传播呈现出智能、泛在的特征趋势。

可以说，作为信息传输与节点交互中介的媒体，在新一代通信技术逐渐变为现实的背景下，势必迎来更为广阔的业务创新与服务拓展的市场空间，区块链、5G、卫星互联网等技术的发展必将重塑新闻传媒业的生态。当然，新技术的蓬勃发展也必然给建基于旧技术语境下既有的新闻传播与舆论工作格局造成冲击，从而给当前的新闻与舆论工作带来挑战。

新技术的发展主要作用于舆论生成平台的生态格局，导致平台媒体的崛起而加速传统媒体的衰落。如前所述，人工智能、区块链、5G 等前瞻性技术主要被国内外互联网公司、通信公司、信息行业等领域率先应用，在我国的传媒领域则仅处于被关注、讨论与少量应用的状态。例如，作为人工智能的算法推荐，主要由今日头条、腾讯、新浪微博等体制外的平台媒体所采用，它们凭借领先的大数据与算法技术，在新闻资讯的分发领域建立了体制内专业媒体短期内所难以超越的优势，无论是在新闻终端产品的用户量和用户移动端使用时长方面，还是在互联网广告市场份额的攫取方面，传统媒体都无法比拟。而区块链技术最先在互联网金融领域被开发与应用，后逐步扩展至供应链管理、智能制造、社会公益、文化娱乐等行业领域，这些应用场景几乎都由体制外的科技与互联网公司所推动，它们将率先制定相关技术的标准与行业的游戏规则，获得技术与市场的话语权，从而给在技术上处于相对劣势的主流媒体造成不小的竞争压力。

正如 Web 2.0 时代，微博、微信等社交媒体重塑了传统新闻传播的技术渠道与舆论运行的传播语境那样，区块链等新一代传播技术与连接方式的变革，或又将以某种新的方式重构业已数字化与一定程度社会化转型的主流媒体。而新形态的平台媒体以新汰旧，新型主流媒体又将归于传统，时刻面临衰落的危机。

5G 技术在传媒领域的应用，使得舆情传播面临即时化的风险，准确的网络舆论分析变得更加困难。5G 网络作为新一代移动通信网络，理论传输速度可达每秒数十 Gb，比 4G 网络的传输速度快数百倍，这将推动新闻与信息“即拍即传”的完全实现。这固然使得新闻传播的时效性迎来进一步提升，但实时在线、虚拟与现实边界消融的技术环境，将给舆论的生成带来即时化风险，信息发布平台的事前审查将失去时间窗口，监管部门的事后追审似乎也更难操作。由于信息将更多以实时视频的方式而存在，这给主要基于文字和图片语义分析的大数据舆论分析技术造成冲击，使准确的网络舆论分析变得更加困难。

新技术的发展可能带来新的信息鸿沟，共识性舆论更难形成，主流意识形态的统合性建构面临挑战。当前，基于人工智能的信息推荐更多的是针对人们的感性需求，信息消费主要立足于感官刺激或实用需求的满足，而且往往是需求与供给的相互强化。这就很容易造成新闻消费与网络空间的过度娱乐化、碎片化，乃至低俗化，从而降低公众对严肃新闻、对主流新闻的关注度，公共意识面临弱化趋势。此外，新闻的个性化推荐所产生的“信息茧房”效应，很容易导致人们视野的窄化和观点的极化，加重社会不同人群间的心理区隔，从而在公共交往层面不利于不同社群间的相互认知和相互理解，给主流意识形态的统合性引领工作带来挑战。

而 5G 技术在给人们的交往带来便利的同时，也给人们的心理与情感带来了危机。随着虚拟社会的建构，人们面对面的真实交流被虚拟交流所取代，现实生活中的情感联系被淡化。人们迷失于虚拟世界中，对周围的人和事物一无所知，也漠不关心，这可能会导致社会情感疏离、人际信任的危机。也就是说，连接技术的极大化便捷将进一步使人们沉浸于自己的兴趣世界和意义消费的生存空间，再加上技术鸿沟可能导致的“知识沟”“信息沟”问题，社会不同群体间的心理区隔和价值观分化持续面临加剧的风险。

三、如何运用新技术推动新闻舆论工作

基于上述对最新互联网传播技术给新闻与舆论工作带来的机遇与挑战

的分析，我们认为，在新技术环境与趋势下推动新闻与舆论工作的可持续发展，需做好以下几个方面的工作。

积极跟进对新技术与应用的研究，实现新技术趋势下传统媒体与新媒体的持续融合。在新一轮工业与技术革命的大背景下，信息与传播科技的创新发展可谓一日千里。面对瞬息万变的技术环境，新闻传播的学界与业界需进一步加强对最新传播科技的观察和研究，以使媒体的融合发展与改革创新获得前瞻性的理念指导。同时，在财政支持、人才引进、技术合作等领域，要加大对主流媒体的扶持力度，加快人民日报社、新华社、中央广播电视总台等央视媒体采纳人工智能、区块链等技术的步伐，补齐主流媒体的技术短板，巩固其在原创内容生产与传播力方面的优势。

对平台媒体与互联网巨头的新技术应用施加必要的行政干预和法制管理，尤其是强化其价值引领和责任担当。作为体制外商业公司的本质属性赋予民营互联网公司、通信公司等以强大的技术创新活力，但这也决定了其技术的开发、内容的流通最终以利润的最大化作为其运营的旨归。一旦技术深入到新闻与资讯流通的领域，这些公司往往会以牺牲一部分社会利益为代价来换取经济利益。例如，算法推荐技术在今日头条、快手等平台型媒体产品的应用，加大了低俗乃至违规内容的传播面与流通量，挤占了主流新闻资讯广泛触达受众所需的流量与时长，从而弱化了舆论引领与意识形态宣传的效果。政府监管部门应在呵护信息产业健康与可持续发展的前提下，对拥有广泛影响力的巨型平台型媒体公司及其产品施加必要的行政与法制的干预、管理，促使其更好地履行企业的社会责任，配合主流媒体更好地实现主流舆论宣传与价值观引领。

第二节　人工智能对新闻舆论及意识形态工作的影响*

近年来，以算法、机器学习等为核心技术的人工智能在新闻生产与传播领域的应用，对新闻舆论和意识形态工作产生了一定的影响，也引发了不少争议。比如，2017 年 9 月，人民网针对以“今日头条”为代表的算

* 本节内容的作者为张志安，原文载于《人民论坛·学术前沿》2018 年第 8 期.

法推送导致的负面传播效果，发表了一系列批评文章，今日头条也通过增加人工编辑、强化内容审核、说明算法规则等方式来进行算法矫正和公开回应。本文聚焦新闻传播行业中算法、人工智能的应用现状及其趋势，分析人工智能给新闻舆论和意识形态工作带来的机遇与挑战。在此基础上，针对如何在人工智能时代做好新闻舆论与意识形态工作提出一些对策与建议。

一、人工智能在新闻传播领域的应用及趋势

在新技术浪潮的影响下，人工智能已受到越来越多的媒体和企业的推崇与采纳。算法推荐、机器人写作、个性化推荐、语音机器人等人工智能技术被日益频繁地应用于新闻传播领域的选题策划、信息采集、内容生成和产品分发等环节，以职业媒体人为主体的传统新闻生产正在逐渐进入多元行动主体参与、专业化与智能化并重的时代。

针对人工智能如何影响新闻业的问题，有新闻学者和从业者认为，人工智能既通过“机器人写稿”改造新闻内容的生产环节，又通过智能算法推荐改造内容的分发环节。[①] 我们认为，算法、人工智能在新闻传播领域的应用，主要体现在以下三个方面。

1. 新闻内容的生产环节

作为人工智能的核心技术之一，机器学习通常包括监督式和无监督式两种，新闻领域内运用的人工智能技术主要是前者。监督式学习主要是输入和输出已知信息，把数据“喂”给算法后按照给定规则填充公式化的表达，继而生成新闻报道。[②]

“机器人写稿”一般就是采用监督式学习进行自动化新闻写作的应用，主要运用程序算法，通过开放平台的数据接口或授权，快速抓取、生成、发布和推送垂直领域的动态消息。目前，“机器人写稿”较早应用在证券新闻、赛事新闻、地震新闻等数据容易模板化的报道领域，主要由机

---

① 参见冯怡《从机器人小冰看〈钱江晚报〉人工智能+新闻的创新探索》，载《中国记者》2017年第6期，第48－50页。

② 参见仇筠茜、陈昌凤《黑箱：人工智能技术与新闻生产格局嬗变》，载《新闻界》2018年第1期，第28－34页。

构网站提供信息接口，由机器快速抓取后生成并推送新闻。[①] 例如，2017年四川九寨沟发生7.0级地震，中国地震台网站的机器人仅用25秒的时间就快速生成和推送了关于地震的快讯报道，包括了速报参数、震中地形、热力入口、周边村镇/县区、历史地震、震中简介、震中天气等内容[②]，各新闻要素一应俱全。这种动态消息的生成和发布，尽管只是融合新闻报道的前端环节，发挥的是快速播报、信息提醒作用，尚未涉及更多深度信息或故事层面，但是，无论多专业的记者也难以在半分钟内完成这样的快速编写。[③] 可见，人工智能与新闻业的结合，首先解决的是新闻报道和推送的速度问题，这带来了新闻传播的新时效，并直接改变了突发事件报道的新闻生产流程。[④]

2. 新闻产品的呈现环节

人工智能还被应用于新闻产品的呈现环节，让新闻的呈现方式更加智能化、互动化，由此提升用户消费内容的交互体验。《2017未来媒体报告》曾预言，未来的新闻是用来体验的，而非仅仅用来阅读。[⑤] 随着语音识别、语音处理技术的不断成熟，中外互联网公司近年来也推出了一系列“语聊机器人”产品，比如苹果的“Siri”、微软的“小冰”和百度的“小度”等。此外，一些媒体也将此应用到新闻报道领域，推出智能新闻机器人。例如，美国数字新闻网站Quartz旗下的移动新闻客户端，其客户端界面打开后就出现一个聊天窗口，以聊天方式推荐新闻，如果用户感兴趣想知道更多的详情，可通过窗口下方的选项与客户端进行互动和追问，在这个过程中，不时还会穿插各种有趣的表情包。Quartz副总裁兼执行主编扎克·沃德（Zack Ward）表示：“聊天式新闻大大提高了用户黏

---

① 参见张志安、刘杰《人工智能与新闻业：技术驱动与价值反思》，载《新闻与写作》2017年第11期，第5－9页。

② 《四川阿坝州九寨沟县发生7.0级地震》，见中国地震台网（http://mp.weixin.qq.com/s/qHf2ln1sFwftkZyOyZ8yRA）。

③ 参见张志安、刘杰《人工智能与新闻业：技术驱动与价值反思》，载《新闻与写作》2017年第11期，第5－9页。

④ 参见张志安、刘杰《人工智能与新闻业：技术驱动与价值反思》，载《新闻与写作》2017年第11期，第5－9页。

⑤ 参见李钊《人工智能先驱预测未来媒体十大趋势》，载《科技日报》2016年10月27日第1版。

度，用户停留的时间变长了。”①

类似的技术运用，将新闻从过去以内容为主导的单向传播变成了以技术为驱动的互动对话，把过去的“看新闻”“读新闻”变成了“问新闻”“答新闻”；同时，这些拥有人工智能技术的新闻平台，还能在产品和用户的互动中收集用户兴趣、资讯反馈等相关行为数据，以用于优化产品和洞察需求。②

3. 新闻资讯的流通与消费环节

上述的“机器人写稿”和“语聊机器人”，主要是人工智能技术对新闻内容生产和呈现环节的优化和改造，而资讯在终端的智能分发和个性化推荐则是人工智能技术对新闻流通与消费环节的变革。③

过去，无论是报纸版面还是门户首页，都主要由编辑根据新闻价值和媒体定位来筛选稿件，他们推荐什么，读者才能看到什么，新闻的筛选和排列主要基于职业新闻工作者的价值判断和人工编辑，且考虑更多的是大众的普遍需求、内容的权威性和公共性，而非用户的个人兴趣。如今，包括腾讯新闻、网易新闻等商业门户网站的资讯客户端，以及今日头条、一点资讯等聚合型资讯分发平台，依托对每个用户兴趣的精准捕捉、需求极致化满足的算法推荐机制而具备强大的传播优势。

有调查显示，在新闻推荐资讯的精准性方面，2017 年算法推荐首次在用户感知上超越新闻和社交推荐。④ 也就是说，相较于编辑的人工推荐和社交网络的“协同过滤”，算法推荐在用户个性需求精准化感知和极致化的满足层面更具有优势。今日头条的算法既根据用户选择的“频道推荐”，又结合其浏览不同内容的行为记录和时间场景，同时记录用户所在的地理位置等信息，比较精准地捕捉用户对不同内容的个性化需求，继而向用户推荐个性化、定制化的资讯，增强其使用黏度并延长其阅读时间。

---

① 陈璐、刘晨阳：《在人工智能和新闻的结合上，国外媒体已经飞起来了?》，见刺猬公社（http://mp.weixin.qq.com/s/pwAkf9－VLNoKLOpwEMIIvg）。

② 参见张志安、刘杰《人工智能与新闻业：技术驱动与价值反思》，载《新闻与写作》2017 年第 11 期，第 5－9 页。

③ 参见张志安、刘杰《人工智能与新闻业：技术驱动与价值反思》，载《新闻与写作》2017 年第 11 期，第 5－9 页。

④ 《中国新媒体趋势报告 2017：通向媒体新星球的未来地图》，见企鹅智酷（https://xw.qq.com/cmsid/20171116A0AB6200）。

目前，基于智能算法为主导的内容筛选和分发机制，使今日头条成为资讯聚合分发平台领域的领先者。

越来越多的媒体平台和资讯终端开始采纳以“今日头条”为代表的“算法+推荐”模式，即基于用户阅读新闻的倾向性和个性化偏好，通过算法为不同的用户推送和呈现他们感兴趣的内容。让内容主动“找到”对它感兴趣的人，新型的分发机制为内容与用户间的匹配提供了新的传播方式。[①] 这种以用户兴趣为导向的智能化分发方式，导致了新闻资讯消费环节的革命性变化，其所产生的传播效果乃至对传媒生态的影响将会是全新而深刻的。

单纯依托算法进行的内容推送和信息传播，也引发了一些主流媒体的隐忧和部分用户的反思。比如，过度推崇算法推荐的平台可能存在一定程度上的价值观偏差，算法推荐内容可能对用户制造“信息茧房”“过滤气泡”等负面效应。尽管算法推荐新闻引发了不少争议，但算法推荐对资讯分发效率的提升、对用户个性需求的满足，已经使其成为新闻分发的主导机制。

随着人工智能在新闻传播领域应用的普及和深化，以及物联网兴起或“万物皆媒”时代的到来，从智能收集与编写新闻，到智能推送与分发新闻，再到智能传感器采集更广泛的生产生活信息和发布新闻，人工智能所带来的生产流程和传播机制变革，将在新闻传播领域内持续进行。

二、人工智能给新闻舆论与意识形态工作带来的机遇与挑战

作为新闻传播行业中先进生产力的代表，人工智能对推动主流媒体和新兴媒体的融合发展无疑具有积极的促进作用。但如果从技术的政治社会属性角度来看，先进的技术并不一定会完全造就积极的社会后果，尤其在注重社会效益的新闻舆论与意识形态工作领域。总体上来说，人工智能给新闻舆论与意识形态工作既带来了机遇，也带来了新的挑战。

---

① 参见张志安、刘杰《人工智能与新闻业：技术驱动与价值反思》，载《新闻与写作》2017 年第 11 期，第 5－9 页。

1. 人工智能为新闻舆论与意识形态工作带来的机遇

首先，人工智能可以提升主流资讯传播的力度。推动传统媒体与新兴媒体融合发展，是需要用互联网的思维方式来创新表达方式与技术形态的，而不仅仅是内容在渠道层面从传统介质向数字化介质平移。人工智能在新闻传播领域上述几个层面的应用表明，至少在新闻内容生产与传播的形式上，它是极其具备互联网基因的。快速反馈、灵活交互、精准匹配与个性化服务，这些都是确保主流媒体的内容始终具备先进传播力的基石。例如，基于人工智能的技术优势，围绕重大突发事件进行的新闻传播能快速地生成报道、推送和分发，这样可以极大地提高"网络辟谣、阻击谣言、披露真相"的效率，从而避免因不实消息的传播所导致的大众情绪割裂和意识形态激化等问题。因此，人工智能可以帮助主流媒体的新闻舆论与意识形态工作在传播形态上更具有互联网属性，比如更快速的信息采集与内容生成、更友好的用户体验内容的呈现、更具个性化优势的资讯分发，从而增强新闻舆论工作的感染力和传播力。

其次，人工智能可以提升主流资讯传播的精度。人工智能是以大数据的收集、分析和处理作为其技术基础的。在突发性事件或社会争议性公共问题的讨论中，不同的人群往往会形成不同价值倾向的观点和诉求。基于大数据技术的成熟，运用人工智能的精准化推送，主流新闻的内容流通可以围绕用户"画像"而变得更加精准。也就是说，通过大数据分析和人工智能推送机制，主流媒体可针对关注公共议题的特定人群进行更加智能化、有针对性的时政内容推送，从而提高舆论引导的针对性和精准性。

最后，人工智能可以提升主流资讯传播的效度。习近平总书记多次强调，新闻舆论工作要增强时、度、效，其中的"效"以往主要由领导批示、同行肯定来进行评价，而大数据分析方法和人工智能技术的运用可以捕捉分析网民的"瞬间情绪"，追踪与研判新闻内容的传播规律，进而对网民的态度改变和行为倾向做出预判。使用这些新数据、新工作和新方法来指导新闻舆论和意识形态领域的工作实践，可以提升舆情监测和意识形态引导的效果。此外，支撑起人工智能的大数据分析方法，可以从情绪、态度、价值倾向等层面，提升重大议题的舆论生成过程和内在规律分析等相关研究的科学性。

2. 人工智能对新闻舆论与意识形态工作引发的挑战

首先，新闻传播领域内人工智能当下的应用场景大多是感性化与实用性的，还无法促进受众公共意识的培育。当前，基于人工智能的信息推荐，更多的是针对人们的感性需求，信息消费主要立足于感官刺激或实用需求的满足，而且往往是需求与供给的相互强化。这就容易造成新闻消费与网络空间的过度娱乐化、碎片化，乃至低俗化，从而极大地降低公众对严肃新闻、主流新闻的关注度，公共意识面临弱化趋势。此外，社交网络传播所产生的“回声室”（echo chamber）效应，导致信息只能在封闭的小圈子中传播，受众对新闻内容的重要性判断会有所偏差。比如，受众会过度依赖于某类信息，或接触到的信息会相对同质化，由此较难观察到重大公共事务背后不同立场的观点和信息。实际上，算法技术的运用既会考虑个性化特点，还会考虑相似人群的需求、信息消费的时空场景等因素。因此，经由算法推送导致的娱乐化、煽情化信息过剩的传播效果，其责任主体并非由平台设定的机制，而是由用户行为、兴趣和相似人群的需求特点所共同决定的。

其次，人工智能的资讯推荐易造成“信息茧房”，加剧社群区隔，从而不利于主流意识形态的整合。基于人工智能的信息分发，以用户的个性化需求为导向，只展示“他喜欢的”，甚至是只展示“他愿意听的”，很容易形成导致人们视野窄化和观点极化的“信息茧房”，加重社会不同人群的心理区隔，从而在公共交往层面不利于不同社群间的相互认知和相互理解，为主流意识形态的统合性引领工作带来挑战。信息窄化容易造成用户的认知范围狭隘，使其易被情绪化的片面信息影响，对整体社会和公共议题的判断可能会有失平衡或理性。此外，还可能会逐渐降低用户对公共议题的关注度，降低他们参与公共事务讨论和行为的意愿。① 仅仅由机器或者由用户自身决定信息的分发，既在实质上消解了传统主流媒体的“把关人”功能，也将导致一部分受众弱化完整接收信息的能力。为此，一点资讯负责人认为，有价值的内容推送不能由机器发挥全部作用。②

再次，人工智能对网络内容建设、传播格局的影响，将突出体现在平

---

① 参见张志安、李霭莹《2017年中国新闻业年度发展报告》，载《新闻界》2018年第1期，第4－12页。

② 《解读：一点资讯为何能率先拿到“新闻牌照”》，见传媒大观察（https://mp.weixin.qq.com/s?__biz=MzA4Mzk2NTAyNA%3D%3D&chksm=87e734a7b090bdb10e27cb3cad86cf69b38635906e1151b0b9fa25d42dce434d6fa61404a964&idx=1&mid=2650665384&scene=21&sn=f2c0bdc8592969d1701e24d84fcd8fc1）。

台媒体优势强化、主流媒体影响弱化方面。从内容建设的角度看，人工智能辅助生产新闻的数量相对有限，而经由人工智能技术推送的新闻将更加偏向软性化和娱乐化。由此，导致严肃新闻所获得的点击量和到达率会受到客观限制，这可能使得传统主流媒体在融合转型过程中，特别是针对移动端内容的生产和传播，产生更加注重吸引眼球、强化点击效果的内容偏好。从传播格局的角度看，平台型媒体依托算法等人工智能技术，将拥有更大的传播优势和盈利能力，传统主流媒体由于缺乏技术、资本、盈利能力而面临更加边缘化和影响力弱化的风险。移动互联网时代的本质是实现"所有人跟所有人之间的链接"，信息传播的强势入口必然是具有强社交属性的，这方面以微博、微信和今日头条为代表的"社交 + 资讯"平台比传统主流媒体相对狭窄的"资讯"定位更加具有吸引力和用户黏性。

最后，人工智能对传媒业生态和传播效果的评价体系具有革命性影响，导致主流媒体面临被进一步边缘化的风险。由人工智能和算法塑造的传播效果评价机制，总体上偏向于用户主导、情感主导和兴趣主导，从而导致严肃型内容不可能占据评价体系上的优势。因为传统严肃型的主流新闻报道和正面宣传其评价体系主要由领导批示、同行赞誉和专业奖项来构成，相对来说，传播效果的评估是有些封闭的。而经由算法辅助而进行的传播，内容的传播效果往往可以通过精准的数据形式而被透明化呈现。比如，按规定推送在"今日头条"头部位置的主流时政新闻，每天有多少人在点击、多少人在评论，都可以非常直观地呈现。由此，针对宣传效果的评价权和话语权会面临透明化、数据化的风险，这实质上也会深层次影响主流媒体长期承担的意识形态传播主导权。

三、人工智能时代如何做好新闻舆论与意识形态工作

人工智能将深度影响新闻业。一方面，"机器人写稿"在重大突发事件的快速报道中将有可能取代记者，职业新闻从业者无法跟机器比拼速度，只能通过抵达现场、深度阐释、逼近真相来弥补"机器人写稿"存在的短板。另一方面，人工智能将发挥大数据信息抓取、分析和解读优势，实时监测新闻热点的受众浏览、收藏、转发、点赞和评论等行为，这

种技术驱动下的新闻生产对用户的需求满足将更智能化和高效化。[1] 除了影响新闻业之外，人工智能对网络舆论、意识形态的影响值得高度重视和深入探讨。

基于新闻传播领域中人工智能的应用情形及其给新闻舆论和意识形态工作所带来的机遇与挑战，本节针对如何在人工智能时代做好新闻舆论与意识形态工作，主要给出以下对策与建议。

（1）推动主流媒体跟上人工智能化的发展潮流。人工智能是先进传播力的代表，只有跟上技术潮流才能充分利用好技术给新闻舆论和意识形态工作带来新的机遇。所以，要通过政策或资金扶持的方式，强化主流媒体对人工智能技术的采纳应用，重点扶持人民网、新华社客户端、封面传媒、澎湃新闻等中央和地方主流客户端的技术升级，提升它们的智能化水平，从而切实提升主流媒体内容生产、智能分发的技术水平和竞争优势。在这方面，今日头条采取的向主流媒体新闻客户端输出算法和部分数据支撑的做法值得鼓励。相关的技术合作，可以帮助区域化的主流媒体更精准地掌握本地用户的需求、更智能地推送个性化内容、更有针对性地进行舆论引导。

（2）针对新闻传播智能化的负面效果进行必要矫正。鉴于资讯传播的人工智能化存在弱化公共性、降低严肃内容传播优势、加剧社群区隔等负面效果，因而有必要采取行政手段对商业网站的智能分发和算法推送机制进行适当引导，推动其形成理性把关意识，承担更大的社会责任，更好地把握用户个性需求和优质内容推送、算法推荐和人工编辑的平衡关系。可采用的具体做法如下：对优质的正面宣传作品和报道进行优先推荐，在频道设置、内容推送方面强化“优先权”；严格审核过度煽情的不良内容，对发布导向长期存在偏差的自媒体账号进行关闭处理，从源头上减少负面信息的供应量；在算法推送的规则之外更加强化人工编辑的作用和价值，尤其针对“两会”新闻等重大主题策划进行的宣传报道时，要借助多种技术手段，实现更大范围、更强效果的传播。

（3）探索人工智能时代网络舆论和网络意识形态治理研究。新闻舆论与意识形态工作离不开学术研究的科学指导与理性支撑，要充分利用人

---

① 参见张志安、李霭莹《2017 年中国新闻业年度发展报告》，载《新闻界》2018 年第 1 期，第 4 – 12 页。

工智能技术和大数据分析方法，建立更加高效、科学、精准的综合舆情研判和分析体系，尤其是优化研究网民情绪、态度、归因逻辑和行为预测的方法论。此外，鼓励采用跨学科方法实现科研的文理交叉，运用“舆情仿真”等系统建立人工模拟社会系统，从而强化舆情预判和风险预警水平，提高网络意识形态引导的能力。

当然，在人工智能时代做好新闻舆论与意识形态工作，既需要在线上基于先进传播技术的支撑来实现主流意识形态的传播与引领，更要在线下做好矛盾化解、利益协调与社会公平正义维护等相关工作。

第三节　论算法推荐对主流意识形态传播的影响*

随着微博、微信等社交媒体平台、今日头条等聚合型资讯终端平台的兴起，算法推荐作为人工智能在新闻领域的技术运用，已成为移动互联网语境下新闻分发的主流模式，它让“人找信息”变为“信息找人”，实现用户偏好导向下的对信息和人的精准与高效匹配。新闻算法推送的应用，为社会主流意识形态的传播带来诸多挑战：以用户偏好为导向的算法推荐，导致新闻把关权转移和意识形态传播效果评价体系的重塑；其存在的“过滤气泡”（filter bubble）强化效应，进一步加剧了人们的社群区隔与价值观分化；基于算法优势的平台媒体对传统主流媒体的生存空间形成挤压，进一步加剧了后者被边缘化的风险。探讨新闻算法对主流意识形态传播的影响，既无须进行简单的批判，又不可轻视其负面影响。

“现代社会中的意识形态分析，必须把大众传播的性质与影响放在核心位置，虽然大众传播不是意识形态运作的唯一场所。”[①] 在社交网站、移动资讯客户端等成为人们获取新闻和资讯的主流渠道的当下，微博、微信、今日头条等社交媒体平台与资讯聚合平台，凭借基于大数据技术的算法推荐而成为具有强大影响力和竞争力的平台媒体，并成为新新闻生态系

---

* 本节内容的作者为张志安和汤敏，原文载于《社会科学战线》2018 年 10 期。

① ［英］约翰·B. 汤普森：《意识形态与现代文化》，高铦等译，译林出版社 2005 年版，第 286 页。

统中重要的媒体行动者。当算法推荐逐渐重构新闻分发机制并深刻影响传播效果时，探讨这一深刻影响大众传播生态格局的技术实体对主流意识形态传播的影响，便是事关新闻舆论与意识形态工作的重要问题。

一、算法推荐：大数据背景下资讯分发的技术演进

探讨算法推荐技术如何影响主流意识形态的传播，前提是对算法推荐技术在当前新闻资讯生产、分发领域中的应用有基本把握，并厘清算法推荐作为一种资讯分发技术的内在逻辑。

（一）新新闻生态系统中平台型媒体的崛起

据中国互联网络信息中心（CNNIC）发布的相关报告称，以“今日头条”等为代表的、利用大数据技术筛选用户感兴趣的新闻资讯的“算法分发”，正在成为互联网新闻主要的分发方式。[①] 易观的研究报告也显示，随着腾讯、网易、搜狐等众多头部信息分发企业加入算法推荐行列，以及微博、微信等信息分发类社交平台不断加大对算法技术的研发投入，2016 年通过算法推送的内容超过 50%，算法推荐超过人工推送，已成为中国移动资讯的主要分发方式。[②]

算法推荐技术的运用，直接推动着新新闻生态系统中平台媒体的崛起。2014 年，乔纳森·格里克（Jonathan Glick）在《平台媒体的崛起》一文中首次使用了“platisher”一词（单词 platform 和 publisher 的结合），并将平台媒体的特点概括为“不单靠自己的力量做内容和传播，而是打造一个良性的开放式平台，平台上有各种规则、服务和平衡的力量，并且向所有的内容提供者、服务提供者开放，无论是大机构还是个人，其各自独到的价值都能够在上面尽情地发挥”[③]。平台媒体建构起社会化的传播网络，依托个性化精准分发的效率，成为重塑新闻业生态的技术力量与基

---

① 中国互联网信息中心（CNNIC）：《2016 年中国互联网新闻市场研究报告》（http://www.cnnic.cn/hlwfzyj/hlwxzbg/mtbg/201701/P020170112309068736023.pdf.）。

② 《中国移动资讯信息分发市场专题研究报告 2016》，见易观网（https://www.analysys.cn/artide/analysis/detail/1000218/）。

③ Jonathan Glick. “Rise of the Platishers”. *Recode*, [2018-01-11]. http://www.recode.net/2014/2/7/11623214/rise-of-the-platishers.

础设施。

当下，微博、微信等社交型平台媒体和今日头条、一点资讯等资讯聚合型平台媒体都在积极运用新闻算法推荐技术，并借此满足用户个性化定制信息的需求、增强用户对平台资讯的消费黏性。据极光大数据的研究报告显示，在聚合型新闻资讯类客户端中，已经形成今日头条和腾讯新闻两个头部产品，前者以 20.7% 的渗透率位列第一，后者的渗透率也高达 19.8%[①]，且渗透率排名前 10 的均为商业互联网公司及其新闻资讯产品，没有一家出自体制内的传统主流媒体。Quest Mobile 发布的相关报告也显示，作为新闻资讯的重要分发渠道，微信、QQ 和微博是我国国内排名前三位的社交产品，三者的用户使用时长在行业内的占比高达 96.2%。[②] 另外，据易观的数据监测显示，以社交功能为主的微信在用户覆盖和用户黏性方面具有优势，微博以及今日头条在用户黏性方面也处于整体领先状态[③]，平台媒体在渗透率与传播黏性方面居于主导性地位，在媒介广告市场的占有率也越来越大。2017 年，中国的广告市场约有 57.2% 的份额支出流向了互联网渠道[④]，其中，仅百度、阿里巴巴以及腾讯（合称“BAT”）三家就占比高达 62% 以上[⑤]。

平台媒体的崛起，与信息分发模式的技术升级密不可分，其中，算法推荐（algorithm recommendation）是非常重要的技术动力。依托机器算法，今日头条、一点资讯等聚合型平台媒体凭借其对用户兴趣的准确匹配与精准的个性化分发，迅速在资讯分发市场中建立了领先优势，获得了远高于门户网站和主流媒体新闻客户端的用户规模和日均使用时长。此外，微博、微信等社交型媒体平台也积极运用算法技术，如微博推出的功能“头条文章”，给予其全站最高信息流权重以进行信息分发，并不断加入

① 数据来源于《极光大数据新闻类 app 报告》（http://www.199it.com/archives/577612.html）。

② 《2017 年中国移动互联网年度报告》，见新浪科技（http://tech.sina.com.cn/i/2018-01-17/docifyqqieu7074004.Shtml）。

③ 《中国移动资讯信息分发市场专题研究报告 2016》，见易观网（https://www.analysys.cn/artide/analysis/detail/1000218/）。

④ 《今年中国数字广告将占广告支出 57%》，见新浪科技（https:http://tech.sina.com.cn/i/2017-05-17/doc-ifyfeius8030113.Shtml）。

⑤ 《今年中国数字广告市场规模将达 500 亿美元 BAT 占 62%》，见凤凰科技（http://tech.ifeng.com/a/20170619/44640258_0.Shtml）。

兴趣内容分发功能；微信推出的功能“朋友圈热文”，利用海量用户数据资源，通过分析用户画像、用户阅读习惯和偏好进行内容推荐。①

（二）算法推荐：大数据驱动下资讯分发的模式进化

在互联网的海量信息中，如何向用户推送最具个性化需求的信息，是移动传播时代资讯聚合平台制胜的关键。算法推荐满足的正是这一需求“痛点”，它代表着媒介信息分发模式的最新演变，也是以大数据为核心的人工智能技术在资讯传播领域的前沿应用。

1. 资讯分发的三种模式

从传统媒体到社交媒体，再到大数据时代由算法主导的资讯分发，媒介的技术进步通过促使信息围绕人而实现更自由的流动，使人们能够更灵活地掌控信息，从而尽可能地满足每个人的价值与需求。目前，媒体对新闻与资讯的分发机制存在三种模式，按照顺序先后也经历了三个阶段，即编辑筛选→社交过滤→算法推荐。

编辑筛选——传统媒体通过人工编辑来对新闻进行专业判断与把关。这种分发模式在本质上是一种人工筛选，通过编辑的价值判断来对资讯产品进行组织、编排，最后以不同的版面、频道、栏目等形式进行编排展示。传统媒体的编辑分发模式，依托具有原创生产能力的记者编辑团队，对内容品质与价值更具有掌控感，但由于信息量有限、个性化不足、人工成本较高而成为资讯分发的传统模式乃至“落后产能”。

社交过滤——在社交媒体兴起的背景下，基于用户所嵌入的社会关系网络来实现资讯的分发与传播。这种模式在本质上是用户通过加好友、订阅或关注、“取关”或屏蔽的方式来建立自己的在线社交关系网，从而实现从自身偏好、属性和需求出发的资讯收取。这种基于社交网络关系的分发模式，是对编辑分发模式的巨大变革，日益成为网民在社交平台上获取资讯的主导机制。不过，随着用户在微博、微信上关注的好友规模的不断扩大，导致社交分发内容出现良莠不齐的现象，资讯过滤的效率和品质因内容混杂而下降，因此需要用户主动优化自己的社交关系网络。

算法推荐——运用算法技术，基于每个用户内容消费的行为数据

① 《中国移动资讯信息分发市场专题研究报告2016》，见易观网（https://www.analysis.cn/artide/analysis/detail/1000218/）。

（用户在App上的浏览量、点击率、停留时长、转发、评论，以及订阅、搜索等等）、个体属性数据（用户性别、年龄、手机型号等等）与社交关系数据（用户社交媒体账号所关注的对象、所参与的话题和发表的内容等等）进行大数据计算与分析，实现精准的用户画像，进而推送更“懂你”的信息。除精准捕捉和识别用户的个性需求外，算法也会进一步洞察与用户相似的社群特征和需求，通过“模型泛化”来进一步强化推送效率。这种分发模式是基于人工智能的机器推荐，可有效解决社交过滤存在的不足，比如，算法对流量的分配独立于社交关系而不受“大号”垄断的影响、算法能处理的信息量几乎没有上限、算法能对用户的社交分发进行二次过滤从而优化推荐结果。正是基于上述优势，近年来，算法推荐逐渐成为资讯分发的主流模式。

2. 算法推荐的内在逻辑

计算机学科认为，算法是逻辑与控制的综合，是为有效解决问题而输入机器的一系列指令，也是为完成一项任务而被精确控制的一系列步骤。[①] 广义上讲，算法是一种编码程序，通过特定的运算把输入数据转化为输出结果。[②] 如运用到传播领域的新闻分发环节，算法的技术本质是对资讯和人的精准匹配，平台媒体通过广泛抓取各种内容源生产的内容来聚合资讯，再借助大数据对用户画像分析来向用户推送符合其兴趣或需求偏好的特定信息，且通过不断的机器学习或算法改进逐步深化对用户的洞察力，持续提升信息分发的精准性。

算法推荐让编辑筛选模式下的“人找信息”变为“信息找人”，用户成为算法架构或程序编码的价值落点，其资讯分发的价值判断机制从由编辑判断转变为由机器来决定，由此把新闻内容的推送交给了“算法把关”[③]。目前，较常用的算法推荐包括基于内容的推荐和基于用户的协同过滤推荐，前者主要根据用户过去的内容浏览记录推荐用户没有接触过的推荐项，是目前使用最广泛的算法；后者主要依据“跟你喜好相似的人

---

① Goffey A. “*Algorithm*”. in Matthew Fuller, ed., Software Studies: A Lexicon, Cambridge, MA: MIT Press, 2008, p. 16.

② 参见王茜《打开算法分发的“黑箱”——基于今日头条新闻推送的量化研究》，载《新闻记者》2017年第9期，第8页。

③ Bruns A. “Gatekeeping, Gatewatching, Real-Time Feedback: New Challenges for Journalism”. *Brazilian Journalism Research*, 2011, 2 (7), pp. 117–136.

喜欢的东西，你也很有可能喜欢”的假设，以及基于关联规则进行推荐[①]，这种推荐侧重寻找有相似偏好的用户并将相似偏好用户接触过的内容推荐给目标用户[②]。

算法推荐其实是对社交分发模式下关系型协同过滤的继承性进化，其中也包含了基于社交关系的关联规则。此外，编辑筛选模式下基于人工把关的专业价值判断也被同步运用在平台媒体的资讯推送中，与算法推送之间形成互为补充的关系。因此，算法推荐是诸种信息分发模式的集大成者，其最大优势在于对信息和人的精准与高效匹配，已经成为互联网信息流动的核心逻辑。甚至可以说，机器算法在一定程度上决定着信息的意义、信息的流向以及受众对信息感知的方式。[③]

当然，平台媒体的算法推荐作为一种人工智能，并非只是一套计算代码或程序，而是包括算法、团队及其新闻价值观在内的一整套系统架构。算法推荐“不仅仅包括算法本身，还包括使之运转起来的一整套规则制度，而这些规则制度由于人工的参与，使得算法机制呈现出一种技术与人工的‘混合逻辑’”[④]。所以，算法绝非价值中立的技术，它由社会性的因素建构，必然也会产生相应的社会影响。

二、主流意识形态的形成机理

算法推荐对主流意识形态传播可能造成的影响，从传播过程看涉及主流意识形态自身的价值内涵和传播特点，从受众角度看也与算法推荐导致的用户信息需求偏好及其传播效果相关。

要想理解主流意识形态如何成为主流，需要明确“意识形态”这一概念的内涵及其形成机制。法国大革命时期的哲学家安东尼·特拉西

---

① 参见陈昌凤、王宇琦《新闻聚合语境下新闻生产、分发渠道与内容消费的变革》，载《中国出版》2017 年第 12 期，第 3 –7 页。

② 参见蔡磊平《凸显与遮蔽：个性化推荐算法下的信息茧房现象》，载《东南传播》2017 年第 7 期，第 2 页。

③ Gillespie T. “The Relevance of Algorithms”. in Gillespie T, Boczkowski P J & Foot K A, eds., *Media Technologies: Essays on Communication, Materiality and Society*, Cambridge, MA: MIT Press, 2014, pp. 167 –194.

④ 参见方师师《双强寡头平台新闻推荐算法机制研究》，载《传播与社会学刊》2018 年第 1 期，第 103 –122 页。

(Antoine Tracy) 第一次使用“意识形态”这一概念，他用这个概念来表征一门新兴学科——观念科学 (science of ideas)，并慎重申明建立“意识形态”这门新兴学科的根本目的就是反形而上学和宗教偏见。[①] 马克思真正将“意识形态”概念带入了学术与思想史并产生了深远影响，他虽然不是意识形态概念的首创者，但在整个意识形态理论史上的开创性地位是无可争议的，甚至任何有关意识形态理论的探讨都必须“回到马克思”[②]。

雷蒙·威廉斯 (Raymond Williams) 认为，马克思的意识形态概念“动摇于‘一定阶级的信念特性体系’和‘能够与真理或科学知识形成对照的虚幻信念体系——虚假观念或虚假意识’之间”[③]。马克思主义的意识形态理论最初是在贬义上使用“意识形态”这一概念的，在《德意志意识形态》一书中，马克思、恩格斯以过于轻蔑的方式使用“意识形态”概念，把它当作“虚假的”、非科学的阶级观念。马克思将“意识形态”斥为“虚假意识”(false consciousness)，实际上是在批判资本主义，揭露颠倒了现实与意识关系的资本主义意识形态。之所以被称作“虚假意识”，是因为资本主义意识形态本质上是对资本主义“异化”了的社会关系所做的合理性论证。在阶级斗争与政权维护中，资产阶级为取得统治地位不得不把自己的利益说成是社会全体成员的共同利益，“这在观念上的表达就是：赋予自己的思想以普遍性的形式，把它们描绘成唯一合乎理性的、有普遍意义的思想”[④]，从而创立一整套意识形态的观念学说，以掩盖自身作为剥削阶级的事实。换句话说，“资产阶级内部的意识形态家们在生产思想和观念时，植根于唯心主义土壤，把人和社会关系割裂开来，从纯粹的思维材料出发，而不是从物质实践活动和实实在在的社会关系出发，脱离人们现实生活的历史过程就只可能产生颠倒的即虚假的意识”[⑤]。

随着历史唯物主义理论体系的创立及之后列宁提出“科学的意识形

---

① 参见申小翠《“意识形态”概念的历史流变》，载《中国社会科学院研究生院学报》2006年第4期，第40页。

② 参见郁建兴、陈建海《马克思主义意识形态理论的嬗变与转型》，载《北方论丛》2008年第1期，第112－118页。

③ Williams R. *Marxism and Literature*. Oxford: Oxford University Press, 1977, p. 66.

④ 转引自郁建兴《意识形态：一种政治分析——马克思意识形态概念新论稿》，载《东南学术》2002年第3期，第4－14页。

⑤ 申小翠：《“意识形态”概念的历史流变》，载《中国社会科学院研究生院学报》2006年第4期，第35－41页。

态”学说，并经历两次重要嬗变[1]，马克思主义意识形态理论中的“意识形态”逐渐变成中性概念，作为“一定阶级的信念特性体系”，“意指系统地、自觉地、直接地反映社会经济形态和政治制度的思想体系，是社会意识诸形式中构成观念上层建筑的部分”[2]。这种将其与经济形态或阶级进行线性对应的、对“意识形态”内涵进行中性化界定的做法，主要发生在马克思主义的后现代转向之前。在意识形态理论最新发展的后马克思主义（post-Marxism）中，意识形态完全剥离了与经济基础、阶级因素的必然性联系，它的形成被认为是一种建构性的（constructive）话语接合实践（discourse articulation practice），“意识形态‘要素’独立地看并没有必然的阶级内涵，这一内涵仅仅是这些‘要素’在一种具体的意识形态话语中接合的结果”[3]。可见，意识形态完全可以理解为一个脱离了经济决定论的建构过程，不是先验的阶级属性决定了特定意识形态诸要素的统一性，而是接合活动本身构造了这一特性。[4]

从后马克思主义的理论视角看来，某种意识形态若要取得“主流”地位而成为“主流意识形态”，就要完成自身的霸权接合（hegemonic articulation），即通过接合的过程取得对社会主流人群的意识形态领导权（ideological hegemony）。这里的主流人群绝非某个阶级或某一经济地位的群体，而是由占统治地位的阶级主导并尽可能多地包含其他阶级与经济地位的社会成员，且并非只从经济基础与阶级地位的维度进行多样人群的囊括。在各种文化向度上对尽可能广泛的“异质性”人群进行其意识形态要素的“收编”（incorporation）与“接合”（articulation），建构起他们对自己的认同，才能成为主流意识形态。“占统治地位的思想之所以占统治地位，不仅在于它能够召询本阶级的成员，而且也能召询被统治阶级的成

---

① 第一次嬗变始于卢卡奇、葛兰西，并在随后的法兰克福学派那里西方马克思主义意识形态批判理论得到充分展开；第二次嬗变是以拉克劳、墨菲为代表的后马克思主义的“接合的意识形态”理论。参见郁建兴、陈建海《马克思主义意识形态理论的嬗变与转型》，载《北方论丛》2008 年第 1 期。

② 申小翠：《“意识形态”概念的历史流变》，载《中国社会科学院研究生院学报》2006 年第 4 期，第 35 – 41 页。

③ Ernesto L. *Politics and Ideology in Marxist Theory*: *Capitalism*, *Fascism*, *Populism*. London: NLB, 1977, p. 99.

④ 参见周凡《论拉克劳后马克思主义转向之前的接合概念》，载《马克思主义与现实》2005 年第 2 期，第 55 – 64 页。

员，长治久安的关键就在于统治阶级能够部分地吸收或中立化被统治阶级的意识形态内容。”①

无法实现多样意识形态要素接合与最广泛社会成员认同召询的“主流意识形态”，将始终面临被边缘化的风险。比如，西方资本主义意识形态的霸权之所以在世界共产主义革命浪潮中遭遇社会主义意识形态的消解，并在特定时期遭遇替代性的“现代性方案”的挑战，就是因为其“虚假性”被马克思主义揭穿以后，无法建构起作为社会主要群体的工农阶级对它的认同。在互联网勃兴与社交媒体发达的后现代社会，不同社会群体意识形态的形成并非仅仅取决于主体所处的经济结构与阶级地位，还源于文化、性别、种族等多维度的差异性。反中心、飘移性与流动化的多样社会思潮与多元文化认同的兴起，为社会主流意识形态的传播、主流意识形态对多样社会主体的整合性认同塑造带来了挑战，占据社会日常性意识形态运作与斗争场域中心位置的新闻舆论工作，必然要面对这种挑战。

从传播的角度来看，“反复、不断流动的政治信息、政治话语、政治符号等是意识形态的现实表征，意识形态的存在和功能发挥须依赖这些政治信息、话语、符号的不断流动，在流动中呈现出自身的特点与功能指向”②。一种意识形态要成为主流意识形态，必须在资讯的日常传播空间中实现主导性覆盖与到达。从认同的角度来看，主流意识形态的领导权（hegemony）无法脱离社会绝大多数人群价值“最大公约数”的整合性认同建构（identity construction），它要求自己的符号内容或观念学说能最大限度地对社会各阶层的意识形态要素进行包容性整合，从而形成对他们价值认同的感召力。

三、算法推荐对主流意识形态的影响

当平台媒体成为新闻算法推荐模式的主流传播渠道，传统媒体的新闻生产、商业模式及传播效果都在发生深刻变化，平台媒体兴起、传统媒体

---

① 周凡：《论拉克劳后马克思主义转向之前的接合概念》，载《马克思主义与现实》2005年第2期，第55－64页。

② 施惠玲、杜欣：《政治传播与主流意识形态构建》，载《社会科学战线》2016年第9期，第158－164页。

衰落的趋势已然不可阻挡，以往主要通过传统媒体报道进行传播的主流意识形态面临渠道转移、话语更新、效果变化等一系列新的问题。

（一）算法推荐造成新闻的把关权转移和评价体系的透明化

算法推荐技术实现了信息与人的精准匹配，其价值集中于满足用户的信息偏好。算法推荐作为信息分发机制的引入使得新闻生产的把关权力从新闻从业者位移到机器智能及其背后的用户需求，这将挑战职业化新闻生产的权威，使媒体与受众从以往的传者主导、受众接收的线性关系，转变为媒体—算法—用户三者之间复杂互动的循环关系，受众的主动地位愈发凸显。①

尼尔·瑟曼（Neil Thurman）把用户偏好分为两种类型：第一种是用户主动表达的偏好（explicit preference），包括点赞、评论、收藏、关注、转发、搜索、屏蔽；第二种是指用户含蓄表现出来的偏好（implicit preference），主要是指媒介组织通过搜集和分析用户数据而推导出的偏好。② 这些用户偏好成为算法推荐的首要价值要素。迈克尔·德维托（Michael DeVito）通过对比传统媒体和算法机制两种不同的生产原则和价值取向，指出传统媒体具有公共属性，更关注异常、破坏现状的越轨行为，而算法新闻则主要受到商业利润的驱动，根据用户需求生产和传播相对个性化的信息。③ 这意味着，算法推荐驱动下的新闻价值将更多从用户角度出发而非从公共传播出发，把关权向受众转移的过程，既充分激发了用户的个人需求，也弱化了用户对公共议题的关注。

把关权向受众转移，还体现在新闻生产与内容呈现以“流行度”（popularity）作为价值指标。詹姆斯·韦伯斯特（James Webster）的研究发现，搜索引擎、社交网络、协同过滤系统等在进行信息推荐时都倾向于

---

① 参见章震、周嘉琳《新闻算法研究：议题综述与本土化展望》，载《新闻与写作》2017年第11期，第6页。

② Thurman N. “Making ‘The Daily Me’: Technology, Economics and Habit in the Mainstream Assimilation of Personalized News”. *Journalism: Theory, Practice & Criticism*, 2011, 12 (4), pp. 395-415.

③ DeVito M. “From Editors to Algorithms: A Values-based Approach to Understanding Story Selection in the Facebook News Feed”. *Digital Journalism*, 2017, 5 (6), pp. 753-773.

把“流行度”作为消费指南。[1] 这种偏向流行度的价值取向也影响到新闻生产，使得平台媒体利用信息储存和数据分析优势，可以向新闻媒体反馈受众的关注兴趣，以影响媒体的报道方向。一项“以今日头条媒体实验室”为个案的研究发现，技术型公司会对新闻热词进行分析，以可视化报告的形式反馈给新闻机构，帮助其开展后续报道时可以更精准地把握用户关注点，以促进和改善新闻生产。[2] 微博等社交型平台媒体，开辟出“热搜榜”“热门话题榜”等栏目，实际上也是以“流行度”作为价值标准来进行资讯呈现，也是建构网络舆论的重要手段。这种基于大数据计算和分析而进行的效果反馈与话题推荐，本质上是媒体议程设置意义上的“算法推荐”，从这个角度看，议程设置的主导权也一定程度上正在向受众转移。

此外，算法推荐对传播效果的量化采集和分析，也重构了新闻传播效果的评价体系，实现了用户点击、转发乃至评价行为的数据化和透明化。过去，传统主流新闻报道和正面宣传的评价主要由领导批示、同行赞誉和专业获奖构成。传播效果的评估局限在行业中，评估结果是相对封闭的，效果评价的主导权主要掌握在宣传和意识形态管理部门手上。然而，算法推荐模式下的新闻传播，其影响力、传播力等舆论引导效果可以通过直观、精准的数据透明化地呈现。用户如果打开今日头条等聚合型资讯平台，头部位置的主流时政新闻，其点击量与评论数，都非常直接地呈现在标题下方。由此，主流意识形态传播效果评价的话语权因数据化、透明化的呈现也让渡给受众，新闻宣传的价值评价体系因而被重塑。

（二）算法推荐导致的“过滤气泡”效应加剧社群区隔与价值观分化

除了对新闻的把关权、对效果评价的主导权有所转移外，算法推荐导致的负面传播效果引起了诸多争议，其对不同社会群体意识形态的影响也值得反思。有学者指出，媒介技术的进步可能使受众更容易和兴趣相投的

---

① Webster J. “The Duality of Media: A Structurational Theory of Public Attention”. *Communication Theory*, 2001, 21 (1), pp. 43 – 66.

② 参见方洁、高璐《用户数据分析平台与计算机驱动新闻业——以“今日头条媒体实验室”为例》，载《新闻与写作》2017 年第 1 期，第 85 – 88 页。

人产生联结，进而加剧社会价值观念和意识形态的分化。[①] 实际上，从编辑筛选到社交过滤再到算法推荐，信息分发的效率固然在不断提高，但一部分受众的价值观却可能因此而更加倾向于偏激、固化，政治、社会和文化层面的社群区隔与意识形态分化可能会愈发严重。从传播学的角度来看，“过滤气泡”、“信息茧房”（information cocoons）、“回音室效应”（echo chamber）等概念描述的便是这类负面效果。

在传统媒体的兴盛时期，媒体组织面向大众生产新闻，并通过人工编辑进行分发，尽管会考虑目标受众的需求，但无法做到针对每个个体的个性化而定制服务，因而受众会接收到共同的信息，在客观上有利于受众平衡地接收信息。在社交媒体协同过滤的机制中，依托关系链传播的社交型分发使用户容易沉浸在由自己和好友所组成的“回音室效应”中，很大程度上只接触到符合自身兴趣与价值倾向的信息。而算法推荐模式，以用户画像为基础进行更有针对性的信息“喂食”，使用户的新闻消费陷入“信息茧房”的困境中，即用户只注意自己选择的东西和使自己愉悦的资讯领域，久而久之会将自身桎梏于像蚕茧一般的“茧房”中。[②] 伊莱·帕里泽（Eli Pariser）在《过滤气泡》一书中提出“过滤气泡”这一概念，意在描述网络上的个性化推荐具有将人们从多样化观点或内容高效隔离的潜能：以机器算法推荐为代表的互联网技术正在使用户获取的信息日益个人化（personalized），个性化算法可能使得只有和用户的意识形态一致的信息才会被呈现，由此导致用户的视野越来越狭窄，接触到多元化信息的机会也越来越少。[③]

进一步的研究发现，算法导致的“过滤气泡”效应对用户的影响是相对复杂的。美国明尼苏达大学一项测量“过滤气泡”影响效果的研究发现，随着时间的推移，推荐系统（recommender systems）确实会让用户所接触到的内容条目的多样性变窄，不过这种窄化效果要轻于那些不“跟随”（follow）推荐系统而通过朋友间关系获知新闻与信息的情形，毕竟用户会根据近期看过的内容形成阅读习惯，且看得越多，偏见就越发固

---

① Flaxman S, Goel S, Rao M. “Filter Bubbles, Echo Chambers and Online News Consumption”. *The Public Opinion Quarterly*, 2016, 80 (1), pp. 298 - 320.

② 转引自梁锋《信息茧房》，载《新闻前哨》2013 年第 1 期，第 87 页。

③ Pariser E. *The Filter Bubble: How the New Personalized Web Is Changing What We Read and How We Think*. New York: The Penguin Press, 2011.

化。该研究团队认为，如果用户本身就存在内容接触范围随时间推移而窄化的天然倾向，那么跟随算法推荐反倒有可能减轻遭遇“过滤气泡”的风险。[①]另外一项来自 Facebook 数据科学团队的研究也表明，尽管 Facebook 的新闻排名算法（News Feed ranking）导致了一定程度的“过滤气泡”，但人们对信息的选择更加制约了他们接受对立政治观点的可能性：“社交网络的组成是影响我们在社交媒体上所遇到内容多样性的最重要因素，个人的选择也发挥了很大作用，而新闻排名算法对我们所看到异质信息的多样性影响较小”[②]。对于上述研究得出的结论，一些批评者从样本体量与数据缺陷等角度有所质疑，还有观点认为 Facebook 团队的研究是在为自己“洗白”。不过，也有研究者从心理学的角度对上述研究发现加以解释，认为人“自我确证偏好”（confirmation bias）的心理机制，使得人有一种根据自己已有的观点来接受和解释信息的倾向，这导致人们常常固守于已有的观点。[③] 也就是说，相比于算法推荐在带来“过滤气泡”方面的负面影响，人们固有的心理倾向和社交关系带来的负面影响也许更大。不管算法推荐是不是“过滤气泡”形成的罪魁祸首，可以肯定的是，人固有的“部落意识”和“自我确证偏好”的心理倾向在算法推荐盛行的信息传播格局下得到了强化，“在这样一个充满选择、包含无数小众市场和将个性化推崇到无以复加的时代，我们在用一种干脆利落到让人恐惧的效率进行自我分类，我们放弃了普遍适用的参照点”[④]。

“普遍适用的参照点”的丧失，意味着主流意识形态作为统合性价值体系面临消解和分化的风险，当下，这种风险已经真实呈现。比如，2016年的美国大选自始至终伴随着两党候选人支持者们的意识形态分化和对

---

① Nguyen T T, Hui P M, Harper F M, et al. “Exploring the Filter Bubble: the Effect of Using Recommender Systems on Content Diversity”. International Conference on World Wide Web, 2014, pp. 677 - 686.

② Bakshy E, Adamic L, Solomon M. “Exposure to Diverse Information on Facebook”. Facebook, https://research.facebook.com/blog/1393382804322065/exposure - to - diverse - information - on - facebook/.

③ Cobblest:《限制你眼界的不是算法，而是你自己》，见果壳网（https://www.guokr.com/article/440260/）。

④ Brun F. “How Facebook Warps Our Worlds”. NY Times, https://www.nytimes.com/2016/05/22/opinion/sunday/how - face - book - warps - our - worlds.html?_ga = 2.142734837.1399578935.1516949496 - 1692992334.1480332071.

抗，双方在社交网络上都存在“过滤气泡”效应，滋生出极端主义情绪，甚至在多个州发生了通过社交媒体平台进行有组织政治暴乱和集体斗殴的恶性事件，由此加剧了社会的撕裂。[①] 一项围绕“Facebook 偏见门”事件的研究[②]和一项德维托对 Facebook 算法推荐产品 News Feed 各项要素权重的研究[③]，均显示出亲密程度（对象之间的关系亲疏以及互动程度）、朋友关系超越了其他价值标准成为 Facebook 算法推荐的主导因子。对用户社交关系权重的倚重而造成的“过滤气泡”，给日常生活中主流意识形态的整合传播及其统合性的认同建构带来了巨大挑战。

（三）算法推荐加剧了传统主流媒体影响力被边缘化的风险

平台媒体凭借社交分发与算法分发的技术优势，在用户规模和广告份额方面迅速建立竞争优势，传统主流媒体面临着更加严重的生存危机。当然，这种危机不仅仅来自传播渠道和商业模式，某种程度上也来自品质内容的推送方式和价值变现困境。平台媒体对传统媒体的新闻生产及内容传播带来的另一个重大影响是众包新闻、草根新闻的兴起，“头条号”、微信公众号等对用户社会化生产内容（user generated content，UGC）的激活，在各大平台媒体推出“内容扶持计划”的激励下，进一步让传统媒体的内容生产在供给量、鲜活度和生动性方面丧失了原先的垄断优势。

德维托的分析指出，平台优先级（platform priorities）是影响 Facebook 信息流呈现的因素之一，Facebook 会在用户信息流中优先呈现自己平台上的视频而非 YouTube 上的视频。[④] 另有研究发现，作为商业公司的今日头条，其“一套由代码搭建而成的算法”作为运转核心，会受到公司整体战略布局的导向和影响，而且头条会优先推荐本平台生产的内

---

① 参见许志源、唐维庸《2016 美国大选所透射的“过滤气泡”现象与启示》，载《传媒》2017 年第 16 期，第 54－56 页。

② 参见方师师《算法机制背后的新闻价值观——围绕“Facebook 偏见门”事件的研究》，载《新闻记者》2016 年第 9 期，第 39－50 页。

③ DeVito M. “From Editors to Algorithms：A Values-based Approach to Understanding Story Selection in the Facebook News Feed”. *Digital Journalism*，2017，5（6），pp. 753－773.

④ DeVito M. “From Editors to Algorithms：A Values-based Approach to Understanding Story Selection in the Facebook News Feed”. *Digital Journalism*，2017，5（6），pp. 753－773.

容。[1] 在聚合类平台媒体上，尽管原创自媒体内容的数量还没有超过传统媒体生产的报道，但正在逐渐获得与传统媒体相当乃至更多的受众。今日头条每日5.1亿次的阅读数中，“头条号”贡献了3.7亿次的阅读数，占比73%，但从数量上看，“头条号”每天的文章数量却仅占今日头条文章总数的30%～40%。[2]

从行业生态格局的角度看，平台媒体对传统媒体受众、收入与影响力的挤压效应已日益凸显，传统媒体因缺乏技术创新、资本驱动与新型盈利模式而面临更加边缘化的风险。过去，主流意识形态的大众传播主要依托于体制内的传统媒体来实施，如今，虽然主流媒体的发行渠道和经济来源受到国有体制的庇护和各级政府的资助，但多元媒体行动者之间激烈的受众争夺、社会意识形态的多元分化始终让其面临着双重挑战：一方面，如何持续维系、扩大受众规模和巩固生存基础；另一方面，如何针对年轻的网民群体进行有效的主流意识形态传播和建构。在西方国家，精英媒体要帮助人们走出“一个社会分裂与政治极化不断加剧的时代，一个持久的‘文化内战’（cultural civil war）时代……需要不同身份政治派别之间的对话与和解，需要政治文化的重建”[3]，同样面临着自身生存困境和来自平台媒体的挑战。

尽管算法推荐基于自身的技术逻辑，给主流意识形态的传播带来了上述影响和挑战，但作为一种人造规则和前沿技术，其同样可以为主流意识形态的传播所运用。实际上，“算法”技术仅仅是“算法机制”的一个重要组成部分，用户、互联网公司以及沉淀在整个社会规范中的价值观，最终将作为一种结构性的机制整体地决定经由平台媒体抵达用户的信息呈现。[4] 只要技术背后的价值理性不屈从于工具理性，算法推荐技术也可以对主流意识形态的传播发挥积极作用。

---

① 参见王茜《打开算法分发的“黑箱”——基于今日头条新闻推送的量化研究》，载《新闻记者》2017年第9期，第7－14页。

② 参见徐宁《从内容集散地到内容生产源，今日头条不再只是“搬运工”》，见36kr（https://36kr.com/p/1720929124353）

③ 刘擎：《2017西方思想年度述评（上篇·政治与思想）》，见腾讯微信（http://mp.weixin.qq.com/s/FAz7aTrsvg6Tpn_8r－ZJgw）。

④ 参见方师师《双强寡头平台新闻推荐算法机制研究》，载《传播与社会学刊》2018年第1期，第103－122页。

参照创新扩散理论，算法推荐等人工智能技术正逐渐从平台媒体扩展到传统主流媒体，被澎湃新闻、封面传媒、南方+等原创新闻客户端所积极运用。比如，作为传统媒体数字化转型典范的澎湃新闻，与今日头条签署视频战略合作协议，将新闻短视频与新闻直播等旗下所有原创视频内容都入驻“头条号”，通过今日头条的人工智能和算法技术进行分发[①]；新华社也同阿里巴巴合作上线发布了中国首个媒体人工智能平台“媒体大脑”，以提升媒体在智能时代的新闻生产、分发和监测能力[②]。此外，今日头条、一点资讯等占据用户规模和月活量头部位置的移动资讯终端，均已按照有关部门的规定开辟了“新时代”等服务于主流意识形态宣传的频道。

然而，技术的创新扩散固然有助于体制内主流媒体在用户争夺与信息分发方面缩小同平台媒体的差距，但算法推荐语境下的主流意识形态传播仍然面临着一定的应用困境：如果将算法推荐运用于主流意识形态的宣传或内容传播，以提升主流资讯的受众达到率与精准性，那么依然面临着相关内容如何创新形态和话语、增强吸引力的新挑战。同时，凭借算法技术的分析结果个性化地向受众精准推送与其立场、倾向一致的资讯，则又可能强化其固有偏见，延续“过滤气泡”的负面效应，从而满足不了主流意识形态统合性认同建构对“吹破”“过滤气泡”的需求。可以说，以用户偏好为导向的算法技术，造成了主流意识形态传播对这一技术采纳的悖论，毕竟算法体现着基于用户兴趣来进行资讯分发的客观性，而主流意识形态的建构必然隐含着从传播者意图出发的主观性。

综上所述，在探讨主流意识形态的领导权建构时，既不可轻视传播技术变革带来的负面影响，又难以简单地通过技术采纳来完全找到趋利避害的对策。究其根本，主流意识形态的整合传播最终是在做有关“人心”的工作，而“人心”或意识形态的形成并非仅仅源自人们在资讯接受中的认知与思考，更形成于其在现实生活中的利益满足与情感结构。因此，在算法推荐主导的传播环境下，维护好主流意识形态对社会的整合力与领

① 《澎湃新闻与今日头条签署视频战略合作协议》，见中国新闻出版广电网（http://www.chinaxwcb.com/2017-07/31/content_358852.htm）。

② 《“媒体大脑”上线，新闻生产搭上 AI 快车》，见新华网（http://www.xinhuanet.com/tech/2017-12/27/c_1122170891.htm）。

导权的影响，不仅是新闻传播学的问题，更是政治学、社会学等多学科需要共同面对的课题。

第四章　意识形态传播与认同

意识形态关乎旗帜、关乎道路、关乎国家政治安全。建设中国特色社会主义文化，必须坚持以强大引领力和凝聚力的社会主义意识形态引领全体中国人民的价值理念、理想信念，巩固意识形态领域中马克思主义的指导地位，巩固中国共产党意识形态工作的领导权和主导权，深入推进"四个全面"战略布局。"党的新闻舆论工作是党的一项重要工作，是治国理政、定国安邦的大事"[①]，"治国犹如栽树，本根不摇则枝叶茂荣"[②]。新时代中国特色社会主义治国理政需要掌握新闻舆论工作的领导权，保证社会主义意识形态安全与稳定，确保经济发展和社会和谐，进而实现中华民族的伟大复兴。

文化在人类的历史进程中伴随着社会的进步、文明的升华而不断发挥着其育人、化人的功效。文化是民族的魂，文化价值观是社会主义精神文化的核心。在社会主义核心价值观的引领之下，坚持文化自信，坚持走特色社会主义文化发展道路，以激发中华民族的文化创新力，推动社会主义文化繁荣兴盛。习近平总书记明确指出，"文化自信是一个国家、一个民族发展中更基本、更深沉、更持久的力量"[③]。我们要以四个自信为基础，"坚持正确的舆论导向，高度重视传播手段建设和创新，提高新闻舆论传播力、影响力和公信力"[④]，建设社会主义文化强国。作为新时代中国特色社会主义"五位一体"总布局的重要组成部分，文化强国建设、文化自信培育构成了中华民族伟大复兴中国梦实现的关键一环，面对传播环境

---

① 习近平：《习近平谈治国理政：第 2 卷》，外文出版社 2017 年版，第 331 页。

② 人民日报评论部：《习近平用典》，人民日报出版社 2015 年版，第 33 页。

③ 《党的十九大报告辅导读本》编写组：《党的十九大报告辅导读本》，人民出版社 2017 年版，第 22 页。

④ 《党的十九大报告辅导读本》编写组：《党的十九大报告辅导读本》，人民出版社 2017 年版，第 41 页。

的文本开放、话语多元和传播链接多样化复杂化的现实局面，我们深入探讨以一种政党主导、公众和多元化媒体共同参与的话语建构方式进行塑造与传播政党形象的精神品牌，深入探寻新时代文化强国“建设—传播—认同”的关系范式，全面凝练中华精神标识于“一带一路”的系统推进中，关注魅力型、全面型、精准型的传播方式并进行国际传播，让世界读懂中国。

现代科技的发展，大大拓展了意识形态传播空间，各种空间场域之间的舆论斗争威胁着我国意识形态的安全。同时，互联网普及率的提升和社交媒体应用的日益普遍，使意识形态话语的讨论和传播过程由传统媒体时代的机构化、仪式化传播转向网络时代的日常化、生活化实践，使得当前党的新闻舆论工作变得尤为复杂。对于如何在互联网传播空间中维护我国意识形态安全，习近平总书记根据国情、党情、社情和舆情的变化指出：“要深入开展网上舆论斗争，严密防范和抑制网上攻击渗透行为，组织力量对错误思想观点进行批驳。”① 同时要求“领导干部不断提高对互联网规律的把握能力、对网络舆论的引导能力、对信息化发展的驾驭能力、对网络安全的保障能力”②。深入研究互联网空间意识形态传播的特点、挑战和对策，把握自媒体视域下意识形态的表达、传播与认同的方法、路径以及规律，是新形势下提升新闻舆论引导力、掌控社会主义意识形态阵地的关键。

第一节　传播与认同：新时代文化强国建设的关系范式*

在新的历史方位上，习近平总书记作出了“没有高度的文化自信，没有文化的繁荣兴盛，就没有中华民族伟大复兴”的精辟论断，把坚定

① 中共中央文献研究室编：《习近平关于全面深化改革论述摘编》，中央文献出版社 2014 年版，第 83 - 84 页。

② 习近平：《加快推进网络信息技术自主创新 朝着建设网络强国目标不懈努力》，见新华网（http://www.xinhuanet.com//politics/2016 - 10/09/c_ 1119682204.htm）。

* 本节内容的作者为丁存霞和苏泽宇，原文载于《青海社会科学》2018 年第 6 期。

中国特色社会主义文化自信写入党章，并对新时代社会主义文化强国建设做出了全面系统的部署，不仅凸显了我党高度的文化自觉和强烈的使命担当，而且指明了文化建设的目标和方向，为新时代中国特色社会主义文化发展提供了理论指导和行动指南。“建设—传播—认同”的关系范式生发于新时代文化强国建设实践场域，是由文化建设、文化传播、文化认同、文化软实力等一系列最基本和最核心的概念、范畴之间的合取、析取、蕴含所导引的关系逻辑，及其所型构的关系模型和解决问题的理论框架。[①]它给予某些逻辑操作以特权，赋予特选的逻辑以有效性与普遍性，不仅蕴涵着新时代中国特色社会主义文化强国战略的价值归旨和战略信念，同时具有方法论的指导意义，贯通文化传播导引文化认同的逻辑演进。

一、新时代文化强国建设场域中的文化认同

作为国家战略的基本预设和思维图式，文化强国建设的关系范式生发于新时代文化强国“时代场”与“问题域”反身定位的实践场域。作为新时代中国特色社会主义“五位一体”总布局的重要组成部分，文化强国建设、文化自信培育构成了中华民族伟大复兴中国梦实现的关键一环。在新的历史方位上，文化交融与冲突的二元悖反、多元与共识的价值交织、媒介化生存的符号化呈现，均形塑着新时代世界各民族国家发展过程中“认同与认异”“选择与摒弃”“归属与斥异”的价值情境，构成了新时代文化强国建设全球化、多元化、媒介化的时代场。内向维度的文化内聚力、外向维度的文化辐射力、贯通内外的文化物化力，指谓了文化传播、认同、物化的软实力意涵，三者共同构成了新时代文化强国建设的问题域。在“问题域”和“时代场”所构筑的新时代实践场域中，文化软实力承载着新时代文化强国建设的核心意旨。作为软实力得以生成的心理基础，文化认同构成了新时代文化强国建设场域中“建设—传播—认同”关系链接的价值归旨与目标指引。

新时代文化强国建设以文化自觉、文化自信、文化软实力的相辅相成和现实发展，带动了国家综合实力的全面提升，指涉了中华民族对社会发展规律和文化发展规律的深刻把握，以此生发中华民族伟大复兴的从容与

① 参见金炳华主编《马克思主义哲学大辞典》，上海辞书出版社2003年版，第391页。

坚毅。作为一个古老文明与现代国家形态重合的概念与实体，中国历经数千年的光荣与辉煌，承受了近代百年的曲折与沉沦，在当代的反思与建构中实现自身“文明型国家”的内源性崛起。新时代与中国综合国力增长相适应的是中国国际地位的显著提高，以及文化“辐射源”中心地位的日益凸显。“文化强国战略”使中国由文化大国走向文化强国，不仅是中国经济高速发展的内在要求，同时也是中华民族伟大复兴“中国梦”的题中之义。在现实性上，作为中华民族总体追求的价值归旨，新时代文化强国建设凸显于中国道路的价值理念与文化自觉的价值目标，开启了以中国道路创设东方语境的文化过程，并以历史与现实相结合的古今逻辑、民族与世界相链接的中西逻辑、理论与实践相统一的话语逻辑，形塑新时代中华民族伟大复兴的文化空间，对接中华文化与世界文化和谐共生的新机缘。

全球化、多元化、媒介化构成了新时代文化强国建设的时代场。“每一个时代的理论思维，从而我们时代的理论思维，都是一种历史的产物，它在不同的时代具有完全不同的形式，同时具有完全不同的内容。”[①]“全球化”“多元化”“媒介化”是当今世界民族国家共同面临的“文化宿命”。全球化所推进的“异质趋同”与本土文化所伸张的“排他斥异”二元悖反，多元文化交融互动与共识诉求相互交织，媒介化生存中“身份退隐”与“意义在场”的符号化呈现，三者共同形塑着文化强国建设的时代场景。在三者交互作用的时代场景中，文化传播导引的“认同与认异”“选择与摒弃”“归属与斥异”问题日益凸显，与现代民族国家的形成以及现代化建设如影随形。时代场景“规定着我们在其中生活和选择的性质差别的空间”[②]，成为决定民族—国家共同体建构与国际社会“人心向背”的重要变量。它在滋生着认同与斥异结构性失衡的文化危机、激发认同反思与建构的同时，也使得文化的地位和作用得到了全球性凸显，文化战略逐渐成为国家稳定发展繁荣的关键词。文化不再是一种边缘化的力量，开始走入国家政策的中心，成为国家发展战略的重要组成

① 马克思、恩格斯：《马克思恩格斯选集：第4卷》，中共中央马克思恩格斯列宁斯大林著作编译局译，人民出版社1995年版，第284页。

② ［加］查尔斯·泰勒：《自我的根源：现代认同的形成》，韩震等译，译林出版社2001年版，第51页。

部分。

文化软实力的提升承载着新时代文化强国建设的战略意图，构成了新时代中国特色社会主义文化自信的重要基础。文化软实力内向维度的文化凝聚力、外向维度的文化辐射力及贯穿内外的文化物化力，构成了文化强国建设的问题域。中国文化软实力的概念是在物质硬实力发展的基础上，通过文化资源的开发、挖掘、整合、建设、传播而形成的认同效应。文化强国建设的内向维度是在国家内部以文化认同培育推进民众的价值转换、实现价值共识，凝聚社会力量。作为观念性、价值性、意向性的存在，文化是导引聚合与分离的力量，构成了一个民族的精神命脉。民族成员对社会核心价值体系的认同达致表征着民族成员贯通历史文化传统和时代价值潮流的文化自信、价值自觉和理解共识，形成具有社会整合性质的向心力与凝聚力。文化强国建设的外向维度指涉一种由内而外的内源性的文化辐射力。文化强国建设由自发走向自觉的文化建设与传播，诠释了中华文化的历史逻辑与价值逻辑，彰显了中华文化特质、中国发展逻辑、中华文化精神，引领了共同价值。集吸引力、感召力、引领力于一体的文化辐射力，表现为文化价值的传播、响应与接受，文化魅力的彰显，文化特质、优势的承认与认可，形成具有东方话语特质的文化语境，积极参与国际话语体系的建构。文化物化力是文化强国建设内向凝聚力、外向辐射力的根基，成为连接、贯通、生发二者的基础维度。文化的物化力代表着文化向经济效益、物质硬实力转换的能力。物质生产、经济发展为文化提供了一个演绎与发展的大环境，“经济强盛——文化伸张”是一个客观的逻辑。此外，物质生产力的高度发达彰显了文化自身的优势，成为文化优越性的强有力的佐证，也为文化的发展提供了工具性的手段、利益性的保障等基础性的支撑。

在文化强国建设“时代场”与“问题域”交织的实践场域中，作为“情感归属”“自由自主”“理性自觉”的主位因素，文化认同是文化软实力得以形成的心理基础，构成了文化强国“建设—传播—认同”的关系范式的价值归旨和目标指引。作为文化价值内核自觉内化与责任外化的过程与结果，文化认同本质上是价值认同，指谓文化成员对文化价值内核的承认、认可与赞同，是一个由价值体认获得情感归属、生成价值自觉的心理与行为过程。文化强国建设与文化认同是一组相互支撑、相互作用的互构关系。

“认同”源自拉丁文“idem”，本意为“同一”与“相同”。社会学领域将其表述为一种群体的关系属性。心理学领域则把“认同”看作是人的一种本能，是人“自居”的心理认知过程。“认同的包容性扩大自我，把‘我’变成‘我们’，进行‘我是谁’‘我和谁在一起’的身份确立；认同的斥异性则排他设限，区分我们与他们借此达到‘我们是谁’的群体考量。”① 文化认同是文化软实力得以生发的心理基础。文化认同的达致在国家范围内实现中华文化话语实力的彰显，产生强大的文化吸引力、感召力与引领力。强大的文化生产力与传播能力会激发起民族成员对民族文化的自豪感与自信心，进而加深其对民族文化的认同感。文化强国建设对文化认同形成有效推进。文化强国建设与文化认同的内在契合与关系互构，不仅决定了以文化生产、文化传播培育和文化认同的建设路径，也催生了以文化强国建设效应推进民族文化认同的价值归旨。

“文化认同是一个与人类文化发展相伴随的动态概念，是人类文化存在和发展的主位因素。”② 在当代世界，文化认同与其他方面的认同相比，其重要性显著增强。作为自我塑造的精神力量，文化认同具有比国家认同、政党认同、地区认同更稳定、持久的整合力，其所蕴含的强大的共识整合力与价值凝聚力成为“文化强国”建设重要的“文化资源”。文化认同是文化传播的接受者对文化中所承载的物质与精神资源的亲和与归属态度，是对文化传播的符号语言、风俗习惯、生活方式、具象景观等外在形式背后的思维特质、价值观念、伦理道德的承认、认可和赞同，在此基础上产生“情感归属”，进而获得“理性自觉”的心理过程。作为“一种维护社会模式的工具”③，文化认同是内聚性与排他性的统一，以文化的界线标识“我们”与“他们”，在“认同”与“认异”中形成稳定的观念共识、聚合的社会关系和强烈的价值信仰。文化认同生发于文化的同一性，因而其边界也随着文化的传播与扩散、接受与认同而拓展。文化认同可以摆脱民族、地域、国籍、语言、经济的藩篱而独立存在，虽然它更多地受到民族因素的限定，但也更多地表现为文化响应者对文化价值的积极

① 詹小美、王仕民：《文化认同视域下的政治认同》，载《中国社会科学》2013年第9期，第28页。

② 郑晓云：《文化认同与文化变迁》，中国社会科学出版社1992年版，第4页。

③ 万俊人主编：《20世纪西方伦理学经典》（II），中国人民大学出版社2004年，第38页。

判定、“自由”选择与“自主”皈依。

强大的文化认同力是对抗强势文化同质化、维护文化安全的重要力量。文化认同成为加强民族国家认同的现实策略，民族国家也常以文化资源来充实与强化文化认同，以达到固基与带动政治认同的目的。与此相对应，文化认同的削弱将会带来民族内部结构的弱化与流变、国家系统的松动与认同式微。在世界各国国家的民族主义运动中，文化认同的建构与强化成为巩固民族认同和国家认同的重要机制。文化认同形成的社会整合力与聚合力是一个民族国家的软实力，它不仅能够提供国家、民族、社会发展的目标、方向、路径和动力，促进国家的统一、民族的团结，而且能够实现由精神到物质、理想到现实、观念到实践的转化，提升国家的经济实力和物质生产水平。如果没有足够的文化认同作为支撑，中华民族很难真正意义上实现伟大复兴，中国也难以整合各种国家资源并将其转化为国际社会的吸引力、感召力和引领力。

二、文化认同视域下的文化传播

文化传播以文化信息的传递与共享，指谓一个社会文化元素、文化体系、文化价值的传承，以及向其他社会群体的价值扩散、转移与互动。文化传播的本质表现为价值传播，即人们在文化传播的信息共享、施加影响和交往互动中所实现的文化价值的认知、理解与共享。文化传播形塑着国内外民众文化认同的认知判断、情感投射、利益博弈和价值协商。作为文化强国建设的重要维度，文化传播指向了对内传承与对外辐射的“两个向度”，是历时纵向传承与横向空间拓展的统一，不仅生发着文化强国建设由内而外、内外一致、相互支撑的传播意旨，而且指谓了文化传播能力、效力对民族文化认同、国家认同、政治认同的固基与推进。文化传播构成了文化强国“建设—传播—认同”关系范式的逻辑中继。

“文化是一个连续统一体，是一系列事件的流程，是一个时代纵向地传递到另一个时代，并且横向地从一个种族或地域传播到另一个种族或地域。”① 文化传播是以导引认同为目标的对象性活动。当今时代，文化传播的主体性正在由“传播者本位”走向“受众本位”，传播内容也被纳入

① ［美］莱斯利·怀特：《文化的科学》，曹锦清译，浙江人民出版社1988年版，第2页。

"认同"所型构的框架内运行。传播方式、手段、方法的运用都旨在推进有效、全面、成功的认同过程，其判断标准在于能否在受众思维中得到立体、多维地呈现，并彰显所倡导事物的内在价值。价值的资粮越丰厚，认同的可能性就越大。然而这仅仅是认同的必要条件，依据传播互动心理而调试的传播方式、手段、技巧也直接关乎着接受与排斥、认同与认异的分野。换言之，如果认同的根源来自接受者对传播核心价值的体认，那么认同的效度在一定意义上则取决于传播叙事的表达与建构是否有助于核心价值的多维呈现与主观接受，提高其温度和亮度。

文化传播是指在文化共同体内部和不同文化共同体之间发生的关于文化信息、产品、价值观念的流动、交换、接受、认同的系统运行过程。文化传播不仅包括历时向度的文化传承，而且包括空间向度的文化扩散。文化强国建设的传播向度是历时纵向传播与空间范围内横向拓展的统一。与此相对应，认同视域下的文化传播具有内外指向的分异。在国内以民族文化的传承与发展、社会主义文化价值的培育保证民族文化一以贯之、一脉相承的代际相袭，保有与延续民族属性，防止民族文化基因及其价值特质的断裂，在保证文化价值主导性、规定性、指向性的前提下，传播主流与多元并存的文化理念与价值意识。外向维度通过中华民族文化、社会主义先进文化的世界性辐射与输出，传播承载着兼具"共同价值"与"中国特质"的东方文化，在世界文明体系中唱响"中国声音"，参与世界文化体系的语境创设，使"文化强国"的地位得到世界的承认、尊重与支持。

文化传播的内向维度意指民族文化的培育、普及、传承与发展。在经济全球化的今天，资金、技术、人力、物力实现了跨越国界的全球流动与配置，不同民族之间的文化交流也日益频繁，文化成为民族与世界融通的鲜明标志和重要媒介。在这样的时代背景下，在民族文化传统的价值意义冲突与碰撞中，民族文化特质的保有与延续、民族文化与世界文化的现实对接等问题，成为传统文化内向传播的基本问题，也构成了文化强国建设的基础性维度。文化传承是民族国家内部的文化传播活动，是对民族成员进行"传统文化"认同的培育。人是文化性的存在，宿命天成、不可退出的族属身份和文化身份定位了人的社会属性。个体凭借所承袭的文化意识和文化成果而走向群体、链接族群，在文化所框定的规则、禁忌、习俗、习惯中展开自己的生存方式，也汇聚成为不同民族的"文化展开方式"，即为"传统文化"。传承性的文化传播是文化积累与再生产的过程，它不仅构成了文化延续与保有的积淀过程，更成为文化创新与发展的起点。深刻、全面的文化继承构成了高水准、高层次的文化创新、发展的起点。

文化强国建设的内向传播以民族传统文化的传承与创新为支点，构成了民族文化前行的“显性”与“隐性”的文化维度。“隐性”的文化维度是传播与继承文化传统，“显性”的文化维度是文化创新，是民族成员文化主体性的展开，是主体自由的自我实现。文化传统的培育为现代性语境中的民族成员提供安全、稳定、有归属感的精神家园。人们在传统中“寻根”，在传统中确证自己的文化身份和社会属性，在传统中展望未来、承担责任，在文化创造与生产中建筑强盛、繁荣、自豪、皈依的“精神强国”。传承性的文化传播是以文化创新为目标和方向的演进过程。人是一种目的性的存在，在记忆与遗忘中实现选择性的保有与延续，其本身是对文化要素中所蕴含的价值与潜能的择取，是对文化未来生长可能性的建设性挖掘。在德国学者扬·阿斯曼（Jan Assmann）看来，“我们常常忘记，遗忘才是人类生活的基本形式，而回忆是对抗这种自然规律和时间的努力，是少之又少的特例。两者都是对过去的构建和拆解，都帮助人们继续生活下去”①。从文化记忆中提取反思生活的价值标准、从已知中认知未知、在文化经验中抽象本质来理解和探索新经验、新事物、新关系，是人的一种发展模式。文化的延续性和一以贯之的发展脉络是文化生命力保持和健康发展的根本保障，也只有这样，“文化强国”建设的步伐才能更加稳健与持久。

文化传播的外向维度意指中华民族文化的世界性传播。文化的外向传播以民族文化的内向传承为基质，由内而外地形成文化辐射。文化传播的外向维度强调在内外一致的基础之上，保有与强化国族文化传播的主体意识、自觉意识和自主意识，实现民族文化特质、文化价值内核的世界性呈现与彰显，塑造良好的“国家形象”。对外文化传播是中华文化“走出去”与“引进来”的双向交往的重要组成部分。它通过文化表达和话语叙事讲述“中国故事”、唱响“中国声音”，描摹中华文化的“世界镜像”，使国际文化受众能够深入了解、认知、理解、喜爱中华文化。国际社会也通过中华文化的外向传播深刻体认“嵌入”其中的东方文化价值、

① ［德］扬·阿斯曼：《文化记忆》，金寿福、黄晓晨译，北京大学出版社2015年版，第8页。

心理意识、思维方式、行为逻辑，增强对“中国道理”“中国逻辑”“中国风格”的理解、承认和赞同。

文化传播的外向维度强调“国家形象”的积极建构。面对世界对中国的误解，具体而言，西方发达国家对中国形象的污蔑、丑化甚至是妖魔化，从根本上源自中国的全面崛起，这使“西方中心主义”产生了“恐华心理”。而此种论点盛行的重要原因在于中国国际话语权的式微。中国声音难以形成影响人心向背、政治理解、文化认同的国际传播场域。文化强国建设的对外传播就是要通过中华文化的国际传播，将承载中国发展理念、发展逻辑、价值观念的文化心理、意识和思维传播到世界，使国际社会倾听中国声音、诠释中国发展道路的合理性、合法性，传播中华文化的价值观念体系，破除国际社会对中国的陌生感、恐惧感以及对中国形象的歪曲和丑化，形成具有吸引力、影响力、感召力的“中国形象”。在文化传播形成的文化语境中，增强国际社会对中国的文化理解、价值体认和政治认同，生成国际制度性话语机制建构的文化语境和语义氛围，进而增强中国对国际话语的引领能力。唯有如此，在中西国际话语的均衡对峙中，才能规避、克服和转变国际社会对中国的“刻板印象”，才能使国际社会实现对中国由怀疑到信任、由排斥到认同的态度转变。

三、文化传播导引认同的逻辑演进

文化强国“建设—传播—认同”的关系范式于文化传播导引文化认同的逻辑演进中生发出独具民族特质的强大凝聚力、辐射力和物化力。根基性文化传播强调象征符号、情节、价值信息的共享过程，推进自然认同之基本认知与主观情感的实现；工具性文化传播旨在通过教育传播、规则制度、利益诱导实现文化传播施加影响的对象性过程，推进文化成员对政治协调机制、利益共享机制、资源分配方式的强化认同；价值性文化传播通过不同文化主体间的价值对话、交往互动、理解承认，生发文化成员对文化传播最深层次的理解认同。

原生性文化传播、工具性文化传播、价值性文化传播构成了文化传播建设的三个维度。文化强国建设场域中，原生性传播建设强调对历史既定原生符号、情节、价值的基础性传播，包含历史条件、生物遗传、地理环境、社会条件、群体身份的文化习得与养成，指向族群身份、文化归属的主观亲和与情感皈依；工具性传播建设侧重教育传播空间、利益分配机制的巩固与强化，强调对社会运行机制、资源分配机制、利益的竞争与共享机制的多维建构、诠释与彰显；价值性传播建设强调对社会价值和群体推崇的传播，产生对其价值内核体系的自觉内化和责任外化，最终落实于价值内化的物化行为。文化强国建设场域中，文化传播的三个维度兼容了民族成员生存依托、情感慰藉、精神信仰、价值实现的多重意涵，构成了认同何以发生、何以可能、何以生成的重要内容维度。

自然认同、强化认同、理解认同的逐层递进构成了文化认同深入的层次链接。自然认同侧重文化成员“在无外力干预的情况下，通过历史继承和约定俗成达到的自然形成”，“是最基本、最普遍和最广泛的感性认同”①。它强调文化语境和价值情境的自然熏陶和无意识感染，表现为民族成员代际相袭的文化积淀、主体惯性、情感亲和，是归属意识形成的基本要件；强化认同是具有利益关联和意识形态权威性的主导性认同，通过教育、体制、制度的利益引导、强制规范、理性规约形成民族成员关于利益共享、资源分配等社会运行模式和政治协调机制的现实体认与依托；理解认同是基于系统认知与强化的价值理解，是理性把握与感性归属基础上的主体自觉，也构成了认同层次最深层、最稳定的心理状态。文化强国建设场域中，文化认同的层次链接指谓了文化认同由浅到深、由弱到强、由自发到自觉的递进与强化，表征着文化软实力转化的效果与程度。

原生性传播强调文化成员对文化符号、情节、价值体系的基础认知与主观亲和，生发着文化认同的基础层级——自然认同。根基性文化传播侧重由文化元素、符号、景观、活动构筑的文化情境，提供文化成员认知需求的基本素材，使传播客体在参与式的文化空间中交往互动，生成对传播内涵的基础性符号认知、情节认知和价值认知。它以民族成员历史继承的民族场和文化域为基质，指涉民族成员宿命天成、不可退出的族群归属和文化身份，以其特有的自然属性和文化标识激发与唤起民族成员由“个体”走向“群体”、由“我们”区分“他们”的心理演绎过程，于历史发展过程、文化演进脉络中生成民族成员对民族共同体、文化共同体的主观亲和与情感归属。生活化和日常化的需求伴随着文化信息的日常嵌入带来对文化潜移默化的了解与认知，消除恐惧感和陌生感，产生“成员间

① 詹小美：《中国梦价值认同的当代建构》，载《青海社会科学》2014 年第 4 期，第 2 页。

共同的意识和行为举止以及同舟共济的亲密感”①。这种层次的认同空间往往是最基本的自然认同形成的开始。

自然认同的文化认知呈现了文化自身的吸引力和主体意识的认识力，表征着认同主体对客体文化信息的主体性选择、解译、转码、融合、吸纳的初步过程。认知过程是立足于认同主体即有“心理定式”与外部知识、经验相互结合的意志和愿望，凭借认同主体实践而获得的“经验定式”将间接获得的外部知识、经验加以转换与理解，切入文化基因的“价值定式”对外部知识和经验进行主体选择、改造与整合。原生性传播的认知模式正是在认同主体认知的“心理模式”“经验模式”“价值模式”的相互规约、促进、形塑中得以形成和巩固的。基于符号认知和情节认知，自然认同形成于一定程度的价值认知。基于对文化传播内容的价值抽象以及文化意义的凝练和概括，认同主体对文化传播价值内核的承认、认可、赞同构成了文化共识得以形成，文化魅力得以彰显，文化吸引力、感召力、引领力得以共存的先决条件。

工具性文化传播通过对社会运行模式、政治协调机制、利益共享机制、资源竞争与分配机制的多维彰显与诠释，生发文化认同的强化层级——强化认同。对于文化成员而言，“满足他们的需要的遥远的经济进程是非人格化的，它们几乎不可能促进与一个集体交往中的其他人共同分享的需要”②。工具性的传播在物质和精神利益方面给予了充分考量，以传播客体切身利益为切入点，激发个体有所为、有所不为的偏好与习惯，形成一种促使某种行为或者活动长久良性运行的利益促进机制。任何缺乏对个体或者整体利益关切与长久滋养的价值倡议与惩戒规则都是虚妄的、没有根基的。工具性传播以资源的竞争与协作、绩效的定位与评判、利益的共享与分配为基点，以其所蕴含的效用体系、科学机制和调试空间导引群体边界与限域的拆和、中心与边缘的量标、社会关系的聚合，激活社会成员对社会运行模式的主动参与和积极建构，强化文化成员对建筑于民族、文化机体之上的社会运行模式、政治协调机制的现实体认与依托。

工具性传播以引导、规约、奖惩的方式和手段建构归属与斥异的认同空间，通过对传播媒介、渠道的支配与主控来表达具有导向性、强制性、

① 汝信主编：《社会科学新辞典》，重庆出版社1988年版，第1246页。

② 王列、杨雪冬编译：《全球化与世界》，中央编译出版社1998年版，第217页。

秩序性的话语权力，使具有主导性的文化信息、象征资源责任内化并落实到行为规范当中，形成与文化内涵、价值导向、文化特质相关联的利益空间。与利益性空间相联系的是认同的固基与强化。工具性传播对传播受众关于利益的诱导、规范的强制、理性的规约等，使利益共享与分配机制、竞争与妥协机制在资源创造与分配的政治经济关系、制度规则体系中得到阐释和展现，固化受众对文化价值的归属态度，成为导引强化认同的重要元素。“对于民族共同体而言，利益关系向来就是民众政治关系的本质，个体成员文化认同的强化和引导，与个体利益和民族利益的关联是共同体政治的本位思考”[①]，促使更加符合民族整体利益目标的提出和方向的把握变得尤为重要。在强化认同的培育中，工具性传播是以利益为切入点的人际传播和文化创作，关联文化接受者个体利益与共同体利益的感知，指向民族国家政治制度的归属与效忠，在增强国家政治制度和政治理念凝聚力、向心力、感召力的同时，也增强了国家政治体制的权威力和威慑力，生成国家软实力双重向度的认同力。

价值性传播建设通过不同文化主体间的价值对话、交往互动、理解承认，生发文化认同的理性层级——理解认同。价值性传播建设在原生性传播与工具性传播之上形成综合性认同空间，生成价值内核综合判定与体认基础上的理性自觉，是理解认同达成的综合体现和最终结果。特定的价值观是一个社会的核心，它作为整合社会的一种精神支撑发挥着基本架构的作用。所谓价值性传播与认同，“是指个体或社会共同体（民族、国家等）通过相互交往而在观念上对某一或某类价值的认可和共享，是人们对自身社会生活的价值定位和定向，并表现为共同价值的形成”[②]。在“价值”的参照下，价值传播与认同是人类获得生存意义的确证。而文化的形成、传承、变革、融合和裂变等运动形态都有赖于价值的传播。没有价值传播就没有文化，反之亦然。在此意义上，文化和传播具有同一性。人类寻求认同的过程，实际上就是某种“共有的价值和意义”的追寻过程。

---

① 詹小美、金素端：《论述社会主义核心价值观认同》，载《青海社会科学》2013 年第 3 期，第 24 页。

② 汪信砚：《全球化中的价值认同与价值观冲突》，载《哲学研究》2002 年第 11 期，第 22 页。

价值性传播强调文化价值内核的引领作用，在充分的系统认知与稳定的归属意识基础之上，使客体自觉内化科学性与价值性、现实性与理想性相统一的价值内涵，并深入到客体自由意志的文化选择和行为自觉之中，达致理解认同。文化认同的本质是价值认同。理解认同是基于自然认同与强化认同基础之上的价值理解与理性自觉，是伴随着自然认同、强化认同的层次递进与认同深入而产生的价值认同。一旦形成稳定的价值认同，文化成员不仅将共同的集体情绪和群体推崇作为自己思想意识的主导，而且将其所蕴含的道德标准、行为规范、价值取向落实为身体力行的依据。价值认同生成了民族成员对共同族群身份的根基性归属，同时承载了民族成员对利益共享机制、竞争与共享机制的现实体认，借此形成理性自觉的价值转换，生成价值理解和价值共识，成为形塑国家凝聚力和文化吸引力的核心变量。

第二节　自媒体视域下的主流意识形态认同*

所谓自媒体，就是指个体自己生产与提供信息，并与其他个体传播共享信息的一种新媒体。自媒体是兼具私密性和公开性的网络信息交流平台，包括但不限于个人主页、网络日志、空间、播客、博客、微博、微信等等，其中最有代表性的当属微信，其广泛的应用标志着自媒体时代的来临。“认同”包括客观存在的相似性和相同性，指向心理认识上的一致性和由此形成的社会关系。“认同”作为概念强调的是认同的共性，即受主体的承认与接受。在现实性上，主流意识形态认同与政治认同如影随形。习近平总书记在全国宣传思想工作会议上特别指出：“意识形态工作是党的一项极端重要的工作。”① 这就将意识形态认同提升到一个前所未有的高度。因此，研究和探讨在自媒体环境中如何增强主流意识形态认同，具有重要的理论价值和现实意义。

---

* 本节作者为王仕民和丁存霞，原文载于《湖北社会科学》2017 年第 2 期。

① 习近平：《习近平谈治国理政》，外文出版社 2014 年版，第 153 页。

一、自媒体传播中的意识形态蕴涵

人类历史自进入阶级社会以来，就是统治阶级思想统治的历史，即受主流意识形态的主导。统治阶级的意识形态具有鲜明的阶级性，是占统治地位的意识形态。马克思、恩格斯在《德意志意识形态》一文中谈到市民社会时说："市民社会这一名称始终标志着直接从生产和交往中发展起来的社会组织，这种社会组织在一切时代都构成国家的基础，以及任何其他的观念的上层建筑的基础。"[①] 这里所说的"观念的上层建筑"，显然就是指意识形态。马克思、恩格斯接着说："构成统治阶级的各个个人也都具有意识，因而他们也会思维……他们还作为思维着的人，作为思想的生产者进行统治，他们调节着自己时代的思想的生产和分配；而这就意味着他们的思想是一个时代的占统治地位的思想。"[②] 这深刻地揭示了一个时代的个体既是这个时代的思想生产者，也是这个时代的思想分配者。在自媒体环境中，个体之间的交往主要表现出信息的传递，而这种信息显然承载着传递者的思想和意识，表达着信息发布者和传播者的人生观、世界观和价值观，无不深深地嵌入了意识形态特征。在这整个过程中，都会有明显的价值判断和价值导向，不同的阶级和政党总是会借助自媒体来不遗余力地宣传与渗透自己的意识形态，使其为自己的阶级利益服务，维护和巩固自己的统治。

自媒体是一种载体，它本身不具有意识形态性，但它却改变着意识形态的格局。特别是当自媒体被用来为一定的统治阶级传播意识形态的时候，往往容易被人们打上意识形态的烙印，它强调的是自媒体对意识形态的影响力。自媒体可以为不同阶级"政党和国家宣传自身意识形态提供一个媒介，而且，技术本身也已经成为一种意识形态"[③]。而美国著名学

---

① 马克思、恩格斯：《马克思恩格斯选集：第1卷》，中共中央马克思恩格斯列宁斯大林著作编译局译，人民出版社1995年版，第130－131页。

② 马克思、恩格斯：《马克思恩格斯选集：第1卷》，中共中央马克思恩格斯列宁斯大林著作编译局译，人民出版社1995年版，第98－99页。

③［美］赫伯特·马尔库塞：《单向度的人——发达工业社会意识形态研究》，张峰译，重庆出版社1998年版，第116页。

者希利斯·米勒（Hillis Miller）就直接认为“媒介就是意识形态”[1]。法兰克福学派的尤尔根·哈贝马斯（Jürgen Habermas）也认为：“技术理性的概念，本身就是意识形态，不仅技术理性的应用，而且技术本身就是对（自然和人）的统治，就是合法的，科学的，筹划好了的和正在筹划着的统治。”[2] 其实，马尔库塞和哈贝马斯揭示的是科学技术与意识形态的表征，而马克思和恩格斯则是从科学技术与社会及其意识形态的关系探索其实质，“手推磨产生的是封建主的社会，蒸汽磨产生的是工业资本家的社会”[3]。很显然，技术推动着社会的发展，产生了与之相对应的统治阶级，统治阶级进行思想统治，这就是“占统治地位的思想”，即统治阶级的意识形态。

自媒体是当前意识形态交锋的主阵地，“互联网的迅猛发展，深刻改变着舆论生成方式和传播方式，改变着媒体格局和舆论生态。当前，互联网已经成为舆论斗争的主战场”[4]。自媒体把话语权授给普通民众，它张扬自我、助力个性成长，铸就个体价值，体现了民意。人们自主地在自己的“媒体”上“想写就写”“想说就说”，每个人都可以利用自媒体来表达自己的思想观点，呈现自己生活的阴晴圆缺，建成一片自己的网络空间。在自媒体环境中，个体的媒体权力获得了解放与扩张。个体把自己生活的点点滴滴或经历的方方面面通过语言、文字、图片或视频等方式发布在网络上，表达出一种“在场”的情境，已经成为人们的一种生活方式或生存方式。熟悉的受众都会点一个“赞”，以表达关注。如果发布的内容说出了某个群体的共同语言，或者表达了大众的诉求便会获得很高的点击率，制作者因而能从中得到自我满足或者产生一种成功的喜悦，进而强化这种发布行为。

意识形态的生产和传播离不开一定的载体。主流意识形态对社会稳定

---

① ［美］希利斯·米勒：《全球化时代文学研究还会继续存在吗?》，载《文学评论》2001年第1期，第131－139页。

② ［德］哈贝马斯：《作为“意识形态”的技术与科学》，郭官义、李黎译，学林出版社1999年版，第39页。

③ 马克思、恩格斯：《马克思恩格斯选集：第1卷》，中共中央马克思恩格斯列宁斯大林著作编译局译，人民出版社1995年版，第142页。

④ 中共中央宣传部编：《习近平总书记系列重要讲话读本》，学习出版社、人民出版社2016年版，第204页。

发展起到积极的推动作用，而当主流意识形态趋于衰弱、供给不足时，各种非主流意识形态就会乘虚而入，抢占思想文化阵地。自媒体的迅速崛起为各种社会思想观念的传播提供了平台。自媒体作为新兴的传播工具，其本身不会自动甄别传播的思想内容，因而易于被各种非主流意识形态所利用，其传播的碎片化特点易于侵蚀和消解主流意识形态和价值观念，并为历史虚无主义、网络民粹主义的兴起提供了有利条件。自媒体为大众提供了其他渠道难以企及的表达参与的平台，一些网民由于受碎片化的话语信息的影响，从而对现实社会产生偏见与误解，对社会政治经济产生一些负面情绪，并将这种情绪通过自媒体反映出来，由此而产生一系列的负面影响。一些国家的社会运动、民主运动、社会公投等正是一些所谓的“民主”国家煽动与操纵民众的结果。民众在一种不对等的信息环境中，很容易做出不当的判断和选择。在路易·阿尔都塞（Louis Althusser）看来，这个载体就是意识形态国家机器，包括学校、社会团体、媒体机构等，都是从事意识形态生产和传播的不可或缺的现实载体。阿尔都塞提出，所谓意识形态国家机器，“它指的是一整套宗教的、道德的、家庭的、法律的、政治的、审美的以及诸如此类的意识形态机构，统治阶级运用这些机构，在整合自身的同时也成功地把自己特殊的意识形态强加给被剥削阶级，使之成为后者自己的意识形态”①。阿尔都塞认为，任何社会个体都是意识形态的载体。“没有不借于主体并为了这些主体而存在的意识形态。这意味着，没有不为了这些具体的主体而存在的意识形态，而意识形态的这个目标又只有借助于主体——即借助于主体的范畴和它所发挥的功能——才能达到。”“主体之所以是构成所有意识形态的基本范畴，只是因为所有意识形态的功能（这种功能定义了意识形态本身）就在于把具体的个人‘构成’为主体。”② 正因如此，社会个体也就成为各种社会意识形态争夺的对象。

尽管人们在自媒体上表达的基本都是日常琐事，然而恰恰是这些琐碎之事最能表达人们的内心世界，反映人们的所想所求。美国学者弗雷德里克·杰姆逊（Fredric Jameson）曾经提出：“在过去的时代，人们的思想、哲学观点也许很重要，但在今天的商品消费时代里，只要你需要消费，那

---

① 陈越：《哲学与政治——阿尔都塞读本》，吉林人民出版社2003年版，第239页。

② 陈越：《哲学与政治——阿尔都塞读本》，吉林人民出版社2003年版，第361页。

么你有什么样的意识形态都无关宏旨了。我们现在已经没有旧式的意识形态，只有商品消费，而商品消费同时就是其自身的意识形态。”[①] 杰姆逊的这种表述被不少人称之为意识形态终结的言论，其实这种表述并不是真正的表达意识形态的终结，而是阐述了意识形态在现代的表现方式发生了新的变化且出现了新的特点而已，意识形态在生活中的影响和表现日趋频繁。诚于人们常常言说的，日常生活是意识形态的寓所。而事实上，意识形态对于普通人的私人精神生活的嵌入和干预却是一种常态。列宁曾经说过：“最高限度的马克思主义 = 最高限度的通俗和简单明了”“最高限度的马克思主义 = 最高限度的通俗化。”[②] 众所周知，一定的意识形态总是通过一定的语言、文字等载体表现出来，而意识形态的生活化表达正是现时代的趋势。意识形态认同，已经从传统的灌输教育方式中获得了解放，进而转变为主动探索，在全新的话语体系中选择符合自己特质的符号系统，将自己的思想观念融入符号表达之中，理解与接受符合自己的话语体系。而媒介与政治之间的关系密不可分，媒介通过参与政治生活，影响了人们的政治判断，“受众通过大众媒介不仅可以了解公众问题及其他事情，而且根据大众媒介对一个问题或论题的强调，学会应该对它予以怎样的重视”[③]。在这里，研究主流意识形态认同，就特别需要实现意识形态的生活化表达，这就是把日常生活问题纳入马克思主义的理论视野，它真实地体现了马克思主义理论为人民大众服务的最高价值追求，它是人民大众认识世界、改变生活世界的理论，是理论彻底性的最好表达，从而获得人民大众的认同。“历史不过是追求着自己目的的人的活动而已。”[④] 而要实现人的目的、满足人的需要，人总是要掌握、改进和创造一定的工具，自媒体就是现时代人们学习和运用的工具，能使人的目的性获得极大满足。“需要是同满足需要的手段一同发展的，并且是依靠这些手段发展

---

① ［美］弗雷德里克·杰姆逊：《后现代主义与文化理论》，陕西师范大学出版社 1986 年版，第 26 页。

② 列宁：《列宁全集：第 36 卷》，人民出版社 1959 年版，第 467 – 468 页。

③ ［美］丹尼斯·麦奎尔、斯文·温德尔：《大众传播模式论》，祝建华译，上海译文出版社 1987 年版，第 84 页。

④ 马克思、恩格斯：《马克思恩格斯全集：第 2 卷》，中共中央马克思恩格斯列宁斯大林著作编译局译，人民出版社 1957 年版，第 118 – 119 页。

的。”[①] 互联网技术满足并实现着现代人的需要，也推动着人类社会的进步与发展；依托互联网而生成的自媒体，也正在成为人的生存与发展的一种方式。

二、自媒体给主流意识形态认同带来的困境

自媒体给个体提供了随心所欲的空间和平台，似乎让普通人认为“一切皆有可能”，各种声音如雨后春笋般冒出并被肆意传播。任何人都可以在自媒体上发布信息，而信息又在这些个体之间相互传播。自媒体成为了时效性最强的媒体已是不争的事实。自媒体是一个开放的平台，不同的个体在自媒体环境中都有话语权，从而打破了主流意识形态对话语传播的议程设置，主流意识形态的话语权相对被削弱与被稀释，当下的自媒体舆论环境中充斥着不同的声音，由此对主流意识形态的认同产生干扰，主流意识形态认同在一定程度上有所弱化，甚至陷入“边缘化”的险境，面临着“淡化”和“失语”的危机。同时，在自媒体环境中，碎片化、浅显化、娱乐化、庸俗化的信息受到一些人的追捧；一些别有用心的组织或个人利用自媒体小叙事、碎片化与解构性特点对社会上的负面问题和现象进行肆意传播，歪曲事实，混淆视听。而理论性、系统性、严肃性的主流意识形态面临吸引力下降、受众减少、效果不佳的状况。

传统公权力通过掌握与控制信息资源和传播渠道，来实现对人们“行动和情感的控制影响力”[②]，在其无意识的情况下实施话语控制以进行意识形态的有意识输入，这些路径设置对意识形态认同具有重要意义。正如马克思论述过的：“如果从观念上来考察，那么一定的意识形态的解体足以使整个时代覆灭。”[③] 而现在，意识形态传播的权威性遭遇娱乐和恶搞心态的挑战。自媒体娱乐化元素层出不穷、接连不断，本质上是对主流意识形态的一种反叛和背离。一些政治谣言和政治笑话的流传，给公众调

---

① 马克思、恩格斯：《马克思恩格斯全集：第23卷》，中共中央马克思恩格斯列宁斯大林著作编译局译，人民出版社1972年版，第559页。

② ［法］皮埃尔·布尔迪厄：《实践理性：关于行为理论》，谭立德译，生活·读书·新知三联书店2007年版，第64页。

③ 马克思、恩格斯：《马克思恩格斯全集：第46卷》，中共中央马克思恩格斯列宁斯大林著作编译局译，人民出版社1972年版，第35页。

侃政治提供了丰富的素材。许多人在被卷入情绪宣泄大潮后仍不自知，还“想把不自愿的、非理性的行为表现成自愿的、理性的行为”[①]。可见，在自媒体环境中被高高“顶”起的并不一定是真理。

研究发现，聚集的人群易变、急躁，容易被情绪所感染，容易冲动，他们“会随时听命于一切暗示，表现出对理性的影响无动于衷的生物所特有的激情”；他们易怒、偏执、极端情绪化，“心生厌恶或有反对意见……能立刻变得勃然大怒”；而且，他们“感情的狂暴……又会因责任感的彻底消失而强化”，他们“只知道简单而极端的感情；提供给他们的各种意见、想法和信念，他们或者全盘接受，或者一概拒绝，将其视为绝对真理或绝对谬论”[②]。特别是在自媒体环境中，由于群体的关注而聚集成群的人们，他们更多地受到群体情感氛围的烘托，把思想与情感交织在一起，进而形成一种集体的心理。这就是为什么在自媒体环境中容易形成“一边倒”的根本原因。在全民参与、交互性强的自媒体环境中，网民不是分散的个体，而是由有着共同利益诉求、相似话语体系的个体所形成的群体。话语体系实际上就是“说什么话、怎么说话、对谁说话”的问题，是核心价值体系的外在表达，体现了价值内涵和表达形式的统一。“意识形态话语权的争夺实质上是核心价值观的竞争，更充满活力且能赢得人心的核心价值观就能获得支配性的话语。”[③] 话语权本身就是一种权力，掌握话语权的控制者或支配者通过占有、操控媒体来实现对“受众”的信息控制，充当“受众”信息“把关人”的角色，从而使“受众”在不完全知情或潜移默化中接受媒体传播的价值观念。自媒体在信息含量、传播速度和对“受众”的吸引力方面，与传统媒体相比具有压倒性的优势，对主流意识形态话语权威的侵蚀不言而喻，使主流意识形态认同效能大打折扣。

自媒体用户有不同的层次，其认知能力和信息解读能力具有的差异性与有限性，加之其不同用户所具有的不同世界观、人生观和价值观等，使

---

① ［意］维尔弗雷多·帕累托：《精英的兴衰》，刘北成译，上海人民出版社2003年版，第12页。

② ［法］古斯塔夫·勒庞：《乌合之众——大众心理研究》，冯克利译，中央编译出版社2005年版，第24－36页。

③ 侯惠勤：《马克思的意识形态批判与当代中国》，中国社会科学出版社2010年版，第660页。

得他们虽然怀抱着对家国大事的关切，但却在自媒体环境中容易激情有余而理性不足。自媒体用户难免受潜意识中预设的立场和个人偏见的影响，虽然对其传播的信息坚信不疑，但更多是仅限于对所谓“有图、有真相”的“转发”，其真实客观性大打折扣。再加上其专业性不高、辨别力不强，可利用的资源不足，因而所传递的信息往往流于形式、断章取义，甚至被别有用心的人误导而走向反面，所表达的话语也往往以口号、标题和“主义”代替深入、冷静、客观的分析、判断和思考，最终被自媒体平台上代表各方利益的所谓“意见领袖”所影响、引导与利用，成了“意见领袖”话语的传声筒，沦为政治力量博弈、意识形态斗争的“棋子”。皮埃尔·布尔迪厄（Pierre Bourdieu）认为，媒体正是通过“赋予一部分快思手以特权，让他们去提供文化快餐，提供事先已经过消化的文化食粮，提供预先已形成的思想”[①]，来说服广大“受众”。而微博、微信等自媒体平台亦是如此，存在各个领域的大量“快思手”，即微信公众号等，时刻都在对其他“用户”做着说服工作，为其他“用户”讲解事件背景，分析原因及趋势，以非常隐蔽的方式散播着自己所代表的意识形态，这极大地稀释了主流意识形态通过议程设置所建立起来的话语权，也使得人们面对各种声音时感到茫然无措，陷入选择性困惑。

自媒体创造出一种全新的文化情境与文化传播模式，它完全颠覆了传统的主流意识形态传播运作的结构化模式，使意识形态认同面临着一种全新挑战。自媒体的发展是一种无法回避的事实，它突破了使其个体“对外界自发的政治见解只可能限于统治者的指引和某些知识范围之内”[②] 的困境，同时实现了公共平台中公共空间与私人空间的完美结合，个体之间能够真正对各种意见进行合理的交流、讨论与争锋；抑或作为一个旁观者静观事态发展，并潜移默化地受到影响。因此，可以说，自媒体在传播发展史上最具有划时代意义，对意识形态认同产生了深远的影响。

当前，世情、国情、党情继续发生着深刻的变化，我们现在面临着前所未有的发展机遇和风险挑战。当今，世界各国之间，特别是在信息化、全球化的背景下，主流意识形态认同问题日益严重。就中国而言，诚然，改革开放取得了举世瞩目的成就，综合国力大幅提升，国际影响力日益增

---

① ［法］皮埃尔·布尔迪厄：《关于电视》，许钧译，辽宁教育出版社2000年版，第28页。
② ［美］沃尔特·李普曼：《舆论学》，林珊译，华夏出版社1989年版，第171页。

强，中国已经成为国际舞台上一支非常重要的力量，但“发展起来以后的问题不比不发展时少”[1]。一方面，中国改革已经进入深水区和攻坚期，特别是随着我国经济体制深刻变革、社会结构深刻变动、利益格局深刻调整，人们的思想观念发生了深刻变化，而主流意识形态认同对新时期全面深化改革起着至关重要的作用；另一方面，以美国为首的西方国家，依靠其经济、技术优势，通过自媒体平台植入其思想意识、价值观念、宗教文化等内容，以期掌握全球意识形态话语权。它极大地影响着人们对社会发展趋势的认识，影响着人们对民族国家的认同，影响着人们的人生观、世界观和价值观，也影响着人们对主流意识形态的认同。自媒体的迅猛发展，使国际间的意识形态斗争更趋于直接便利、更显“短兵相接”，使网络话语权“西强我弱”的被动格局非常突出。西方国家利用网络霸权地位，培植和指使一些网络“异见人士”和“意见领袖”恶意炒作涉党、涉政、涉军的舆情，炮制大量负面流言、谣言和虚假信息，诋毁党和政府形象，严重影响了我国主流意识形态认同。它直接影响着人们的生活方式和价值观念，并消解与替代着我国主流意识形态认同。

三、自媒体固基主流意识形态认同

习近平总书记在全国宣传思想工作会议上指出：“能否做好意识形态工作，事关党的前途命运，事关国家长治久安，事关民族凝聚力和向心力。”[2] 因此，在发展经济建设的同时，也不能放松意识形态工作，需要不断强化马克思主义在意识形态领域的指导地位，巩固全党全国人民团结奋斗的共同思想基础。面对自媒体所带来的严峻挑战，怎样提高在自媒体环境下的主流意识形态认同，是当前亟待解决的重要课题。

要在自媒体环境中固基主流意识形态认同，就必须加强互联网和自媒体监管。任何时代的民意表达都应该有界限。然而，自媒体发展之初，谁也没有想到它的发展速度如此迅猛，谁也没有想到它的影响如此广泛，以至于使网络监管部门防不及防。自媒体监管制度的缺失，造成自媒体在最

---

① 中共中央文献研究室：《邓小平年谱》，中央文献出版社2004年版，第1364页。

② 中共中央宣传部：《习近平总书记系列重要讲话读本》，学习出版社、人民出版社2016年版，第193页。

初的发展阶段出现了一种乱象，使得自媒体也散播了一些与宪法、社会道德规范相悖的声音，特别是对意识形态造成的负面影响。当监管部门从“睡梦”中惊醒之时，方察觉问题的严重性。亡羊补牢，未为晚也。监管部门迅速行动起来后，自媒体平台才逐步走上了正常的轨道。自媒体让个体声音得到了充分的释放，但是这种释放并不是无原则、无底线的释放，它应该有规矩、有规则、讲原则。习近平总书记指出：“要依法加强网络社会管理，加强网络新技术新应用的管理，确保互联网可管可控。”① 网络空间不是“法外之地”，不能放任其自流，要坚决破除所谓“互联网不能管”“互联网管不了”的错误认识。网络空间同现实社会一样，既要提倡自由，也要保持秩序。减少网上负面言论，对我国社会发展稳定、人民安居乐业只有好处没有坏处。“在意识形态领域，马克思主义、无产阶级的思想不去占领，各种非马克思主义、非无产阶级的思想甚至反马克思主义的思想就会去占领。”② 在互联网空间、自媒体领域也是如此，若主流意识形态不去占领，资产阶级意识形态就会去占领。有人认为，政府加强互联网管理，就是缺乏自信的表现。其实，这与自信没有半点关系。美国自信吗？其对互联网的监管远甚于我们。当下，要想提升自媒体环境中的主流意识形态认同，就必须对自媒体进行监管，净化自媒体环境，引导自媒体舆论走向，提升民众主流意识形态认同，维护政治安全和社会稳定。因此，必须构筑以法律威慑为核心、技术控制为支撑、道德自律为保障的自媒体监管机制。加强网络立法工作，完善互联网管理的相关法律法规，严格执行法律；加强技术攻关，建设自媒体舆论“长城”，依法屏蔽和批量删除有害信息，净化自媒体舆论环境；自觉遵守国家法律法规，这是提升主流意识形态认同的必然选择。

在自媒体环境中固基主流意识形态认同，必须发挥主流传播媒体的主导作用，实现主流意识形态的网络生产和传播能力。近些年来，主流媒体的作用不突出，意识形态性不明显；阵地在丢失，时空在压缩。因此，我党必须把主流媒体牢牢掌握在自己手中，充分发挥主流媒体在宣传意识形态中的中坚作用。当前，我国正处在社会全面转型的关键时期，改革处在

① 中共中央宣传部：《习近平总书记系列重要讲话读本》，学习出版社、人民出版社2016年版，第204页。

② 江泽民：《江泽民文选：第2卷》，人民出版社2006年版，第564页。

深水区，矛盾处在多发期，在经济、文化特别是政治领域表现出越来越深刻的变化，主流意识形态认同的状况不容乐观，认同的消解尚未得到效遏制。固基主流意识形态认同，确立主流意识形态的权威和影响力，是党维护政治稳定、促进社会发展的首要任务。习近平总书记指出："宣传思想工作就是要巩固马克思主义在意识形态领域的指导地位，巩固全党全国人民团结奋斗的共同思想基础。"① 各级党委领导同志要真正肩负起意识形态工作责任和领导责任，加强对意识形态问题的分析研判和统筹指导，不断提高广大人民群众的意识形态认同水平。"理论只要说服人，就能够掌握群众；而理论只要彻底，就能说服人。所谓彻底，就是抓住事物的根本。"② 这里强调了理论大众化的问题。因此，主流媒体要用人民群众喜闻乐见的方式表达意识形态的丰富内涵，"要把实现好、维护好、发展好最广大人民根本利益作为出发点和落脚点，坚持以民为本、以人为本"③。"把握好时、度、效，增强吸引力和感染力，让群众爱听爱看、产生共鸣，充分发挥正面宣传鼓舞人、激励人的作用。在事关大是大非和政治原则问题上，必须增强主动性、掌握主动权、打好主动仗，帮助干部群众划清是非界限、澄清模糊认识。"④ 同时，要把主流媒体的话语渠道和自媒体结合起来，形成功能互补、良性互动、有序发展的传播态势，构建主流意识形态认同传播的新格局；要充分利用自媒体的特征，突破时间和空间的限制，拓宽主流意识形态的宣传渠道，从更深层、更广阔的领域促进主流意识形态认同。

在自媒体环境中固基主流意识形态认同，必须加强队伍建设。自媒体管得好不好，用得好不好，引导得好不好，发展得好不好，关键在人。主流意识形态要重塑在自媒体环境中的话语权威，还要有一批政治素质过硬、紧跟信息科技发展前沿、具备较强研发能力的专业技术人才来保驾护航。习近平总书记指出："很多同志有做好工作的真诚愿望，也有干劲，但缺乏新形势下做好工作的本领。"⑤ 在自媒体环境中，要按照党性原则，

---

① 习近平：《习近平谈治国理政》，外文出版社2014年版，第153页。

② 马克思、恩格斯：《马克思恩格斯选集：第1卷》，中共中央马克思恩格斯列宁斯大林著作编译局译，人民出版社1995年版，第9页。

③ 习近平：《习近平谈治国理政》，外文出版社2014年版，第154－155页。

④ 习近平：《习近平谈治国理政》，外文出版社2014年版，第154－155页。

⑤ 习近平：《习近平谈治国理政》，外文出版社2014年版，第154－155页。

着眼当前自媒体环境形势任务的需要，配齐、配强新闻媒体工作队伍，即设立自媒体管理员、自媒体引导员；既要建好传统媒体的工作人员队伍，又要建设熟悉自媒体管理的团队和专业队伍。同时，还要大力发展和培养一批在政治上坚定可靠、具有坚定的马克思主义理想信念、能够为党和人民服务的自媒体“意见领袖”，将传统的宣传工作人员与自媒体的“意见领袖”相结合，消除自媒体的不良影响，发挥自媒体的积极作用。对于传播正能量的“意见领袖”，要做好统战工作，力争为我所用；对于那些甘当国内外敌对势力的代言人、大肆诋毁国家和民族形象、攻击主流意识形态、抹黑国家形象的“意见领袖”及微信公众号，要毫不犹豫地运用法律手段予以制裁。此外，还要发展和培养广泛的基层人民群众，能够代表党和人民立场观点的“草根”引导员和“草根”评论员；在广大人民群众中发展和培养有政治觉悟的、听党指挥的微博、微信“人气王”及其公众平台，使党的路线、方针和政策能够得到迅速传播，使党的宣传思想主张更接地气与聚人气，夯实主流意识形态的群众基础。

在新的历史时期，党的意识形态工作需要不断发展和完善，积极探索和把握在自媒体环境中党的意识形态工作的规律，提高广大人民群众对主流意识形态认同，坚持马克思主义在意识形态领域的指导地位，对于提高党的执政能力、巩固党的执政地位的意义重大而深远。

第三节　论新时代高校主流思想舆论的建构与协同*

党的十八大以来，党和国家高度重视高校意识形态工作，把高校主流思想舆论建设放在中华民族伟大复兴和新时代青年使命担当的大格局中，为新时代高校主流思想舆论的建设明确了基本方向，提供了基本遵循。因此，高校主流思想舆论的建构与协同对高校意识形态工作十分重要。

---

* 本节内容的作者为丁存霞和龚超，原文载于《学校党建与思想教育》2019 年第 19 期。

一、主流思想舆论之意蕴和媒介演变

1. 主流思想舆论的意蕴

“主流思想舆论”是个合成概念，其中，“主流”概念包含了量和质的内涵：从数量角度看，“主流”占绝对性优势，在一个社会中无处不在，具有普遍性特征；从质量角度看，“主流”发挥着主导作用，具有不可替代性的特征。“思想”在整个合成概念中起到定性作用，当前我们把中国特色社会主义思想界定为主流思想，这有别于心理活动和潜意识，特指中国特色社会主义的道德、法治和政治意识。“舆论”是指公众围绕一定议题表达意见，在特定的传播领域发生效用。随着传播工具的发展，影响面会有所改变，“舆论”呈现工具性特征。统合起来，“主流思想舆论”可界定为国家主流媒体、宣传机构、社会媒体围绕中国特色社会主义的道德、法治和政治意识等的传播而开展在数量和质量上占绝对优势的不可替代的舆论引导活动。

2. 主流思想舆论的媒介演变

第一，传统媒介——以量取胜的“主流舆论”阶段。在过去较长一段时期内，新闻传播与思想宣传主要借助于广播电视和报刊，这种依靠体制内宣传机构为主、行业媒体辅助传播的模式，最大的优势在于传播内容纯粹、背景清晰、可控性强，方式方法简单易解。在整个社会宣传传播途径十分有限的背景下，尽管只是简单且数量有限的正面宣传，收到的效果却空前良好，舆论界在凝聚共识、协调力量等方面发挥了巨大的作用。在这个时期，媒体人要坚决做到守土有责，对消极或负面信息只是简单直接的干预，将与党和政府思想政治要求不一致的议论阻截在门槛之外，或将其发声控制在适度的区间内。这个阶段可以说是以量取胜的“主流舆论”阶段。

第二，新兴媒介——挑战与机遇并存阶段。互联网因其强大的渗透能力和宽广的包容精神，改变了人们的生活方式、交流方式和思维方式，也改变了思想舆论的生成方式和传播方式。网络具有进入基本无门槛、传播快捷、身份隐秘、内容一定程度可发挥等特征，它在信息获取与传播上给受众带来了极大的便利。传统的传播模式面临严峻挑战：一是传播主体不再限于体制内，尤其是自媒体使大部分受众转变为传播主体；二是传播过程不仅仅依靠规定的平台发声，公众随时随地都可发声。传统的主流思想舆论与繁杂的日常生活意识混夹在一起，导致主流思想的传播声音被削弱。在这个时期，传统的防范负面信息传播的方法也遭遇严重挑战：虽然以前强大的主阵地依然发挥主导作用，但大量社交网站、商业网站以及博客、微博等传播平台门户的应运而生，稀释了主阵地力量；网民可以自主发布和接受信息，因而以传统的方式很难守住舆论这块“土地”。在这场攻坚战中，主流媒体从量的层面上需要增加传播的频度和广度，以增加覆盖面，从质的层面上需要提高主流思想舆论传播的密度和强度，培植辐射力和穿透力强的主流思想舆论，以提高传播的吸引力、影响力。

二、壮大主流思想舆论的理论支撑

2018 年 8 月，习近平总书记在全国宣传思想工作会议上着重强调：要牢牢把握正确舆论导向，唱响主旋律，壮大正能量，做大做强主流思想舆论。

1．牢牢把握正确舆论导向

这一方针涉及制造舆论、舆论引导两个维度，毛泽东、邓小平、江泽民、胡锦涛等国家领导人对此都有过许多论述。在《湖南农民运动考察报告》等著作中，毛泽东多次提到要在农村“普及政治宣传”[①]，“需要我们做很多切切实实的工作……我们要在人民群众中间，广泛地进行宣传教育工作”[②]。尤其是提出“首先制造舆论，夺取政权，然后解决所有制问题，再大大发展生产力，这是一般规律”[③]。由谁来制造舆论？毛泽东指出，政治家要办报，“报纸的作用和力量，就在它能使党的纲领路线，方针政策，工作任务和工作方法，最迅速最广泛地同群众见面……通过报纸加强党和群众的联系”[④]。舆论从何处来？“走到群众中间去，向群众学习，把他们的经验综合起来，成为更好的有条理的道理和办法，然后再告诉群众（宣传），并号召群众实行起来，解决群众的问题，使群众得到解

---

① 毛泽东：《毛泽东选集：第 1 卷》，人民出版社 1991 年版，第 34 页。
② 毛泽东：《毛泽东选集：第 4 卷》，人民出版社 1991 年版，第 1131 页。
③ 毛泽东：《毛泽东选集：第 8 卷》，人民出版社 1999 年版，第 132 页。
④ 毛泽东：《毛泽东选集：第 8 卷》，人民出版社 1999 年版，第 1318 页。

放和幸福。”[①] 舆论以解决群众实际问题为目的，舆论来自群众的需要。邓小平也特别重视根据群众实际制造舆论，“我们不能拿空话而是要拿事实来解除他们的这个忧虑，并且回答那些希望我们变成资本主义的人。我们的报刊、电视和所有的宣传工作都要注意这个问题”[②]。邓小平特别强调舆论引导工作，“对安定团结的必要性进行更多的思想理论上的解释……报刊、广播、电视都要把促进安定团结……作为自己的一项经常性的、基本的任务”[③]，“报纸搞批评，要抓住典型，有头有尾，向积极方面诱导”[④]。江泽民则直接把舆论工作与思想政治工作画等号，“舆论工作就是思想政治工作，是党和国家的前途和命运所系的工作”，“舆论导向正确，是党和人民之福；舆论导向错误，是党和人民之祸”。[⑤] 胡锦涛把党的执政能力与舆论引导能力直接挂钩，“要认真研究新闻传播的现状和趋势，深入研究各类受众群体的心理特点和接受习惯，加强舆情分析，主动设置议题，善于因势利导。要完善新闻发布制度，健全突发公共事件新闻报道机制，第一时间发布权威信息，提高时效性，增加透明度，牢牢掌握新闻宣传工作的主动权”[⑥]。

2. 唱响主旋律

这一方针涉及舆论宣传的内容、要求和时效，唱响主旋律需要处理好主次旋律的关系，要与时俱进地发挥主旋律的主导作用。按照大的历史脉络，中国共产党开展的主旋律工作可分为两个阶段：革命时期和社会主义建设时期。革命时期的中国，教育匮乏，文化落后。毛泽东认为，新民主主义文化的发展，几万万人民的个性的解放和个性的发展是倡导建立社会主义社会的前提。[⑦] 革命的鼓动宣传“在革命前，是革命的思想准备”[⑧]。在革命时期，党的一切舆论在于动员广大的劳苦民众参加革命，开展武装斗争。在社会主义建设时期，党和国家领导人都特别重视主旋律在意识形

① 毛泽东：《毛泽东选集：第3卷》，人民出版社1991年版，第1060页。

② 邓小平：《邓小平文选：第3卷》，人民出版社1993年版，第111页。

③ 邓小平：《邓小平文选：第2卷》，人民出版社1994年版，第255页。

④ 邓小平：《邓小平文选：第1卷》，人民出版社1994年版，第150页。

⑤ 江泽民：《江泽民文选：第1卷》，人民出版社2006年版，第564页。

⑥ 胡锦涛：《在人民日报社考察工作时的讲话（2018年6月20日）》，载《新闻战线》2008年第7期，第1－5页。

⑦ 参见毛泽东《毛泽东选集：第3卷》，人民出版社1991年版，第1060页。

⑧ 毛泽东：《毛泽东选集：第2卷》，人民出版社1991年版，第708页。

态方面的主导作用。尤其在邓小平提出“主旋律”这一概念以来，江泽民和胡锦涛发展、丰富、深化了这一概念。在改革开放引进国外先进文化之时，意识形态面临多元社会思潮的冲击，引导广大民众共同建设社会主义文化成为当时的主要任务。基于此，党中央提出“二为方针”作为文化“双百方针”的前提。2000 年 1 月，针对新世纪、新任务和新形势，胡锦涛提出了宣传思想战线要坚持唱响主旋律、打好主动仗的要求。我国的文化建设逐渐走过匮乏期，文化产品和文化形式逐渐丰富起来，同时，我国意识形态建设逐步进入黄金发展期和矛盾凸显期。2013 年 8 月，习近平总书记在全国宣传思想工作会议上提出了“弘扬主旋律，传播正能量”的方针。此时，改革进入深水区和攻坚期，一些反主旋律的“噪音”影响着人们的分辨力和自信心，威胁着中国特色社会主义的建设。因此，这一时期的主旋律工作围绕习近平新时代中国特色社会主义思想传播而展开。

3. 壮大正能量

习近平总书记先后提出“传播正能量”“壮大正能量”的要求。传播是一种手段或方式，壮大则包含数量的增加和质量的提高，“正能量”指一切能够给予人民向上和希望、促使人民不断追求、让生活变得美满幸福的动力和感情。它包含中华民族优秀的传统道德、主流价值观等一切倡导以人为中心的具有积极影响的精神文化产品。党的十八大以来，社会的经济结构、利益格局、思想观念等发生了深刻变化，这就需要统一思想、壮大正能量队伍，把学习贯彻习近平新时代中国特色社会主义思想作为宣传教育的重中之重，发掘、弘扬中华优秀传统文化，吸收世界各国的先进文化，创新传播手段与传播方法，努力构建网上网下同心圆，更好凝聚社会共识，巩固全党全国人民团结奋斗的共同思想基础。

三、构建高校“三位一体”的主流思想舆论协同机制

遵循主流思想舆论发展的一般规律，凝聚新时代高等教育领域的人心和力量，扎实办好中国特色社会主义大学，高校势必要构建“三位一体”的主流思想舆论协同机制。

1. 构建“大思政”职责体系

高校意识形态工作是党的意识形态工作的重要组成部分。着眼开放视域下中国高等教育与变化背景下的大学行为主体，以“四个服务”为根本主旨，明确高校肩负“培养什么人，为谁培养人、怎样培养人”的核心使命，构建高校“大思政”职责体系。高校党委要牢牢把握社会主义大学的办学方向，牢牢把握高校意识形态工作的主导权。努力落实政治责任，全力维护高校政治安全，加强校园意识形态阵地管理，主要从以下几方面入手：一是要落实高校思想政治理论课（以下简称“思政课”）和专业课教学管理责任制，确保课堂教学的社会主义导向性；二是要落实高校教材管理责任制，确保马克思主义中国化最新理论进教材、进教案、进讲义；三是要落实高校社团活动、论坛管理的导向责任制度，确保论坛各环节不出现方向性错误和漏洞；四是要落实高校校园网络安全管理责任和舆论引导责任制，牢牢把握校园网络舆论引导的主导权、话语权；五是要落实高校涉外资金和资助项目管理责任制，切实加强监管力度，确保老师研究项目的政治站位正确、研究边界清晰；六是要落实高校学生党团组织建设工作责任制，充分发挥高校学生党团组织立德树人的模范带头作用。

2. 提升“大思政”队伍的角色胜任力

高校的专职思政课教师包括院长、部（处）长、学生工作队伍、班主任和兼职班主任等等，每个教师都要“在其位，谋其政”，要认清自己的角色。知识分子是社会思潮形成、传播的主体。知识分子集中的高校，是社会思潮的集散地和论辩、斗争的前沿阵地，大学生是社会思潮的主要争夺对象。高校要以社会主义核心价值观和价值体系来引领社会思潮，科学地、有说服力地回答大学生感到困惑的问题，这关乎中国特色社会主义事业可靠接班人的培养。目前，高校出现了一些不当言论，甚至出现了个别思政课教师讲的是马克思主义，内心却不信仰马克思主义的现象。2019年，中国香港发生暴乱，从有关介绍看，香港一些大学的校方不敢干预教师和学生宣传“港独”思想，对“港独”活动也不敢直接批评。虽然美国将“教学自由”纳入宪法第一修正案之下予以保护，但一些判例表明美国对教学自由有诸多限制，如2000年“唐丝案”；英国强调法律约束下的言论和学术自由，特别是2015年颁布的《高校指导意见》探讨了防止争议人物利用校园平台或校园网络传播极端观点的相关措施；德国、法国、日本和韩国均有教师不得传播其个人政治、经济、宗教理念误导学生，引起社会矛盾或鼓动社会不满情绪的法律规定。可见，任何一个国家的教师都有关心国家和社会安危的责任与义务。我国高校思政课教师要严格区分高校政治问题与学术问题，对自己要有清晰的角色定位，不断提升“大思政”队伍的角色胜任力。

3. 实现“四个贯通”流程管理

高校要发挥思政课和日常思想政治教育协同育人机制，“加强协同育人是遵循理论与实践的辩证关系、坚持系统论、满足青年学生成长需求和发展期待的客观要求”[①]，“做好高校思想政治工作，要因事而化、因时而进、因势而新。要遵循思想政治工作规律，遵循教书育人规律，遵循学生成长规律，不断提高工作能力和水平。要用好课堂教学这个主渠道……要运用新媒体新技术使工作活起来，推动思想政治工作传统优势同信息技术高度融合，增强时代感和吸引力”[②]。

习近平总书记为我们勾勒了高校主流思想舆论的流程图，概括起来就是“四个贯通”：第一课堂、第二课堂、第三课堂的贯通，专兼职辅导员和专业教师队伍的贯通，思政课、通识课、专业课的贯通，校内思政教育资源的贯通。

首先，坚持“三个课堂”贯通。习近平总书记关于因事而化、因时而进、因势而新的要求，是推进思政课建设的重要遵循。高校思想政治教育“因事而化”，关键是要把握第一课堂立德树人的“关键课程”，高校思政课各学科教学要融入社会实际生活，事实胜于雄辩，以此激发学生的学习兴趣。思政课要“因时而进”，掌握好第二课堂主旋律，把“思政小课堂”同社会大课堂结合起来，通过形式多样、健康向上的校园文化活动以及各类社会实践和志愿者服务活动，让学生体悟时代责任和使命担当，把小我融入大我中，逐步树立理想信念。思政课要“因势而新”，高校要把握好第三课堂的主动权，即在互联网的发展过程中，让互联网这个“最大变量”释放“最大正能量”，顺应“互联网＋”趋势，创新思想政治教育工作，主动挺近和占领网络阵地，实现高校思想政治教育网上网下

---

① 冯刚：《思想政治理论课与日常思想政治教育协同育人的理论思考》，载《学校党建与思想教育》2017年第21期，第18－23页。

② 《习近平在全国高校思想政治工作会议上强调：把思想政治工作贯穿教育教学全过程 开创我国高等教育事业发展新局面》，载《人民日报》2016年12月9日第1版。

一体化。

其次，教师同向同行。所有的课程建设质量关键在于教师，“办好思想政治理论课关键在教师，关键在发挥教师的积极性、主动性、创造性”①。思政课教师要乘势而为、有所作为，展示政治素质过硬、业务能力精湛、育人水平高超的新时代教师形象。首先是解决“说什么话”的问题。教师有教书和育人的双重职责，前者要求教师有扎实的专业基础和渊博的社会见识，能够用自己丰厚的学养积累为学生提供知识营养和强大的学习工具；后者要求教师有高尚的品德素养和育德能力，善于为学生传达真善美的价值种子。其次是解决“为谁说话”的问题。教师承担“传道授业解惑”的职责，此道既是为人处世之道，是求学之道，也是马克思主义之道。高校教师承担着培育社会主义接班人的重任，理应关注世情、国情、党情、社情，所以要在日常教学中贯彻马克思主义的立场观点和方法，把政理、学理、事理融入课程教学全过程。最后是解决“怎样说话”的问题。用理论武装群众的前提是理论能抓住事物的根本。教师应把握马克思主义的精髓，教学时传递正能量，既要学理清晰，又要价值导向明确，客观求实、入木三分地透彻分析热点问题，引导学生准确把握时代脉搏。

再次，课程间贯通。实现思政课与其他课程同质同步同向同行，关键在于寻找各类课程建设的共性基础，即所有的课程设置都是为满足立德树人这一根本任务，因而课程内容需要遵循思想政治工作规律，遵循教书育人规律，遵循学生成长规律。其一，思政课教师必须熟悉思想政治工作规律，并具有全局规划的能力，根据各个阶段学生的心理特征、情感诉求和价值需求，确定相对应的教育主题。其二，思政课的承担单位要与其他课程承担单位取得共识，把主题教学内容转化渗透到其他课程的教学准备中，从而通盘筹划不同课程内容的同声相应、同气相求。其三，要有智慧地完成不同学科的交叉衔接，各学科范式都有自己的壁垒，课程间贯通不是简单地裁剪拼凑，各学科间必然有价值性知识和学理性知识的互通点，寻找思想政治教育与不同学科之间的交叉点和衔接点成为二者有机融合的

---

① 《习近平主持召开学校思想政治理论课教师座谈会强调：用新时代中国特色社会主义思想铸魂育人 贯彻党的教育方针落实立德树人根本任务》，载《人民日报》2019 年 3 月 19 日第 1 版。

关键。例如，医学课程也有人文精神内蕴其间，回溯医者无私奉献、忠贞爱国、锲而不舍的精神就是二者的衔接点之一，医学课教师从该特点切入讲授医学知识，可大大增强思想政治教育的成效。

最后，思想政治教育资源贯通。思政课内容与校内其他课程长期同向同行，这决定了思想政治教育任务的长期性和连续性，授课教师需要时刻关注和了解学生的思想观念、政治观点和道德规范水平，综合考究思想政治教育与其他学科之间的交叉融合问题。因此，高校需要探索思想政治教育资源与其他课程资源共享、学科互鉴的合作机制。首先是建立常态化沟通机制，若希望实现思政课与其他课程同频共振，必须保证双方进行长期沟通。一个典型的成熟做法就是集体备课，这个过程由思政课教师担当主导单位，其他课程单位提出诉求，教务部门提供学生的专业学习要求和有效的教学资源，各个教学单位在良好的研讨过程中共同把关，确保思想政治教育元素得以有效融入所有课程。其次是建立长期的研究平台，汇总各方教学信息、学生需求，定期召开教学讨论会，及时了解新情况、解决新问题。最后是建立常态化联席会议落实教学任务，监督评价教学全过程，采用自评、他评、总评相结合的方式，从而优化课程规划、有序推进教学进程、合理统筹教学内容服务。

第五章　意识形态安全与治理

“世界政治经济秩序正在大变革大挑战，思想文化领域交流交融频繁、斗争深刻复杂，尤其是西方把中国崛起视为对其价值观和制度模式的挑战，加紧通过互联网等各种渠道进行分化渗透。”① 随着互联网应用的领域越来越广泛，其影响力也随之不断增强，网络空间对我们的社会以及社会成员个体的影响力度不断增强、影响覆盖面不断增大，为我们新时代国家治理带来了新课题。面对西方国家网络核心技术霸权、我国网络意识形态安全话语战术不佳，以及我国网络意识形态行政治理能力相对不足等新时期网络意识形态安全治理的新问题，要立足现阶段我国网络空间法治化的主要成效，探索新时代网络意识形态安全治理策略。

党的十八大以来，意识形态工作是治国理政的重要关注点。习近平总书记指出，“互联网是意识形态工作的主战场、最前沿”②，“善于运用网络了解民意、开展工作，是新形势下领导干部做好工作的基本功。”③ 把握舆论、维护意识形态安全须深入到舆论生产与传播规律的把控中来，运用网络舆论分析层次的研究路径，探索专业化、科学化、实效化的网络舆论引导新范式；准确把握马克思主义传媒法制的传播功能，通过遵循以人为本的法律观念、坚持公平正义的价值取向、追求和谐社会的建设目标等调控原则稳步释放网络正能量，推动网民社会心态与舆论引带范式转型，构建生态良好且符合人民利益的网络空间。针对制约高校意识形态安全工作的突出问题，我国高校务必遵循和继承马克思主义的基本立场、基本方法和基本观点，旗帜鲜明地采取及时有效的解决措施，在“大思政”职

---

① 《意识形态领域斗争要敢于亮剑》，见人民网（http://theory.people.com.cn/n/2013/0902/c49150-22770470.html）。

② 中共中央宣传部：《习近平新时代中国特色社会主义思想三十讲》，学习出版社2018年版，第220页。

③ 习近平：《在网络安全和信息化工作座谈会上的讲话》，人民出版社2016年版，第7页。

责体系、队伍角色胜任力、“四个贯通”流程管理等维度深入探寻高校主流思想舆论的建构与协同机制，进而构建高校意识形态安全体系新格局，牢牢占领高校意识形态阵地。

经过长期努力，中国特色社会主义进入新时代，网络空间治理始终必须为全面建成小康社会和实现中华民族伟大复兴的中国梦保驾护航。网络空间治理在于坚持马克思主义的指导，增强空间主体的意识形态认同，批驳空间传播的错误思想观念，塑造健康的空间伦理秩序。截至2019年6月，我国网民数量高达8.54亿人，手机网民数量高达8.47亿人，网络空间是中国最大的舆论场，各种全球性的社会思潮在网络空间内相互对抗、彼此角逐，“在互联网这个战场上，我们能否顶得住、打得赢，直接关系我国意识形态安全和政权安全”①。网络安全是网络空间治理的重点。在现代信息化社会，公共参与、居住地域、网络行政治理、经济收入、媒介使用，尤其是社交媒体使用直接塑造了青少年的网络安全感，外国敌对势力常规的经济、社会、文化渗透一直都在继续，青少年群体成为“和平演变”等意识形态灌输与策反的主要对象。为了保障网络空间主体全面发展的合法权益，习近平总书记在网络安全和信息化工作座谈会上提出：“网络空间是亿万民众共同的精神家园。网络空间天朗气清、生态良好，符合人民利益。网络空间乌烟瘴气、生态恶化，不符合人民利益。谁都不愿生活在一个充斥着虚假、诈骗、攻击、谩骂、恐怖、色情、暴力的空间。互联网不是法外之地。利用网络鼓吹推翻国家政权，煽动宗教极端主义，宣扬民族分裂思想，教唆暴力恐怖活动，等等，这样的行为要坚决制止和打击，决不能任其大行其道。利用网络进行欺诈活动，散布色情材料，进行人身攻击，兜售非法物品，等等，这样的言行也要坚决管控，决不能任其大行其道。没有哪个国家会允许这样的行为泛滥开来。我们要本着对社会负责、对人民负责的态度，依法加强网络空间治理，加强网络内容建设，做强网上正面宣传，培育积极健康、向上向善的网络文化，用社会主义核心价值观和人类优秀文明成果滋养人心、滋养社会，做到正能量

① 中共中央宣传部：《习近平新时代中国特色社会主义思想三十讲》，学习出版社2018年版，第220页。

充沛、主旋律高昂，为广大网民特别是青少年营造一个风清气正的网络空间。”[①] 坚持总体国家安全观，全面进行空间网络治理，在全世界网络发展的大潮中，每个国家都应该保护自己完整独立的信息主权和信息话语权不受到侵犯，建立健全互联网、网络空间的综合治理机制，提升网络意识形态治理效能。

第一节 新时代网络意识形态安全治理能力现代化[*]

在当今时代，伴随着国内外网络意识形态安全威胁日益突出的客观形势，网络意识形态安全已然是当前网络安全治理工作的重要内容之一，是社会治理体系和治理能力现代化的重要一环，其关乎社会稳定和长治久安，是维护国家政治安全的显著标志。维护网络意识形态安全既是维系国家安全的必要之举，也是推动国家发展的重要保障。确保网络意识形态安全，推进网络意识形态治理能力现代化建设，为实现“两个一百年”奋斗目标、实现中华民族伟大复兴的中国梦提供有力保证。

党的十八大以来，意识形态工作是治国理政的重要的关注点。伴随着网络技术的迅速发展，网络与意识形态紧密地融合在一起，催生了网络意识形态新样态。“谁掌握了网络，谁就抢占了意识形态领域斗争的制高点，谁就抓住了信息时代国家安全和发展的重要命脉。”[②] 在新的历史时期，网络成为舆论斗争的主战场和最前沿，“没有网络安全就没有国家安全”[③]。正如马克思所说：“如果从观念上来考察，那么一定的意识形式的解体足以使整个时代覆灭。”[④] 网络意识形态安全已然是当前网络安全治

① 习近平：《在网络安全和信息化工作座谈会上的讲话》，人民出版社 2016 年版，第 8－9 页。

* 本节内容的作者为丁存霞，原文载于《湖北社会科学》2020 年第 1 期。

② 全国干部培训教材编审指导委员会：《推动社会主义文化繁荣兴盛》，人民出版社 2019 年版，第 56 页。

③ 习近平：《习近平谈治国理政：第 1 卷》，外文出版社 2018 年版，第 198 页。

④ 马克思、恩格斯：《马克思恩格斯文集：第 8 卷》，中共中央马克思恩格斯列宁斯大林著作编译局译，人民出版社 2019 年版，第 170 页。

理工作的重要内容之一，是社会稳定和长治久安、维护国家政治安全的显著标志。网络意识形态安全治理亦是国家安全战略的重要组成部分，是贯彻习近平总书记网络安全观、总体国家安全观和网络强国战略的重要途径。针对当前我国网络意识形态安全存在的严峻形势，系统探索新时代网络意识形态的治理问题，党的十九届四中全会审议通过的《中共中央关于坚持和完善中国特色社会主义制度、推进国家治理体系和治理能力现代化若干重大问题的决定》（以下简称《决定》）要求："加强系统治理、依法治理、综合治理、源头治理，把我国制度优势更好转化为国家治理效能。"① 因此，维护网络意识形态安全刻不容缓，我们要正视网络意识形态安全治理的现实挑战，探寻新时代网络意识形态安全治理现代化的有效策略，切实加强网络意识形态安全治理，营造清朗的网络意识形态安全环境。

一、网络意识形态安全释义

网络意识形态作为信息时代的产物，它不是线下意识形态在网络中的简单移植和再现，也不是线上意识形态形式与内容的简单拼凑，而是高度融合了线上和线下意识形态而形成的网络社会时代的全新样态。

（一）网络意识形态

网络信息技术的迅猛发展，使越来越多的国家逐渐将网络虚拟空间视为新的主权空间，网络空间的公共性危机使人们看到了网络安全对于国家安全的重要性。意识形态则是网络空间安全的防火墙，也是国家安全的安全阀。"意识形态"一词最早见于德斯蒂·德·特拉西（Distutt de Tracy）的《意识形态的要素》一书，后经马克思和恩格斯的吸收与创新，形成了作为社会性意识具体形式的马克思主义意识形态理论。意识形态工作是在特定的场域中展开的。网络空间与社会空间是当今人们现实生存的两大重要空间，网络意识形态是随着科技的快速发展而形成、发展起来的意识形态新样态。网络意识形态作为信息时代的产物，它并不是社会意识形态

① 《中共中央关于坚持和完善中国特色社会主义制度、推进国家治理体系和治理能力现代化若干重大问题的决定》，载《人民日报》2019 年 11 月 1 日第 1 版。

在网络空间的简单投影和植入，更不单指网络空间的意识形态，而是在现实社会与网络社会、现实个体与网络个体高度融合过程中形成和发展起来的，并在一定条件下作用于现实社会。将网络意识形态简单地归为网络空间中传统的意识形态或是阶级意识对网民的价值引导都是片面的，都未全面合理地概括出网络意识形态的本质属性。

所谓网络意识形态，指的是虚拟空间中社会意识形态的新样态，是观念上层建筑在虚拟空间的反映和表现。作为虚拟社会交往实践的产物，网络意识形态并不局限于网络所具有的意识形态属性和意识形态功能，而是特指网络本身内在的意识形态，其本质上还是意识形态，是内生性社会意识，其核心仍然是具有导向性的价值观念。意识形态具有的阶级性，赋予了网络意识形态特有的思想导向和价值引导的功能；网络呈现出的虚拟性、自由性、快捷性、交互性、开放性，使得网络意识形态成为新时代意识形态话语传播的新方式。因此，网络意识形态同时具有意识形态的特性和网络的特性，这是区别于过去传统社会意识形态的重要特性。

网络信息技术的发展和应用丰富了意识形态工作的形式，革新了意识形态工作的方法，拓展了意识形态的治理领域。人类生活越来越受到互联网的主导影响，不管是个人、企业、政府，还是国家方面都已经通过互联网技术连接在互联网空间中，形成新的空间互动。人们在互联网和信息技术所塑造的网络虚拟空间内成为网络化、数字化的存在，直接或间接地面对真假美丑、是非善恶这些在现实世界中也存在的矛盾冲突，特别是西方国家利用其掌握的网络技术优势和话语优势，鼓吹所谓的“网络自由”，实际上推行的是政治霸权、文化霸权、数字霸权，企图把西方价值观无障碍地渗透到中国，企图分化社会主义意识形态主导权，这种没有硝烟的斗争更加隐蔽和激烈。意识形态安全作为国家安全的重要维度，有传统与非传统国家安全之别，其中传统国家安全以军事安全为主，但是随着社会、政治环境的变化，非传统国家安全不断涌现，如意识形态安全。

（二）网络意识形态安全

国家安全是一个国家生存和发展的基础，保障国家安全是每一个主权国家所追求的目标。处在当下网络信息化时代，网络安全已成为国家安全的重要内容。

意识形态安全是总体国家安全观的重要方面，网络意识形态安全是意识形态安全工作的重中之重。“互联网是一个社会信息大平台，亿万网民在上面获得信息、交流信息，这会对他们的求知途径、思维方式、价值观念产生重要影响，特别是会对他们对国家、对社会、对工作、对人生的看法产生重要影响。”① 由此而言，网络意识形态虽产生于虚拟空间，但其与现实意识形态之间并没有十分明显的界限，现实意识形态可以在网络意识形态中得到反映和体现，网络意识形态又通过社会行为对现实意识形态发挥直接的作用，它们共同组成现代社会意识形态的基本领域。因此，网络意识形态安全问题是伴随着网络意识形态的出现而出现的。从一般意义上说，网络意识形态安全是指一个国家的主导意识形态在网络领域中得到本国人民的拥护，同时有效抵御外来势力的恶意入侵，引领网络舆论和其他各种思潮的发展方向，并且不受威胁和消解的稳定状态。在我国意识形态领域处于主导地位的一定是社会主义意识形态，“马克思主义是我们立党立国的根本指导思想，是社会主义意识形态的旗帜和灵魂”②。从这个意义来说，维护我国网络意识形态安全实则是增强马克思主义意识形态在网络领域中的建设和发展，保障马克思主义在网络意识形态领域中的主导地位，为中国特色社会主义事业发展提供健康稳定的网络环境。

网络是把双刃剑，网络发展给一个国家、民族的意识形态建设带来了机遇，但同时也埋藏着诸多隐患。意识形态安全不能等同于传统安全，网络意识形态安全问题本身具有非传统安全意蕴，主要表现在以下三个方面：一是网络意识形态安全属于广义上的安全。“和平不等于安全”，从广义上的安全来讲，这句话是非常有道理的，和平只是没有战争的状态，而安全则是更为广义的概念，和平仅仅是安全的替代性概念。意识形态安全应该满足以下条件——客观上没有威胁、主观上没有恐惧，同时，主体间没有冲突。网络意识形态安全更多地与现实社会中出现的社会转型、观念完善、文化冲突以及认同危机等情况紧密相连，无论是从内涵还是从外延的角度看，网络意识形态都具有一定的广泛性。二是网络意识形态安全属于复合型安全。网络意识形态安全不仅关注国家层面的安全问题，还关注社会和个人层面的安全问题。三是意识形态安全是多维度安全。传统安全与非传统安全是动态的概念，而在网络空间，两者却是可以相互转换的

① 习近平：《习近平谈治国理政：第2卷》，外文出版社2018年版，第335页。

② 李辉、许文贤：《中国化马克思主义：教育概论》，人民出版社2005年版，第333页。

多维度概念。在过去，网络意识形态安全问题更多地表现为现实问题在网络空间的发酵而产生的网络线上的问题；而在今天，这是一个复合多维的问题，不仅表现在线上意识形态安全问题，而且通过网络的发酵再转回和影响到现实，使现实问题不断扩大，其危险性更上一个等级，形成线上线下双重负面效应。网络意识形态安全在一定的条件下可能会转变为政治安全、国家安全，如果问题激化，就需要军事力量的干预，甚至升级为区域性的战争。总之，我们不能把意识形态安全作为传统安全并用传统方法来对待，它不同于军事安全、政治安全，尤其是网络意识形态安全问题更突显了我国国家安全形势的新特点、新挑战和新趋势。因此，深入研究网络意识形态安全已成为在总体国家安全观的指引下，推进实现中华民族伟大复兴中国梦的重大问题。

二、新时期网络意识形态安全治理面临的新问题

自 20 世纪 90 年代以来，随着信息技术的不断发展和网民数量的日益增多，我国已迅速崛起成为网络大国。毋庸讳言，网络的兴起和发展为意识形态工作开辟了新的模式和路径，但与此同时，也带来了诸多新的问题和挑战，尤其是网络意识形态安全问题。2019 年 2 月 28 日，中国互联网络信息中心（China Internet Network Information Center，CNNIC）在京发布《第 43 次中国互联网络发展状况统计报告》，报告显示，截至 2018 年 12 月，我国网民规模达 8.29 亿，普及率达 59.6%，较 2017 年年底提升了 3.8 个百分点，全年新增网民数量 5653 万人（如图 5－1 所示）。我国是

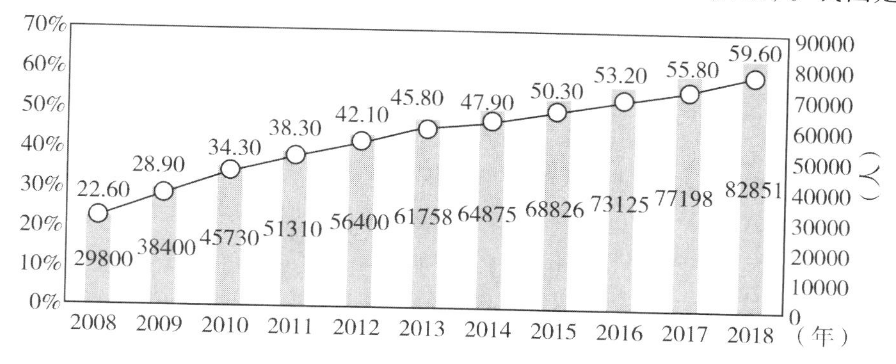

图 5－1　网民规模和互联网普及率

数据来源：《第 43 次中国互联网络发展状况统计报告》。

世界上拥有网民数量最多的国家，因而网络意识形态安全工作比世界上任何一个国家都要更复杂。

我国网民数量的不断增多，一方面说明在进入全面网络化、信息化时代后，我国的网络事业取得了巨大成就；另一方面也说明，由于网络的开放性、便捷性，网络已经渗透到人们日常生活的方方面面，影响着人们的生活方式和思维方式。庞大的网民群体及网络虚拟世界与社会现实世界的互动关系都对我们加强网络意识形态安全提出了客观要求。具体而言，在新时期，我国网络意识形态安全面临中西方网络意识形态博弈力量悬殊与危险系数的不断增大、网络意识形态行政治理能力的相对不足、网络基础设施建设薄弱、管理相对滞后、网络技术人才储备与培育的不足、网络核心技术研发与应用落后，以及网络话语权较弱等问题。

（一）西方国家网络核心技术霸权使我国网络意识形态危险系数增大

意识形态博弈是客观存在的，只要国际上存在不同的社会制度，国家内存在不同的阶级阶层，就会存在不同的意识形态博弈。毋庸讳言，当今“网络是西方价值观出口到全世界的终端工具”[①]，西方敌对势力和暴恐分子正在破坏性地利用信息技术优势及其最新发展成果，对我国主流意识形态进行加紧渗透，对热点敏感问题进行大肆炒作，并利用“互联网 +”模式以期形成网络舆论风暴，加剧我国的社会调控风险。据 2019 年 2 月 28 日，中国互联网络信息中心（CNNIC）在京发布的第 43 次《中国互联网络发展状况统计报告》显示：2018 年，国家互联网应急中心（CNCERT）共监测发现我国境内感染网络病毒终端累计 616 万个，较 2017 年的 2095 万个下降了 70.6%（如图 5－2 所示）。

2018 年，国家互联网应急中心共监测发现我国境内被篡改网站数量累计 23459 个，较 2017 年的 60684 个下降了 61.3%（如图 5－3 所示）。

① ［英］安德鲁·查德威克：《网络政治学：国家、公民与新传播技术》，华夏出版社 2010 年版，第 24 页。

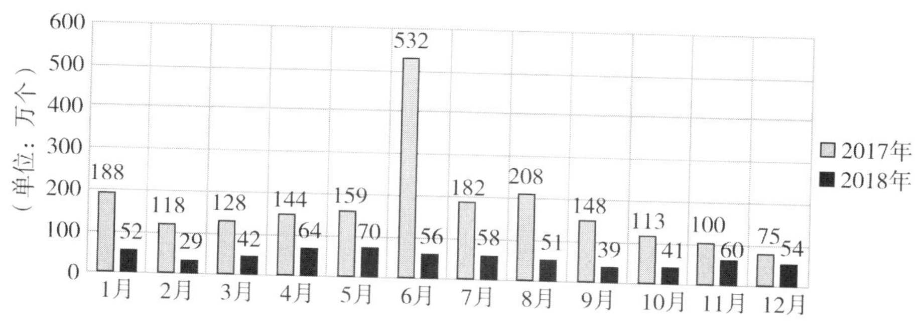

图 5－2　境内感染网络病毒终端数

数据来源：CNCERT 互联网安全威胁报告。（2018 年 12 月）

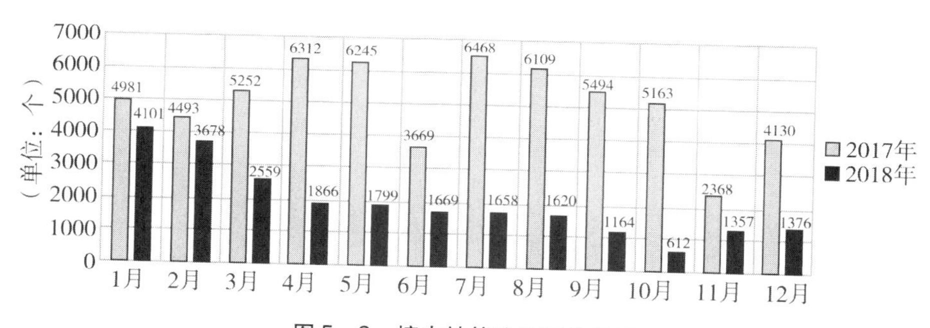

图 5－3　境内被篡改的网站数量

数据来源：CNCERT 互联网安全威胁报告。（2018 年 12 月）

2018 年，国家互联网应急中心共监测发现我国境内被植入后门网站数量累计 31790 个，较 2017 年的 43928 个下降了 27.6%（如图 5－4 所示）。

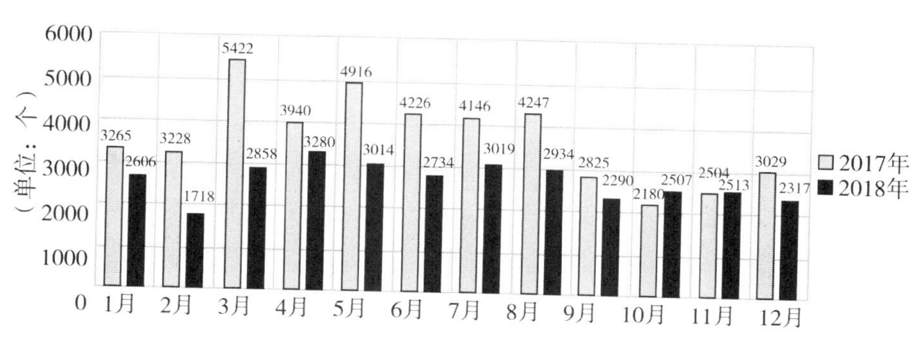

图 5－4　境内被植入后门的网站数量

数据来源：CNCERT 互联网安全威胁报告。（2018 年 12 月）

当前，世界各国的大数据发展很不均衡，西方垄断了根本性的网络核心资源，以美国为首的西方国家拥有对全球互联网的信息掌控权。作为支持互联网运行的最核心技术——域名根服务器，全球仅 13 台，美国就独占其中的 10 台（1 台主根服务器和 9 台副根服务器），另外 3 台分别设立在盟国英国、瑞典和日本，也间接受美国的控制。同时，美国几乎控制了全球信息技术产品硬软件核心部分的生产。这使得西方发达国家在信息传播方面更具优势，西方发达国家利用优势单向度输出信息源。可见，全球网民在享受这些数据库服务带来的便利的同时，必然受到西方意识形态的渗透和侵蚀。目前，我国主流意识形态不断被消解与弱化，网络意识形态危险系数不断增大。在国际社交媒体上，西方主流媒体占尽天时地利，负面意识形态轰炸式推广、疯狂般营销，中国威胁论、中国崩溃论、反对社会主义、反对改革开放的言论在搜索引擎、微信公众号、知乎问答等平台上普遍存在，人权问题、言论自由、生态环境等更是外国媒体批判中国的常见话题，国内论坛版主、软件编辑以及搜索引擎技术人员也都推波助澜，使主流意识形态的规诫和劝导几乎无法发挥作用。

（二）我国网络意识形态安全话语战术不佳

话语，简单来说就是用来表达思想的语言。新时期，国内外舆论环境复杂多样，网络意识形态话语建设面临着新问题。党的十九大报告指出："意识形态领域斗争依然复杂，国家安全面临新情况。"① 随着网络先进传播技术的发展、网络普及率的逐年上升和新媒体的蓬勃发展，全媒体的时代已悄然而至。2019 年 1 月 25 日习近平总书记在十九届中央政治局第十二次集体学习会议上强调，"全媒体不断发展，出现了全程媒体、全息媒体、全员媒体、全效媒体，信息无处不在、无所不及、无人不用，导致舆论生态、媒体格局、传播方式发生深刻变化"。网络用语的自由化趋势显著，使网络表达变得更加随意，这也为西方意识形态渗透提供了可乘之机。一些错误观点、有害思潮、模糊认识沉渣泛起，诸多负面意识形态的网络话语对政治体系进行了"舆论绑架"，实现了负面意识形态的灌输目的，竭力与主流思想争夺网络的话语权和影响力。这为我们全方位掌握网

① 习近平：《决胜全面建成小康社会 夺取新时代中国特色社会主义伟大胜利——在中国共产党第十九次全国代表大会上的报告》，人民出版社 2017 年版，第 9 页。

络话语权增加了更大的难度。

（三）我国网络意识形态行政治理能力相对不足

中国早期的网络是在商业和资本的推动下逐步发展起来的，网络意识形态安全起初并未得到根本的重视，因而网络意识形态安全治理相对缺位。网络意识形态安全治理滞后于现实成为常态，带来了许多难以克服的问题和困难。近些年来，我国在网络安全治理方面确已取得了不小的成效，但网络意识形态安全的诸多威胁依然存在。2019 年 4 月 16 日，国家互联网应急中心发布了《2018 年我国互联网网络安全态势综述》。该报告从网络安全法律法规、网络安全威胁治理、勒索软件威胁、APT 攻击、云平台安全、拒绝服务攻击、工业控制系统安全、恶意移动应用和数据安全九个方面对 2018 年我国互联网网络安全状况进行了总结。该报告还对网络安全趋势进行了四点预测，认为 2019 年带有特殊目的和针对性更强的网络攻击、国家关键信息基础设施安全、个人信息与数据安全、5G 与 IPv6 等新技术安全依然值得关注。[①] 另外，网络意识形态由单一主体管理，多元主体的管理格局尚未形成。政府一元管理模式将重点集中于网络监测和管控，而在舆情的研判、舆论的引导和危机预防及应对等方面往往具有滞后性。在新时期，传统的网络意识形态管理模式已无法适应网络社会的需要，这种管理模式致使相关政策制度和法律法规滞后于网络意识形态安全治理。

三、新时期网络意识形态安全治理策略

古人云："天下之势不盛则衰，天下之治不进则退。"当今，世界正经历百年未有之大变局，国际形势复杂多变，面对国内外网络意识形态安全威胁日益突出的客观形势，维护网络意识形态安全既是维系国家安全的必要之举，也是推动国家发展的重要保障。针对当前我国网络意识形态安全治理存在的严峻形势，应加强网络意识形态安全的系统治理、依法治理、综合治理和源头治理，把我国制度优势更好地转化为网络意识形态安全治理效能，为推动我国社会治理能力现代化提供有力保证。

---

① 资料来源于国家互联网应急中心发布的《2018 年我国互联网网络安全态势综述》。

（一）系统治理：坚持马克思主义在网络意识形态领域的指导地位

在全媒体时代，面对我国网络意识形态安全出现的新情况与新问题，按照党的十九届四中全会《决定》要求："要完善坚持正确导向的舆论引导工作机制。坚持党管媒体原则，坚持团结稳定鼓劲、正面宣传为主，唱响主旋律、弘扬正能量。构建网上网下一体、内宣外宣联动的主流舆论格局，建立以内容建设为根本、先进技术为支撑、创新管理为保障的全媒体传播体系。改进和创新正面宣传，完善舆论监督制度，健全重大舆情和突发事件舆论引导机制。建立健全网络综合治理体系，加强和创新互联网内容建设，落实互联网企业信息管理主体责任，全面提高网络治理能力，营造清朗的网络空间。"①

"把坚持以马克思主义为指导全面落实到思想理论建设、哲学社会科学研究、教育教学各方面。加强和改进学校思想政治教育，建立全员、全程、全方位育人体制机制。落实意识形态工作责任制，注意区分政治原则问题、思想认识问题、学术观点问题，旗帜鲜明反对和抵制各种错误观点。""我们要因势而谋、应势而动、顺势而为，加快推动媒体融合发展，使主流媒体具有强大传播力、引导力、影响力、公信力，形成网上网下同心圆，使全体人民在理想信念、价值理念、道德观念上紧紧团结在一起，让正能量更强劲、主旋律更高昂。""各级党委和政府要从政策、资金、人才等方面加大对媒体融合发展的支持力度。各级宣传管理部门要改革创新管理机制，配套落实政策措施，推动媒体融合朝着正确方向发展。各级领导干部要增强同媒体打交道的能力，不断提高治国理政能力和水平。"②必须强化主流意识形态的话语引领力，同时要善于运用科学理论回应各种错误思潮和理论，确保网络话语与主流意识形态话语同频共振，实现全体网民的同心效应。此外，也要提高理论的"供给力"和对社会现实问题的"解释力"。主流意识形态要及时用马克思主义的立场、观点、方法对

---

① 《中共中央关于坚持和完善中国特色社会主义制度　推进国家治理体系和治理能力现代化若干重大问题的决定》，载《人民日报》2019年11月1日第1版。

② 习近平：《推动媒体融合向纵深发展 巩固全党全国人民共同思想基础》，载《党建文汇》2019年第3期，第10－11页。

网络中存在的偏激甚至错误的社会思潮进行有力反击。这就要求党报、党刊、党台、党网等主流媒体必须紧跟时代发展，大胆运用新技术、新机制、新模式，加快融合发展的步伐，实现宣传效果的最大化和最优化。加强传播手段建设、创新和发展各类新媒体，积极发展各种互动式、服务式、体验式的新闻信息服务，实现新闻传播的全方位覆盖、全天候延伸与多领域拓展，推动党的声音直接进入各类用户终端，努力占领新的舆论场。推动媒体融合向纵深发展，做大做强主流舆论，牢牢占据舆论引导、思想引领、文化传承、服务人民的传播制高点，让党的声音传得更开、传得更广、传得更深入，更好地构筑中国精神、中国价值、中国力量。

（二）依法治理：完善国家安全体系

党的十九届四中全会通过的《决定》要求："坚持总体国家安全观，统筹发展和安全，坚持人民安全、政治安全、国家利益至上有机统一。以人民安全为宗旨，以政治安全为根本，以经济安全为基础，以军事、科技、文化、社会安全为保障，健全国家安全体系，增强国家安全能力。完善集中统一、高效权威的国家安全领导体制，健全国家安全法律制度体系。加强国家安全人民防线建设，增强全民国家安全意识，建立健全国家安全风险研判、防控协同、防范化解机制。提高防范抵御国家安全风险能力，高度警惕、坚决防范和严厉打击敌对势力渗透、破坏、颠覆、分裂活动。"①

无规矩不成方圆，网络空间绝不是法外之地，网络意识形态安全需要依靠法规制度作为保障，进而探索与建立适应网络社会的法律法规和执法方式，强化执法力度，推进网络意识形态安全治理法制化。目前，我国高度重视网络安全，并出台了一系列相关法律法规，推动了网络空间的法治化进程。但是，网络空间的法治化进程是一个漫长的过程，其法制化进程任重而道远。推进与完善网络空间的法治化建设是确保网络意识形态安全治理顺畅运行的基本保证。"法律是最优良的统治者。"② 当道德规范已经无法维护网络秩序和安全的时候，法律就成了维护网络意识形态安全的最

---

① 《中共中央关于坚持和完善中国特色社会主义制度　推进国家治理体系和治理能力现代化若干重大问题的决定》，载《人民日报》2019 年 11 月 1 日第 1 版。

② ［古希腊］亚里士多德：《政治学》，吴寿鹏译，商务印书馆 1981 年版，第 171 页。

后一道防线。网络意识形态安全的法治化必须“立足国家安全，增强法治思维，完善法律制度，建设法治文化”①。紧紧围绕当前中国网络意识形态的特点，完善网络信息法规。政府相关部门要加强大数据产业法律法规建设，构建完善的监督管理体系，对大数据舆情的用途、使用方式、使用范围等都要做出明文规定。例如，要对网络平台、用户、域名等进行严格审核，加强网络用户的制度规约，对散布谣言、传播腐朽思想的信息源头进行问责处理，确保意识形态工作部门在网络空间意识形态话语权建设方面的公信力，并提高意识形态话语体系传播的实效性。建立更加合理的网络信息安全体系和法律规范，落实信息安全等级保护，推进网络意识形态安全风险评估，推进网络意识形态安全治理法制化，最终在道德和法律的双重环境下，形成对主流意识形态的有效保护。

（三）综合治理：秉持共商共建共享的全球治理观

党的十九届四中全会通过的《决定》提出：“高举构建人类命运共同体旗帜，秉持共商共建共享的全球治理观，倡导多边主义和国际关系民主化，推动全球经济治理机制变革。推动在共同但有区别的责任、公平、各自能力等原则基础上开展应对气候变化国际合作。维护联合国在全球治理中的核心地位，支持上海合作组织、金砖国家、二十国集团等平台机制化建设，推动构建更加公正合理的国际治理体系。”②

网络空间命运共同体是构建人类命运共同体的网络延伸，它试图架起友好国家间网络共同发展、共创共享的桥梁，是国际共同解决网络安全问题的利益共同体，是全球网络治理的中国方案，也是世界的趋势和潮流，需要各国的共同担当。维护网络安全是一个系统工程，无论是在网络空间，还是在现实世界，其推动主体都是人民，必须融合个人、社会、国家各方面的力量。依靠人民群众的智慧和力量来维护网络安全、促进国家信息化的发展，“网络安全为人民，网络安全靠人民，维护网络安全是全社会共同责任，需要政府、企业、社会组织、广大网民共同参与，共筑网络

---

① 谢晓娟、金国峰：《网络空间法治化建设的路径分析》，载《马克思主义研究》2016年第8期，第142－148页。

② 《中共中央关于坚持和完善中国特色社会主义制度　推进国家治理体系和治理能力现代化若干重大问题的决定》，载《人民日报》2019年11月1日第1版。

安全防线”[①]。要最大限度地调动人民群众的积极性和创造性，只有网民群体都参与到网络安全维护体系中，才能加强网络风险的抵御能力。同时，要科学地把握网络安全和信息化发展的关系。“网络安全和信息化发展是‘一体之两翼、驱动之双轮’”[②] 的辩证关系，“网络安全与信息化是相辅相成的。安全是发展的前提，发展是安全的保障，安全与发展要同步推进”[③]。另外，在网络意识形态安全治理的过程中，充分尊重各类网络主体的地位是至关重要的，要吸收社会组织和广大网民并使其参与到治理之中，保证社会组织、广大网民可以民主管理、民主监督，以形成多元主体的治理格局。除了政府部门之外，互联网企业、网民也是网络意识形态安全治理的重要参与者，治理主体多元化能够提高网络意识形态治理效率，加强各主体在网络意识形态安全治理中的责任意识，从而使网络意识形态安全治理进入良性循环，走出一条齐抓共管、良性互动的新路。

（四）源头治理：增强网络意识形态的风险防范力

要加大对前沿技术和具有国际竞争力的关键核心技术在网络领域的投入力度，加强网络领域核心信息技术设备的攻坚战略，在重点核心领域取得突破，确保掌握网络的关键性技术。

互联网的核心技术是国之重器，是我们最大的“命门”，互联网核心技术受制于人是我们最大的隐患。无论何时，网络技术都不仅仅只是一场科技层面的竞争，而是国家意识形态层面的竞争。面对网络意识形态斗争过程中西方核心技术霸权的态势，我国必须加速发展网络信息技术，加快核心技术突破，唯有如此，才能打破以美国为首的西方国家的技术封锁和信息霸权。美国对我国中兴公司的无理制裁、封杀华为的行为，都使我国看到了掌握核心技术的极端重要性。因此，我国必须加快研制信息系统所需要的关键性硬软件，特别是要重点突破互联网搭建技术、大数据技术、微电子技术、信息传输技术、“破网”技术和无线网络攻击技术的研制，

① 习近平：《在网络安全和信息化工作座谈会上的讲话》，人民出版社 2016 年版，第 16 页。

② 习近平：《决胜全面建成小康社会 夺取新时代中国特色社会主义伟大胜利——在中国共产党第十九次全国代表大会上的报告》，人民出版社 2017 年版，第 9 页。

③ 习近平：《在网络安全和信息化工作座谈会上的讲话》，人民出版社 2016 年版，第 16 页。

以及这些技术在意识形态安全领域的运用。网络是信息技术发展的产物，管控网络意识形态安全和防范网络意识形态渗透，首先应从技术层面做好防范。放眼全球，各个国家都在通过提升网络技术来加强本国意识形态的传播力度。与西方国家相较而言，我国的网络信息技术处于弱势，涉及信息安全核心技术的软硬件自主可控能力较低，关键核心技术有待投入更大的努力去实现突破。就此而言，要想争取到信息化技术的主导权和控制权，就必须尽快在核心技术上取得突出进展，加快信息技术的研发、运用和创新，主动利用先进技术来认真鉴别、严格控制、审查和筛选外来信息，及时防止错误、虚假、垃圾、有害信息的渗透和干扰，掌握竞争和发展的主动权，以保障国家经济安全、国防安全、意识形态安全。

第二节　新时代中国青年的网络安全感研究*

新时代中国青年的网络安全感是公众安全感的题中基本之意和重要组成部分，它既反映了我国互联网治理的现实进程，又体现了民众对网络安全的实践感知与评价。本节运用中国互联网治理调查（CIGS2016）的数据，全面分析了新时代中国青年的网络安全感及其影响因素。研究结果显示：我国青年的网络安全感处于中等发展水平，随着年龄的变化，青年群体的网络安全感会在均值线上下浮动且有下滑趋势；公共参与、居住地域、网络行政治理、经济收入、媒介使用，尤其是社交媒体使用直接形塑着青年群体的网络安全感。同时，网络安全感对青年群体的网络安全保护行为有直接的促进作用，并在间接影响其网络安全保护行为方面发挥不容忽视的中介作用。

一、研究问题

伴随着信息传播科技的飞速发展，大数据、人工智能与互联网开始深度融合，各类网络应用和产业形态竞相涌现，网络安全威胁也随之愈发严

* 本节内容的作者为卢家银，原文载于《中国青年研究》2018 年第 5 期。

峻。在2007年，先是5月份一种名为WannaCry的勒索病毒在全球爆发，该病毒以类蠕虫病毒的方式攻击电脑主机并加密主机存储的文件，至少有150个国家的30万名用户中招，造成损失达80亿美元，我国的多所高校和部分企事业单位同时遭到网络攻击。[①] 时至当年10月份，雅虎公司30亿个用户账号遭到黑客攻击，包括用户名、邮箱地址、电话号码、生日以及部分用户加密或未加密的安全识别问答等信息内容被盗。[②] 针对互联网空间的这种安全形势和挑战，第十二届全国人民代表大会常务委员会第二十四次会议通过的《中华人民共和国网络安全法》自2017年6月1日起正式实施，《中华人民共和国民法总则》于同年10月1日起正式施行，国家从立法层面开始全面推动网络空间步入法制化轨道。

对于网络安全威胁，习近平总书记在党的十九大报告中指出，要“建立网络综合治理体系，营造清朗的网络空间”，并特别强调了民众的安全感问题，“完善公共服务体系，保障群众基本生活，不断满足人民日益增长的美好生活需要，不断促进社会公平正义，形成有效的社会治理、良好的社会秩序，使人民获得感、幸福感、安全感更加充实、更有保障、更可持续”[③]。其中，安全感是民众渴望稳定、安全的基本心理需求，解除后顾之忧和保持稳定预期，构成了安全感的基本来源。[④] 对于广大民众而言，网络安全感既是安全感的题中应有之意，也是安全感的重要组成部分，这是物理空间和虚拟空间、现实生活和网络活动的相互嵌入和结构性融合共同推动互联网发展的结果。为了解广大人民群众的这种民生感，特别是为掌握中国互联网使用的主力军和中国未来的建设者——青年群体对网络安全的现实感知和实践评价，本节借此运用中国互联网治理调查的最新数据对新时代中国青年的网络安全感进行探索性研究。

---

① 王天琪：《勒索病毒WannaCry 2.0卷土重来》，载《北京青年报》2017年5月15日第11版。

② 《2017年国内网络安全十大事件盘点》，见中国网（http://science.china.com.cn/2018-01/04/content_40130945.htm）。

③ 习近平：《决胜全面建成小康社会 夺取新时代中国特色社会主义伟大胜利——在中国共产党第十九次全国代表大会上的报告》，载《人民日报》2017年10月28日第1-5版。

④ 参见商旸《获得感幸福感安全感如何增强》，载《人民日报》2017年11月9日第16版。

二、文献综述

网络安全源于互联网空间的自身特性，是虚拟世界的技术化扩张对政治、经济、文化和社会各个领域结构性渗透的结果。“网络安全是指网络系统的硬件、软件及其系统中的数据受到保护，不因偶然的或者恶意的原因而遭受到破坏、更改和泄露，系统连续、可靠、正常地运行，网络服务不中断。”① 1999 年，美国发布的《国家安全战略报告》中首次提出网络安全，之后开始在世界范围之内逐步扩散，我国于 2016 年 12 月发布了《国家网络空间安全战略》。网络安全本质上是一种非传统安全，主要包括网络关键信息基础设施安全、网络运行安全和网络信息安全等。学者汪晓风指出，“网络空间不断增长的财富价值、世界经济社会运行与网络空间的相互依赖、网络空间整体安全的防护需求是国家需要面对的诸多网络安全问题产生的主要根源”②。在赛博时代，网络安全是互联网治理和国家治理现代化的重要组成部分，网络空间安全直接制约着网络治理和国家治理现代化的现实发展与法治进程。

对于公众而言，网络安全常常等同于网络空间中的信息安全。网络安全感直接反映了民众对网络空间安全的内心判断和心理感知。所谓网络安全感是指社会主体对网络空间中已经或尚未出现的信息泄露、权利侵害、人身威胁与伤害、恐怖袭击、外敌入侵等显性危险或潜在风险的心理感知，主要表现为应对互联网威胁与安全风险时的一种信息不确定的心理状态。在经济社会快速转型的当下，影响我国公众网络安全感的因素主要有政治、经济、文化、环境和科技等，是一个由政府机构、网络平台、社会组织和用户个体等多维主体所构成的多元复杂的体系。已有研究发现，“社交网络用户信息的安全保护需要来自多方面、全方位的工作，需要明确社交网络环境中各个主体对用户信息安全的责任，构筑一个外部环境要素与用户个人要素之间相互融合的综合保护体系”③。

---

① 邱仲潘、洪镇宇：《网络安全》，清华大学出版社 2016 年版，第 2 页。

② 汪晓风：《网络战略：美国国家安全新支点》，复旦大学出版社 2015 年版，第 254 页。

③ 刘冰：《社交网络中用户信息安全影响因素实证研究》，载《情报科学》2017 年第 5 期，第 69 – 74 页。

对于提升公民网络安全感的方式，除了完善网络安全法律法规和强化互联网行业自律外，还需要加强影响网络安全的关键要素——互联网平台和运营机构的规制，以提升互联网用户的网络安全感和自我保护意识。学者罗力认为，“用户信息安全素养的提高对信息安全保护至关重要”①。“移动互联网的蓬勃健康发展与用户个人信息安全素养的提升紧密相关，需要用户积极运用储备的个人信息安全知识和能力来应对各种个人信息安全威胁和挑战，比如用户应时刻保持个人信息安全风险意识，尽可能避免在公共场合登录免费 Wi-Fi。”② 有研究指出，“网络安全风险感知，特别是移动互联网的网络安全感知有助于我们更好地观察‘互联网+’产业的风险特征、资产定价及其市场行为等”③。

就目前的情况而言，在数以亿计的庞大互联网用户人群中，大部分互联网用户都有网络安全风险感知，但移动互联网终端的网络安全状况不容乐观。④ 移动互联网使用者的网络安全感普遍较低，网络使用行为存在严重的安全隐患。多数用户对网络应用程序的风险认知不足，下载和使用应用程序的行为经常违反安全防护基本规范。“在网络安全感的各维度中，大学生对风险出现概率的不确定感最强，其次为风险预感、不可控制感和情绪体验。大学生的网络安全感虽然已逐步提高，但网络风险发生的时间、情境和形式的可预测性较低，防御和控制不安全因素的能力相对较低。”⑤ 此外，有研究还发现，“与女性群体相比，男性对于安全软件的重要性认知不足，并且授予应用程序的访问权限较频繁；相反，女性对官方应用商店中应用程序的安全认知及注销账号登录状态的行为上存在更多的

---

① 刘冰：《社交网络中用户信息安全影响因素实证研究》，载《情报科学》2017 年第 5 期，第 69－74 页。

② 罗力：《我国移动互联网用户个人信息安全风险和治理研究》，载《图书馆学研究》2016 年第 13 期，第 37－41 页。

③ 曾建光：《网络安全风险感知与互联网金融的资产定价》，载《经济研究》2015 年第 7 期，第 131－145 页。

④ 参见曾建光《网络安全风险感知与互联网金融的资产定价》，载《经济研究》2015 年第 7 期，第 131－145 页。

⑤ 张凤娟、刘珍、范翠英：《网络社会支持与网络安全感对大学生主观幸福感的影响》，载《教育评论》2014 年第 2 期，第 52－54 页。

安全隐患”①。

总体来看，虽然现有研究对网络安全感的基本内容、完善方式和构成维度进行了初步探讨，对不同青年群体网络安全感的差异进行了分析，但是仍然未能对网络安全感的影响因素，特别是年轻群体网络安全感的影响因素进行全面的实证研究。本节即是立足于前述研究成果，尝试对新时代中国青年网络安全感的影响因素、保护行为及其作用机制展开探索性分析。

三、研究方法

1. 数据收集与样本状况

本文运用问卷调查法对新时代中国青年的网络安全感进行分析。调查数据主要来源于2016年的中国互联网治理调查（CIGS2016），由中山大学互联网与治理研究中心负责实施。“该调查覆盖全国31个省、市、自治区（包括直辖市），抽样样本的性别和年龄按照所在城市的人口普查比例进行定额，然后在当地以小区+商业圈的方式混合抽样，样本覆盖高、中、低档三类小区。”② 调查机构最后回收有效问卷6082份。本研究采用中华全国青年联合会对青年的界定，将青年界定为不超过40岁的成年公民。③ 由此将研究对象的年龄划定在18～39岁。根据研究需要，去除年龄小于18岁和大于39岁的变量，最终剩下3333个观察样本。

在调查样本的3333名青年中（详见表5-1），平均年龄为27.39岁，城市户籍的青年占比为68.41%，农村户籍的青年占比为31.59%；未婚青年占51.16%，已婚青年占48.84%；工作单位类型主要为党政机关、事业单位、社会团体、自办（合伙）企业、互联网企业、非互联网企业、农民工、学生与其他，其中，非互联网企业从业人员达26.04%，学生占18.42%，事业单位人员占12.99%，自办（合伙）企业人员占11.43%，农民工占2.07%，党政机关人员占1.41%，其他占17.22%；家庭经济收

---

① 张凤娟、刘珍、范翠英：《网络社会支持与网络安全感对大学生主观幸福感的影响》，载《教育评论》2014年第2期，第52-54页。

② 卢家银：《中国公众互联网法治认知的影响因素研究：基于CIGS2016数据的分析》，载《现代传播》2017年第12期，第58-63页。

③ 参见黄志坚《青年学新论》，中国青年出版社2004年版，第133页。

入为当地平均水平的占67.15%，低于平均水平的占15.57%，高于平均水平的占17.28%，36.81%的受访者的月收入在3001～5000元。

表5－1　调查样本基本概况

变量		频度	百分比/%
性别	男	1680	50.41
	女	1653	49.50
党员	是	322	9.66
	否	3011	90.34
信教	是	479	14.37
	否	2854	85.63
城市	是	2280	68.41
	否	1053	31.59
汉族	是	3036	91.09
	否	297	8.91
受教育程度	初中及以下	313	9.39
	高中至专科	1885	56.55
	本科及以上	1135	34.05
地域	东部	1230	36.90
	中部	1068	32.04
	西部	1035	31.05

2. 变量测量

（1）网络安全感。

网络安全感的测量主要依据《中国互联网治理指数报告》的指标体系[①]，以受访者自我报告的方式进行测量。网络安全感主要通过询问受访者在过去一年内遭遇下述事项的频率（1＝从未，5＝经常）而测量：

① 参见互联网治理指数（GIGI）项目组《中国互联网治理指数报告》，载张志安《互联网与国家治理发展报告（2017）》，社会科学文献出版社2018年版，第1－92页。

①假冒网站与诈骗网页；②QQ、微信或邮件诈骗；③电脑、手机或平板电脑中病毒；④邮箱、微博/微信、网游、支付宝、网银等账号或密码被盗；⑤言语侮辱或人身威胁；⑥在浏览网页或网购之后，收到相关推送信息；⑦电子邮箱收到垃圾邮件；⑧网络虚假信息；⑨淫秽色情信息。对这9项数据反向编码相加之后取均值，即为青年群体网络安全感的赋值（$\alpha=0.88$，$M=2.62$，$SD=0.83$）。

（2）网络安全保护行为。

网络安全保护行为主要通过询问受访者在过去一年内从事下述活动的频率（1 = 从未，5 = 经常）而测量：①安装或重装安全软件；②更改账号或密码；③查杀病毒；④屏蔽有问题的网站（如虚假网站或有毒网站等）；⑤向相关部门投诉网络安全问题。将这5项相加之后取均值，即为青年群体网络安全保护行为的赋值（$\alpha=0.78$，$M=2.81$，$SD=0.86$）。

（3）其他变量。

根据已有互联网治理的相关理论与研究发现，本节将人口统计学变量、政治变量和媒介变量三大模块纳入方程，具体包括性别、年龄、民族、受教育程度、经济收入、宗教信仰、城乡区域、地域、政治面貌（$M=0.10$，$SD=0.30$）、政治兴趣、政治效能、公共事务参与、一般媒介使用、社交媒体使用、网络信任和网络行政治理共16个变量，以探索青年群体网络安全感的影响因素。

人口统计学变量主要包括性别、年龄、民族、受教育程度、经济收入、宗教信仰、城乡区域、地域共8项内容。其中，受教育程度通过受访者报告其受教育程度而得出。经济收入通过询问受访者个人月平均收入和家庭总体经济状况（1 = 远低于平均水平，5 = 远高于平均水平）进行测量（$M=2.92$，$SD=0.78$）。[①]

政治变量和媒介使用变量模块的测量主要依据《中国互联网治理指数报告》的指标体系，主要通过受访者自我报告的方式，以李克特五级量表的形式进行测量，各变量的赋值都是测量变项加总后取均值进行计算的，两大模块变量的测量项目和基本情况详见表5－2。

---

① Gastil J, Xenos M. "Of Attitudes and Engagement: Clarifying the Reciprocal Relationship Between Civic Attitudes and Political Participation". *Journal of Communication*, 2010, 60 (2), pp. 318－343.

表 5 - 2　政治变量与媒介使用变量基本情况

变量	测量项目	α	M	SD
政治兴趣	对时政信息的兴趣	0.82	3.97	1.13
	对时政讨论的兴趣			
	对投票和维权活动的兴趣			
政治效能①	政府的工作太复杂，像我这样的人很难明白	0.71	2.96	0.80
	我觉得自己没有能力参与政治事务			
	像我这样的人，对政府的决定没有任何影响			
公共事务参与	互联网管理部门和网络行业组织等工作	0.91	3.11	1.35
	与各类媒体或自媒体联系			
	与相关的社会组织或政府部门联系或协商			
	公益、慈善、环保、社区活动			
	签名、维权、抗议、反腐等相关活动			
一般媒介使用	报纸	0.71	2.34	0.65
	广播			
	电视			
	新闻网站			
	中央政府新闻网站			
	当地府新闻网站			
社交媒体使用	官方政务微博	0.72	2.37	0.80
	官方政务微信			
	普通用户微博			
	普通用户微信			

① 参见卢家银《舆论的动力中介：政治效能对青年政治表达的影响——基于中国大陆 15 所高校大学生的调查研究》，载《暨南学报（哲学社会版）》，2017 年第 3 期，第 102 - 111 页。

续表 5－2

变量	测量项目	α	M	SD
互联网信任	互联网信息	0.69	3.12	0.62
	电子商务公司			
	网络游戏公司			
	网络社交媒体			
	网络搜索引擎			
网络行政治理	打击淫秽色情专项治理行动	0.82	2.75	0.84
	打击网络谣言专项治理行动			
	治理网络诈骗相关行动			
	打击网络黑客相关行动			

3. 数据分析

本文采用逐步回归分析和结构方程模型对研究变量进行分析，所有数据均运用软件 StataSE 14.0 进行处理。

四、研究发现

1. 青年网络安全感的描述分析

通过分析中国互联网治理调查（CIGS2016）的数据发现，我国青年的网络安全感处于中等水平，从严格意义上讲并不高，均值为 2.62，低于阈值 3，标准差为 0.83。随着年龄的变化，我国青年群体的网络安全感会在均值 2.62 上下浮动且有下滑趋向，23 岁和 37 岁年龄段青年的网络安全感明显高于其他年龄段（如图 5－5 所示）。其中，通过方差分析发现，与女性青年相比，男性青年的网络安全感相对较高（$p<0.05$）；与少数民族青年相比，汉族青年的网络安全感相对更高（$p<0.001$）（详见表 5－3）。这与已有的研究发现基本一致，周奎宗等人发现，大学生的网

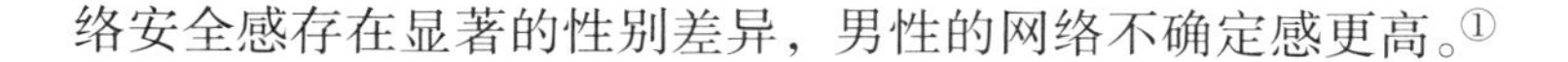
络安全感存在显著的性别差异，男性的网络不确定感更高。①

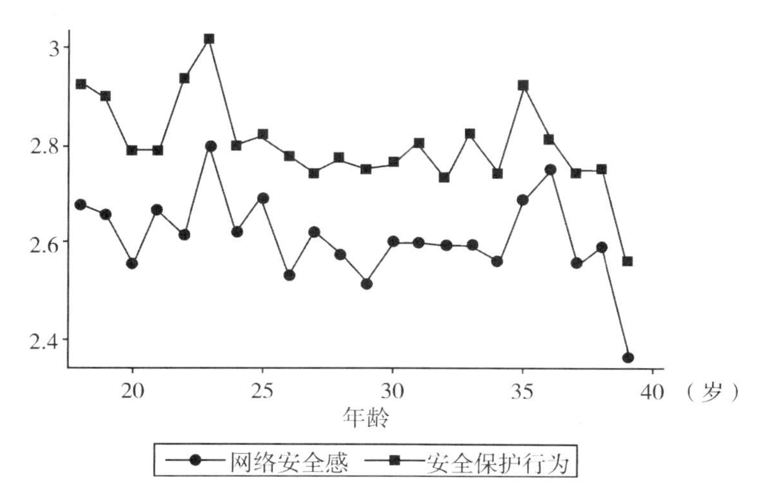

图5－5　青年群体网络安全感与保护行为变化

表5－3　不同性别与民族青年网络安全感的方差分析

变项	*SS*	*df*	*MS*	*F*
Model	11.874	2	5.938	8.69 ***
性别（男性＝1）	3.290	1	3.290	4.81 *
民族（汉族＝1）	8.554	1	8.554	12.52 ***
残差	2275.841	3330		
总和	2287.715	3332		
总 R^2（%）	0.52			
调整 R^2（%）	0.46			

注："*"表示 $p<0.05$，"**"表示 $p<0.01$，"***"表示 $p<0.001$。

青年群体遭遇较多（含"经常"及"较多"两项数据）的各类网络安全事件依次为（详见表5－4）：人格侮辱与人身威胁（57.60%）、诈骗

① 参见周宗奎等《网络文化安全与大学生网络行为》，世界图书出版公司2012年版，第60页。

网站与网页（56.04%）、个人账号或密码被盗（51.66%）、微信或邮件诈骗（49.62%）、上网设备感染病毒（48.51%）、淫秽色情信息（46.80%）、网络谣言（虚假信息）（43.92%）、网络推送信息或产品（41.43%）和垃圾邮件（36.30%）。从调查数据看，我国有三成以上青年的网络安全感较高，占比31.98%，有46.32%的青年的网络安全感较低。该研究发现与中国互联网信息中心对网民网络安全感知的调查结果比较类似。中国互联网络信息中心发布的《第39次中国互联网络发展状况统计报告》显示，当前网民认为上网环境“非常安全”和“比较安全”的占比为38.8%。[①]

表5-4 青年群体遭遇网络安全事件类型与频率分布

网络安全事件类型	经常/%	较多/%	一般/%	较少/%	从未/%
诈骗网站与网页	22.59	33.45	26.01	14.58	3.36
微信或邮件诈骗	20.52	29.10	25.77	19.65	4.95
个人账号或密码被盗	24.18	27.48	26.37	17.91	4.05
网络推送信息或产品	17.82	23.61	27.78	24.15	6.63
垃圾邮件	14.46	21.84	26.40	27.03	10.26
上网设备感染病毒	20.10	28.41	29.22	17.31	4.95
人格侮辱与人身威胁	29.67	27.93	24.93	13.77	3.69
网络谣言（虚假信息）	17.91	26.01	28.83	21.36	5.88
淫秽色情信息	20.25	26.55	27.18	18.90	7.11

同时，中国互联网治理调查数据显示，我国青年群体采取网络安全保护行为的发展走势与网络安全感基本保持一致（如图5-5所示）。尽管青年群体的网络安全保护行为略高于网络安全感，均值为2.81，标准差为0.86，但仍低于阈值3，且随着年龄的变化，青年群体的网络安全保护行为会在均值2.81上下浮动。在遭遇相关网络安全事件后，会有27.39%的青年选择安装或重装安全软件，有34.65%的青年选择更改账

① 《第39次中国互联网络发展状况统计报告》，见中国互联网网络信息中心（http://www.cnnic.net.cn/gywm/xwzx/rdxw/20172017/201701/t20170122_66448.htm）。

号或密码，44.10%的青年选择查杀病毒，34.17%的青年选择屏蔽疑似有病毒的网站，15.78%的青年选择向相关部门投诉网络安全问题。

2. 青年网络安全感的回归与路径分析

为探寻影响我国青年网络安全感的影响因素，本研究以逐步回归法进行分析。在网络安全感模型中，年龄、性别、受教育程度、城乡区域、宗教信仰、政治面貌、政治兴趣、政治效能和互联网信任等变量因不具统计显著性而被剔除出方程。回归方程显示（详见表5-5），安全保护行为、公共事务参与、网络行政治理、一般媒介使用、社交媒体使用、经济收入和地域因素对其网络安全感具有显著的正向促进作用，民族因素则具有负向削弱作用。这表明，采取较多的安全保护行动、公共参与度较高、对网络行政治理较了解、对传统媒体和社交媒体的使用较频繁、经济收入较高、少数民族和居住在西部省份的青年群体的网络安全感相对较高。其中，对网络安全感影响最大的四个变量依次是安全保护行为、公共事务参与、网络行政治理和一般媒介使用（*B*值分别为0.517、0.100、0.072、0.072）。

表5-5　青年群体网络安全感影响因素的逐步回归分析

预测因素	*B*	*SE*	*t*
安全保护行为	0.517***	0.014	38.21
公共事务参与	0.100***	0.009	11.58
网络行政治理	0.072***	0.014	5.07
一般媒介使用	0.072***	0.019	3.72
社交媒体使用	0.048**	0.016	2.96
经济收入	0.020**	0.007	3.00
民族（汉族=1）	-0.082*	0.037	-2.24
地域（西部=1）	0.067**	0.026	2.59
总R^2（%）	30.36		
调整R^2（%）	30.25		

注：“*”表示$p<0.05$，“**”表示$p<0.01$，“***”表示$p<0.001$；表格中的*B*为标准化回归系数。

在回归分析的基础上，本节将上述统计显著变量纳入方程，运用 Stata 软件建立了网络安全感与安全保护行为的结构方程模型（如图 5－6 所示），以便进一步分析网络安全感的影响因素及其之间的复杂因果关系。该模型运用了最大似然法（maximum likelihood）对参数进行估计，模型拟合较好（$X^2/df = 4.217$，$p = 0.040$，$RMSEA = 0.031$，$CFI = 0.999$，$TLI = 0.986$，$SRMR = 0.004$，$CD = 0.292$），可以接受①。结构方程模型显示，社交媒体使用、一般媒介使用、公共事务参与、网络行政治理、地域和经济收入均对青年群体的网络安全感具有显著的正向作用。在网络安全感的影响因素中，公共事务参与的影响力最大（$B = 0.213$），其次是地域因素（$B = 0.181$），再次是社交媒体使用（$B = 0.167$），网络行政治理和一般媒介使用的影响力则依次居于前述三大因素之后。同时，该五大因素对青年群体的网络安全保护行为亦有差异化的不同作用，影响力依次为社交媒体使用、网络行政治理、地域、一般媒介使用和公共事务参与（B 值依次为 0.128、0.070、0.062、0.033、－0.031），其中公共事务参与是负向作用（$B = -0.031$）。

此外，结构方程模型还显示（如图 5－6 所示），网络安全感是非常重要的一个中介变量，它不仅作用于一般媒介使用和社交媒体使用对青年

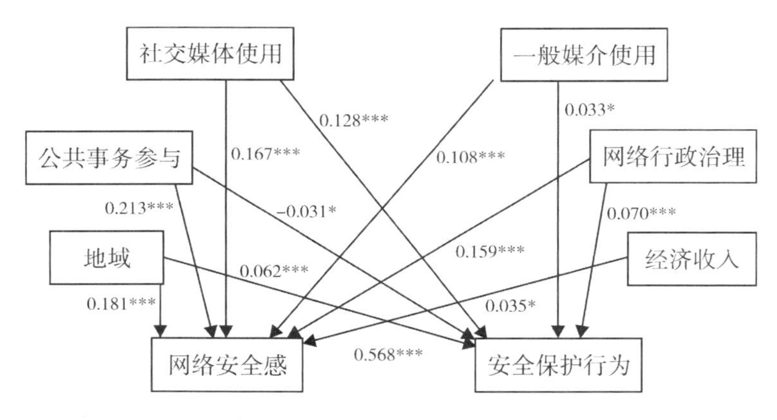

图 5－6　青年群体网络安全感影响因素的路径分析

注：图中 B 为标准化系数；* 表示 $p < 0.005$，** 表示 $p < 0.01$，*** 表示 $p < 0.001$。

① Hooper D，Coughlan J，Mullen M．“Structural Equation Modelling：Guidelines for Determining Model Fit”．*Electronic Journal on Business Research Methods*，2008，6（1），pp. 53－60.

网络安全保护行为的影响，而且作用于公共事务参与和网络行政治理对青年网络安全保护行为的影响，还直接制约着网络安全保护行为，影响力在各变量中独占鳌头（$B=0.568$）；并且，网络安全感还作用于地域和经济收入对青年网络安全保护行为的影响。

五、讨论与结论

网络安全感作为安全感的题中应有之意，与获得感、幸福感相互支撑和呼应，是新时代中国青年在物质与精神生活得到一定满足之后的现实追求。它既反映了青年群体对互联网空间治理的真切体验、感知和评价，又反映了他们对美好网络生活的向往。在信息传播科技突飞猛进的今天，新时代中国青年的这种非传统安全感会受到政治、经济、文化和社会等系统的公共参与、媒介使用、网络治理、地域差异和经济收入水平等多元因素的影响，并决定着青年群体网络安全保护行为的走向。

第一，公共参与对青年人群的网络安全感具有显著的正向预测作用。它是青年网络安全感系列影响因素中，作用力最大的一个变量。已有研究发现，在风险治理中，公众参与公共决策的程度会影响公众的风险感知和安全感。[①] 本节的研究进一步发现，青年群体对社会公共事务的参与度越高，他们的网络安全感就越高。之所以如此，主要原因可能在于，青年群体对公共事务参与越多，他们就可能越了解当前我国推动互联网法治和保障网络空间安全的系列决策与举措，因而会相应减少他们对网络安全的担忧和风险感知。同时，已有研究从侧面印证了该研究结论。有研究认为，民众的知识认知水平与风险感知之间存在相关性，公众会由于缺乏对相关知识的了解而感到恐慌，但随着对该类知识的逐渐熟悉，对风险的恐惧感就会随之减小。[②] 这意味着，在当前网络安全威胁日益严重的复杂环境下，要想提高青年群体的网络安全感，就需要在程序和实体上进一步推动公共事务参与，引导和鼓励新时代青年积极有序地参与社会公共事务和网

① 参见张燕《风险社会与网络传播：技术·利益·伦理》，社会科学文献出版社 2014 年版，第 206 页。

② 参见王娟、胡志强《专家与公众的风险感知差异》，载《自然辩证法研究》2014 年第 1 期，第 49－53 页。

络空间管理，整合多元社会力量参与互联网治理，以增加网络规制的参与度和透明度，从而实现网络空间的清朗和维持良好的秩序。

第二，媒介使用尤其是社交媒体使用直接形塑了青年群体的网络安全感。本节的研究发现，不仅报刊、广播、电视和新闻网站等传统媒介使用对青年群体的网络安全感有显著的正向预测效用，而且微博、微信等社交媒体使用对青年群体的网络安全感亦具有显著的正向促进作用，特别是社交媒体，它对青年群体网络安全感的影响力仅次于公共参与和地域因素。从简单的理论推演来看，背后的原因可能是青年群体对互联网的信任度较高导致其网络安全感的提升。但本节的研究发现，网络信任与青年群体的网络安全感之间并无显著的统计学相关关系，即互联网信任并未在媒介使用与网络安全感之间发挥作用。深层原因应该是媒介中的新闻信息影响了青年群体的网络安全感知，包括传统的大众媒体和新兴的社交媒体在内的各类媒体，均成为风险信息和安全威胁的传播者抑或是“放大器”。由此，青年群体对各类媒体的使用就会直接影响他们对网络安全的评价和感知。已有研究发现，民众使用互联网特别是社交媒体越多，他们就越可能学会规避网络风险，并保护自己的隐私信息。[①] 学者安昭宇和刘鲁川则进一步指出：“互联网用户的安全感来源于网站本身属性及网络环境，政府的法律法规、网络隐私保护技术的应用都会影响使用者的风险感知。”[②]

第三，网络安全感对青年群体的网络安全保护行为有直接的促进作用，并在间接影响着网络安全保护行为方面发挥着不容忽视的中介作用。本节的研究发现，网络安全感是非常重要的一个中介变量，它不仅对青年群体的网络安全自我保护行为有直接的推进作用，而且关于一般媒介使用和社交媒体使用对青年群体网络安全保护行为的正向影响有中介作用。同时，网络安全感还间接影响了公共事务参与和网络行政治理对青年群体网络安全保护行为的差异化。虽然在网络安全领域尚无研究直接佐证该研究发现，但是在与此相关的信息隐私保护领域，相关研究发现与此结果比较类似。罗伯特·拉罗斯（Robert Larose）认为，青年群体的隐私安全意识

---

① Yao, Mike Z. “Predicting User Concerns About Online Privacy”. *Journal of the American Society for Information Science and Technology*, 2007, 58 (5), pp. 710 – 722.

② 安昭宇、刘鲁川：《SNS 用户感知风险、感知收益与隐私忧虑间的关系》，载《数学的实践与认知》2013 年第 2 期，第 127 – 137 页。

与他们的网络隐私保护实践的卷入程度呈正相关。[①] 隐私关注度越高，就越有可能推动用户采取保护隐私的行为和其他应对措施，如编造个人信息和拒绝购物等。[②] 由此可见，网络安全感是一般媒介使用、网络行政治理和公共事务参与等因素影响青年群体网络安全保护行为的第一步和关键节点，其影响着青年群体的安全防护需求和实际行动。

第四，地域差异、网络行政治理、经济收入和民族等因素也是影响青年群体网络安全感的重要因素。除了公共事务参与和一般媒介使用等动因外，地域差异同样左右着青年群体网络安全感的波动，其影响力仅次于公共事务参与。这说明，与居住在东中部地区的青年群体相比，居住在西部省份的青年群体的网络安全感更高。本节的研究发现，网络行政治理的影响力在结构方程中居于第四，位于公共事务参与、地域差异和社交媒体使用之后。这表明，互联网管理部门开展的针对淫秽色情信息、网络谣言、网络诈骗和网络黑客的行政专项治理活动，有助于显著提升青年群体的网络安全感。值得注意的是，民族因素也制约着青年群体的网络安全感。本节研究发现，与汉族青年相比，少数民族青年群体的网络安全感更高。与之相比，经济收入则是对青年群体网络安全感影响最小的因素。尽管如此，仍然无法否认，在我国，经济收入越高的青年群体的网络安全感也越高，反之亦然。这表明，在社会主义建设的新时代，继续推进政府信息公开和深化经济体制改革，不断提高网络行政治理的透明度和民众的经济收入，有助于青年群体网络安全感及民生感的显著提升。

第五，除了网络安全感外，地域差异、公共事务参与、社交媒体使用、一般媒介使用和网络行政治理等因素对青年群体的网络安全自我保护行为亦有差异化影响。本节的研究发现，除公共事务参与对青年群体的网络安全保护行为具有负向削弱作用之外，其他变量对青年群体的网络安全保护行为具有正向促进作用。其中，社交媒体使用的影响力最大，其次是网络行政治理，地域差异、一般媒介使用和公共事务参与则分别居于其

---

① Larose R, Rifon N J. “Promoting i-Safety: Effects of Privacy Warnings and Privacy Seals on Risk Assessment and Online Privacy Behavior”. *Journal of Consumer Affairs*, 2007, 41 (1), pp. 127 - 149.

② Lwin M O, Williams J. “A Model Interpreting the Multidimensional Developmental Theory of Privacy and Theory of Planned Behavior to Examine Fabrication of Information Online”. *Marketing Letters*, 2003, 14 (4), pp. 257 - 272.

后。这表明，青年群体对社交媒体使用不仅影响着网络安全感，而且直接制约着其网络安全保护行为。如果要全面提升青年群体对网络安全威胁的应对能力，社交媒体即是重要的实施平台之一。在此过程中，还需要继续提高青年群体对网络行政治理的知悉度和对公共事务的参与度，这一系列举措均有助于鼓励和引导青年群体采取行动，以保障网络信息安全和促进网络空间的法治化发展。

第三节　新时代高校意识形态安全体系构建的理论思考*

新时代高校意识形态安全体系的构建，关系到我国社会主义办学方针政策的落实、高校立德树人根本任务的落实和高校意识形态安全工作效能的提升。高校意识形态安全体系的构建是对马克思主义意识形态教育理论的丰富，也是对马克思主义者相关理论和重要论述的继承和发展。因此，高校意识形态工作必须遵循和继承马克思主义的基本立场、基本方法和基本观点，针对制约高校意识形态安全工作的突出问题旗帜鲜明地采取有效措施，以构建高校意识形态安全体系新格局，牢牢占领高校意识形态阵地。

“意识形态工作是党的一项极端重要的工作。”① 能否做好意识形态工作事关党的前途命运、事关民族的凝聚力和向心力、事关国家长治久安。高校作为人才培养的主阵地，也是意识形态斗争的重要前沿阵地，高校意识形态安全直接影响着我们党的指导思想、国家的政治信仰、民族精神的承继和整个社会的价值导向。因此，探讨新时代高校意识形态安全体系构建问题意义重大。

一、高校意识形态安全体系构建的重大意义

习近平总书记指出：“十八大以来，国内外形势变化和我国各项事业

---

* 本节内容的作者为丁存霞和龚超，原文载于《思想教育研究》2020 年第 2 期。

① 习近平：《习近平谈治国理政：第 1 卷》，外文出版社 2014 年版，第 153 页。

发展都给我们提出了一个重大时代课题，这就是必须从理论和实践结合上系统回答新时代坚持和发展什么样的中国特色社会主义、怎样坚持和发展中国特色社会主义。”① 高校意识形态安全工作同样面临这个“重大时代课题”，其与我国社会主义办学方针政策的落实、高校立德树人根本任务的落实、高校意识形态安全工作效能的提升息息相关。

1．关系到我国社会主义办学方针政策的落实

随着我国步入“强起来”的时代，在政治、经济、文化、生态、军事、科技等领域取得了巨大成就，奋斗、团结、前进成为整个社会进步的关键词。与此同时，国外敌对势力针对我国意识形态的渗透呈现加剧的状态，高校意识形态安全工作形势严峻。以习近平同志为核心的党中央透过改革开放的实践，高瞻远瞩地看到意识形态安全工作不是一些简单的或是支离破碎的想法和观念，而是要形成一套系统化的、相对完整的思想理论体系。高校意识形态安全体系不仅要包括党中央“顶层设计”的核心要求，也要彰显高校意识形态安全内在系统的典型特征，其需要着眼于事物的整体性，遵循各个系统内部结构的有序性，用综合的思维方式来认识事物。

构建高校意识形态安全体系对于巩固党的执政地位、坚持中国特色社会主义道路、实现中华民族伟大复兴中国梦都具有重要意义。然而，由于我国高校意识形态安全体系建设尚未健全，小学、初中、高中的意识形态安全教育相对薄弱，家庭、学校、社会的意识形态安全工作一体化相对缺失，线上线下意识形态安全管理相对落后，导致高校意识形态安全工作的实效性欠佳等诸多问题，大学生的理想信念、政治信仰以及价值体系扭曲等问题仍然存在，部分大学生对担当国家未来和民族发展的历史使命仍然感到迷茫。因此，国家迫在眉睫的任务是加强高校意识形态安全体系的构建。

2．关系到高校立德树人根本任务的落实

高校是传播主流意识形态的重要阵地，承担着引导大学生树立正确的世界观、人生观、价值观，培养德智体美劳全面发展的社会主义建设者和接班人的重要责任。第二次世界大战以来，资本主义国家除了在军事、经

---

① 《党的十九大报告辅导读本》编写组编：《党的十九大报告辅导读本》，人民出版社2017年版，第18页。

济、政治等方面对社会主义国家加强控制外，还对社会主义国家进行意识形态的渗透。随着东欧剧变与苏联解体，世界格局由两极格局逐渐向“一超多强”的局面发展，资本主义国家将焦点转向世界第二大经济体的中国，并且开始发起这场“没有硝烟的战争”，同时也将高校作为思想文化渗透的重要阵地，以达到改变中国社会主义发展方向的目的。当前，我国意识形态安全面临的压力和挑战前所未有，形势极为严峻，高校作为社会思潮交融交汇的前沿阵地，是意识形态交锋的敏感地带，我们务必要时刻保持高度的敏感性以提升反应力，积极应对国内外复杂形势，在第一时间对国内外的新变化、新情况做出正确的价值评判和正面的舆论反应，引导社会舆论和价值追求符合我国社会主流意识形态的要求，以此提高国家政治影响力。整体审视我国高校意识形态安全体系构建问题，是抵御“西化”与“分化”，反演变、反渗透的战略需要，是确保国家的长治久安、坚持党的基本路线一百年不动摇的需要。正如习近平总书记指出：“面对波谲云诡的国际形势、复杂敏感的周边环境、艰巨繁重的改革发展稳定任务，我们既要有防范风险的先手，也要有应对和化解风险挑战的高招；既要打好防范和抵御风险的有准备之战，也要打好化险为夷、转危为机的战略主动战。”[①]

3. 关系到高校意识形态安全工作效能的提升

随着全球一体化的深入推进，以及中国经济社会的快速发展，国外各种社会思潮迅速涌入我国，马克思主义思潮与非马克思主义思潮彼此交织、相互激荡。由于大学生社会实践不够、认知能力不足，对于美丑善恶的评判能力不足，同时又充满激情、容易冲动，在别有用心者的蛊惑下，有的学生可能会凡事都将自我利益放在首位，对事物难辨真伪，对现实生活无所适从；同时，在一些人的怂恿之下，可能容易形成极端的个人主义，消解国家民族意识和集体主义观念。这些消极的、有害的思想意识所引发的大学生现实行为与道德表现为我们当今的高校意识形态安全工作敲响了警钟。

① 习近平：《习近平新时代中国特色社会主义思想三十讲》，学习出版社2018年版，第133页。

马克思曾说："环境正是由人来改变的，而教育者本人一定是受教育的。"① 社会环境的改变必然影响生活在这个社会环境中的人群，信息传播方式的变革必然影响高等教育方式。在网络时代，新媒体广泛融入高校师生的日常学习和生活中，也引发高校意识形态工作发生历史性变革。然而，高校意识形态安全工作存在的主客体协同工作失衡、全员育人理念落实不到位、实践教育较少贴近生活、预警机制不健全等问题影响了大学生意识形态安全教育的效果，要想解决这些问题，务必要加强高校意识形态安全体系的构建。不仅要推进中国特色社会主义意识形态的落地生根，更要考虑高校自身的特色优势，确保党和国家的政治信仰如春风化雨般"润物细无声"地融入大学生的日常学习与生活中，增强他们科学认识世界的能力、全面发展的能力。

二、高校意识形态安全体系构建的理论依据

新时代高校意识形态安全体系的构建，既是对马克思主义意识形态教育理论的丰富，也是对马克思主义者的相关理论和重要论述的继承和发展。

1．意识形态具有鲜明的阶级属性

马克思、恩格斯、列宁对意识形态安全问题在社会主义革命和建设中的重要地位，做出了开创性思考。在《德意志意识形态》中，马克思指出："一个阶级是社会上占统治地位的物质力量，同时也是社会上占统治地位的精神力量。支配着物质生产资料的阶级，同时也支配着精神生产资料，因此，那些没有精神生产资料的人的思想，一般是隶属于这个阶级的。"② 所以，统治阶级的道德在社会中占据着统治地位，并通过各种手段向被统治阶级灌输和渗透各种道德思想。因此，道德具有鲜明的阶级性，人们的阶级地位决定着其道德意识和道德标准。

为了改变自己的地位，被统治阶级必然会产生对立的道德观念，确立

---

① 马克思、恩格斯：《马克思恩格斯全集：第3卷》，中共中央马克思恩格斯列宁斯大林著作编译局译，人民出版社1960年版，第4页。

② 马克思、恩格斯：《马克思恩格斯选集：第1卷》，中共中央马克思恩格斯列宁斯大林著作编译局译，人民出版社2012年版，第178页。

自己的道德准则，并逐步通过各种途径、方法宣传自己的观点和思想，从而壮大同盟队伍，打破统治阶级强加在他们身上的精神枷锁。所以，要想使全社会的人们普遍意识到共产主义意识，继而认清自己的现实处境并对未来充满信心，这一切“只有在实际运动中，在革命中才有可能实现”①。“革命之所以必需，不仅是因为没有任何其他办法能推翻统治阶级，而且还因为推翻统治阶级的那个阶级，只有在革命中才能抛掉自己身上的一切陈旧的肮脏东西，才能建立社会的新基础。”② 正是在这个意义上，列宁把意识形态理解为无产阶级的科学意识形态，改变了马克思、恩格斯在《德意志意识形态》中对意识形态概念的贬义使用。这种改变进一步表明无产阶级要想维护自己的利益，就必须通过运用意识形态工具来动员被剥削阶级推翻压迫者，从而确定自己的统治地位。

2. 意识形态安全教育成为必然

任何在社会中流行的哲学思想、伦理观念，以及文学艺术和宗教、法律、思想，甚至一个民族的文化修养等社会意识，都会对教育产生重大影响：社会意识既直接作用于教育实践，促使教育内容、教育方式方法的改变，也影响到教育的观念形态。反之，教育的变化对诸种形态的社会意识也会产生一些的作用，其中，对意识形态的影响尤为明显。意识形态作为一种社会上层建筑，是人们行为规范准则的总和，引导人们对是非善恶、好坏美丑、荣誉耻辱的评价。在阶级社会里，意识形态始终是本阶级的意识形态。马克思说：“不管阶级对立具有什么样的形式，社会上一部分人对另一部分人的剥削却是过去各个世纪所共有的事实。因此，毫不奇怪，各个世纪的社会意识，尽管形形色色、千差万别，总是在某种共同的形式中运动的，这些形式，这些意识形式，只有当阶级对立完全消失的时候才会完全消失。”③ 这里需要从两个方面来看待：一方面，意识形态具有继承性。人类社会共同性的意识形态被一代代人继承与吸收后，表现为当代社会阶级的意识形态。因此，每一个社会阶级的意识形态都包含为这个阶级所接受，并对之有利的人类意识形态。另一方面，我们也要充分认识

---

① 马克思、恩格斯：《马克思恩格斯全集：第3卷》，中共中央马克思恩格斯列宁斯大林著作编译局译，人民出版社1960年版，第78页。

② 马克思、恩格斯：《马克思恩格斯全集：第3卷》，中共中央马克思恩格斯列宁斯大林著作编译局译，人民出版社1960年版，第78页。

③ 马克思、恩格斯：《共产党宣言》，人民出版社2014年版，第49页。

到，在资本主义阶级社会中，阶级对立既不会自然生成，也不会自然消亡。因此，需要无产阶级引领民众并开展先进的共产主义意识形态教育，使人类意识形态能够摆脱阶级的影响且作为整个社会的上层建筑而独立存在。

3．对共产主义新人开展意识形态教育

马克思特别重视对共产主义新人的意识形态教育，他认为共产主义新人是“人民生命的源泉”。而在当时，“赤贫现象以加速度产生着赤贫现象，犯罪行为也随着赤贫现象的增长而增长”[①]，无产阶级群体日益堕落，依靠这样的群体显然无法完成共产主义事业。因此，必须培养共产主义的“新人”，培养能够把社会革命化、能够把生产关系和交往形式置于新经济基础之上的新人。这些新的生活方式之上的新人就是“将在德国形成的共产主义无产者”[②]，他们将同传统的所有制关系和由此而产生的传统观念实行最彻底的决裂。

在1866年起草的《临时中央委员会就若干问题给代表的指示》中，马克思进一步呼吁把教育和工人阶级乃至全人类的解放联系起来。他说：“工人阶级中比较先进的那部分人则完全懂得，他们阶级的未来，因而也是人类的未来，完全取决于新一代工人的成长。”[③] 马克思积极倡导把儿童和少年的意识形态教育和劳动结合起来，并在《资本论》中认为，“未来教育对所有已满一定年龄的儿童来说，就是生产劳动同智育和体育相结合，它不仅是提高社会生产的一种方法，而且是造就全面发展的人的唯一方法”[④]。

因此，马克思强调教育对人的全面发展的作用。当18世纪的农民和手工工场工人被吸引到大工业以后，他们改变了自己的整个生活方式而完全成为另一种人。但是，“用整个社会的力量来共同经营生产和由此而引

---

① 马克思、恩格斯：《马克思恩格斯全集：第21卷》，中共中央马克思恩格斯列宁斯大林著作编译局译，人民出版社1965年版，第367－368页。

② 马克思、恩格斯：《马克思恩格斯全集：第47卷》，中共中央马克思恩格斯列宁斯大林著作编译局译，人民出版社2004年版，第435页。

③ 马克思、恩格斯：《马克思恩格斯全集：第21卷》，中共中央马克思恩格斯列宁斯大林著作编译局译，人民出版社2003年版，第270页。

④ 马克思、恩格斯：《马克思恩格斯选集：第2卷》，中共中央马克思恩格斯列宁斯大林著作编译局译，人民出版社2012年版，第230页。

起的生产新发展，需要一种全新的人，并将创造出这种新人来”①。

三、新时代高校意识形态安全体系构建理路

新时代高校意识形态安全工作不仅要固本强基、研判风险，坚持和巩固马克思主义的指导地位，更要落实责任、同心合力，共同完成高校意识形态工作的体系化建设。

1. 固本强基：坚持和巩固马克思主义的指导地位

国家意识形态是一个国家的精神内核，意识形态本质上是国家现象。党的十九大报告明确指出：“要加强理论武装，推动新时代中国特色社会主义思想深入人心……落实意识形态工作责任制，加强阵地建设和管理，注意区分政治原则问题、思想认识问题、学术观点问题，旗帜鲜明反对和抵制各种错误观点。”② 我国作为社会主义国家，经济基础决定上层建筑，社会主义意识形态在我国意识形态领域中处于主导地位。而维护高校意识形态安全的实质就是：增强马克思主义意识形态在高校的建设和发展，保障马克思主义在高校意识形态领域中的主导地位，为中国特色社会主义事业发展提供健康稳定的舆论环境。基于新时代存在的多种潜在风险因素，维护与保障我国意识形态安全需要加强党对教育工作的全面领导，加强马克思主义阵地建设。

改革开放以来，我国经济迅速发展，综合国力日益强大，西方国家逐渐感受到来自我国的“威胁”，把我国的发展壮大视为对其价值观和制度模式的巨大挑战，不断对我国进行思想文化入侵和意识形态渗透。因此，必须坚持以马克思主义意识形态来教育和武装全党，保持党的先进性、纯洁性和思想统一性。要站在党的前途命运的高度，做好网络社会意识形态的管理工作，坚持和巩固马克思主义在意识形态领域的指导地位，把党的意识形态转化为国家的意识形态及全社会的意识形态，使党的理论信仰、价值观念、理想目标、执政理念、施政方略、政策主张成为社会成员的共识，引导人民全面地贯彻与执行党的路线、方针和政策。

---

① 马克思、恩格斯：《共产党宣言》，人民出版社2014年版，第89页。

② 《党的十九大报告辅导读本》编写组编：《党的十九大报告辅导读本》，人民出版社2017年版，第41页。

2. 研判风险：全面分析当前意识形态安全面临的主要问题

资本、网络的全球化、信息化是当今世界发展的大趋势，这既是一种历史的必然，也是资本主义意识形态国际化的重要手段。在全球化视域下，西方资本主义国家通过直接的意识形态攻击与威胁、文化渗透与诱导、在他国培植急先锋等多种方式，来达到资本主义政治全球化、文化全球化、意识形态全球化的目的。随着互联网信息、数字化新媒体等逐渐成为美国等西方资本主义国家社会思潮输出的重要平台，以及我国面临网络意识形态理论发展不完善、互联网技术滞后、网络意识形态战略战术不佳等问题，网络社会意识形态发展的内外环境遭遇巨大挑战。网络空间已然成为西方敌对势力对我国进行意识形态渗透的主要阵地。

面对世界范围内网络安全威胁日益突出的客观形势，党的十八大以来，以习近平同志为核心的党中央从维护我国主权安全、社会安定、人民幸福的角度出发，统筹国内国际两个大局，形成了网络意识形态安全思想，并积极推进网络强国建设。具体而言，一是注重顶层设计，确立基于总体国家安全观的网络强国战略；二是推动技术革新，实施以核心技术和人才培养为主要内容的创新驱动发展战略；三是完善制度保障，推进网络空间法治化与规范化建设；四是加强国际合作，共建“网络空间命运共同体”。

3. 落实责任：牢握高校意识形态工作领导权

在第二十三次全国高等学校党的建设工作会议上，习近平总书记指出：“强化思想引领，牢牢把握高校意识形态工作的领导权。”[①] 在2018年全国教育大会上，习近平总书记强调：“加强党对教育工作的全面领导，是办好教育的根本保证。”[②] 这就要求教育领域中的各主体必须始终坚决维护党中央权威和集中统一领导，教育部门以及学校必须在政治立场和方向上与党中央保持高度一致，坚守党的原则、贯彻党的方针路线。同时，各级教育部门和各学校党委要履行好管党治党主体责任，关心教育、熟悉教育业务，不断提高业务水平。学校是党和国家培养社会主义建设者

---

① 《习近平就高校党建工作作出重要指示强调　坚持立德树人思想引领加强改进高校党建工作》，见新华网（http://www.xinhuanet.com//politics/2014-12/29/c_1113817752.htm）。

② 《习近平在全国教育大会上强调　坚持中国特色社会主义教育发展道路 培养德智体美劳全面发展的社会主义建设者和接班人》，载《人民日报》2018年9月11日。

和接班人的重要场域，只有坚定不移地坚持党的领导，才能发挥学校党组织教书育人的战斗堡垒作用；只有强化党的领导，才能使学校党组织成为全体师生最信赖的港湾。高校思想政治工作和意识形态工作为推进新时代教育现代化和办好人民满意的教育提供了思想政治保证。把握意识形态工作领导权，加强学校思想政治工作是全面落实党中央关于意识形态工作责任制要求的根本遵循。

4. 同心合力：高校意识形态工作的体系化构建

一个国家的意识形态安全保障，需要社会全体成员的积极配合和主动参与。我们必须“加强国家安全教育，增强全党全国人民国家安全意识，推动全社会形成维护国家安全的强大合力”①。高校要想加强意识形态安全工作，就必须坚持“一盘棋”工作导向，党委要充分调动各部门共同参与，各领域意识形态工作要始终与党委中心的工作同频共振、同心同向。意识形态教育工作是一项系统复杂的工程，需要学校教育、家庭教育与社会教育密切关联、携手共进。具体表现为：宏观上，我们要从统筹维护国内外意识形态安全、明确国内治理主体责任的角度进行综合思考，强调凝聚合力、协同共治的系统布局。微观上，要细化意识形态工作举措，把意识形态工作融入大学生学习和生活的各个方面；优化育人环境，推进全方位育人，构建思想政治理论课、综合课、专业课三位一体大课程；构建文化、实践、网络三位一体意识形态工作大空间。

---

① 《党的十九大报告辅导读本》编写组编：《党的十九大报告辅导读本》，人民出版社 2017 年版，第 49 页。

第六章　中华民族共同体意识培育

习近平总书记关于“要在各族群众中牢固树立正确的祖国观、民族观，弘扬社会主义核心价值体系和社会主义核心价值观”[①]，“建设各民族共有精神家园，积极培养中华民族共同体意识”[②] 的重要论述，从新时代民族观教育与铸牢中华民族共同体意识的价值共生性出发，全面阐释了解决民族问题的具有中国特色的工作思路，系统地明晰了民族团结进步教育的战略地位，成为新时代开展民族观教育、铸牢中华民族共同体意识、促进民族交往交流交融的行动指南。

马克思主义民族观以批判性和建构性的统一、实践性与发展性的辩证，通过对时代的回应、现实的介入和社会的改造，阐释了马克思主义关于民族问题的根本看法，由此构成了民族观教育的指导思想和重要内容。作为社会再生产的“文化形式”，民族观教育的重点诠释与时代发展共律动。引导时代新人树立正确的民族观在现阶段的“表达性语言”和“根本性对话”，以及解决民族问题指导原则和解释方案的运用，指向了民族观教育的重要地位、核心内容与实践推进。优化民族观教育的结构性效用，有赖于时代新人创造性思维的开发和国民教育全过程的贯通，以“石榴籽”话语的结构性表达、“五个认同”内容的结构性统摄、“内外化”方式的结构性链接，促进传播话语、教育内容、型构方式协同的系统整合。共同建设中华民族的“共建”意识、共同发展中华民族的“共担”意识、共同享有中华文化和发展成果的“共享”意识，以“共建—共担—共享”的层次链接，阐发了中华民族共同体意识的系统性内涵。

---

① 《习近平在第二次中央新疆工作座谈会上强调：坚持依法治疆 团结稳疆 长期建疆 团结各族人民建设社会主义新疆》，载《人民日报》2014 年 5 月 30 日。

② 《筑牢中华民族共同体的思想基础——二论学习贯彻习近平中央民族工作会议重要讲话精神》，载《人民日报》2014 年 10 月 10 日。

第一节　民族观教育与铸牢中华民族共同体意识*

民族观是人们对民族、民族关系和民族问题的根本看法，中华民族共同体意识是反映中华民族共同体存在的社会意识。在现实性上，正确的民族观以中华民族共同体意识的铸牢指向了担当民族复兴大任时代新人培育的逻辑起点。作为世界观的重要组成部分，一定的民族观是一定阶级制定民族制度、纲领、政策的指导原则和理论依据；作为中华民族共同体客观世界在民族成员头脑中的主观映像，中华民族共同体意识强调包括 56 个民族在内的表现在共同文化之上的共同心理素质和特殊的历史文化联系。

一、批判性与建构性、实践性与发展性：马克思主义民族观的理论特质

马克思主义民族观是马克思主义的重要组成部分，是历代马克思主义者的思想结晶，也是贯穿民族观教育的指导思想和重要内容。在现实性上，理论体系要具有鲜明的时代性，马克思、恩格斯所提出的关于民族问题基本思想的实际运用，“正如《宣言》所说的，随时随地都要以当时的历史条件为转移”①。对时代的回应、对现实的介入、对社会的改造，不仅构成了马克思主义民族观批判与建构、实践与发展的对象性活动，而且构成了马克思主义民族观直接现实性作用的基础。

“在批判中建构，在建构中批判”，始终是马克思主义民族观的重要阐释方式。马克思主义民族观对民族和民族关系发展规律的深刻揭示，是无产阶级了解、认识民族与民族问题的经验总结和理论升华，蕴含着批判性与建构性的统一。在马克思那里，对现存事物肯定性理解的辩证法，逻辑性地包含了批判的环节，以及对现存事物否定性的理解；在本质上不崇

---

* 本节内容的作者为詹小美和李征，原文载于《思想理论教育》2019 年第 1 期。

① 马克思、恩格斯：《马克思恩格斯选集：第 1 卷》，中共中央马克思恩格斯列宁斯大林著作编译局译，人民出版社 1995 年版，第 248 页。

拜任何东西的辩证法，逻辑性地包含了建构的指向，以及在批判旧世界的过程中发现新世界的律动。与资产阶级民族观的唯心主义和形而上学底色相较而言，马克思主义民族观以辩证唯物主义和历史唯物主义的立场、观点、方法去认识民族和民族问题，去审视和处理民族关系。从“实然”民族问题的“否定”，到民族问题解决方略“应然”的“肯定”，开启了从事实走向价值、从经验走向理念、“从实践中来到实践中去”的否定之否定。正如马克思所指出的那样：“批判的武器当然不能代替武器的批判，物质力量只能用物质力量来摧毁。”[①] 正是在批判资产阶级民族观以民族虚无主义将各民族区分为“优等民族”和“劣等民族”的基础上，马克思主义民族观提出了各民族一律平等的思想，指出民族问题与民族存在如影随形，它是社会总问题的一部分；各民族应实现平等和联合，先进民族应帮助落后民族。

“在实践中发展，在发展中实践”，始终是马克思主义民族观与时俱进的重要特质。实践性是马克思主义民族观理论诠释的逻辑起点，发展性是马克思主义民族观理论效应的作用基质。从主体走向客体、接受实践检验，构成了马克思主义民族观影响“感性世界”的客观性基础；从历史走向现实、回应时代课题，则构成了马克思主义民族观融入时代发展的历时态前提。马克思认为，“哲学家们只是用不同的方式解释世界，问题在于改变世界”[②]，将主观见之于客观的对象性活动引入无产阶级解决民族问题的实践，在事实上搭建了与价值彼此交互的桥梁。正如恩格斯所指出的那样：“马克思的整个世界观不是教义，而是方法。它提供的不是现成的教条，而是进一步研究的出发点和供这种研究使用的方法。”[③] “与时俱进”代表了马克思主义民族观特有的开放性和创新性，随时间的延续、时代的变迁、时机的消长而发展变化的理论，往往是与新的社会实践相结合、与新的情况相适应的理论。由此出发，实践性和发展性的统一，以主客体相互作用的哲学范畴、实践观点和实践行为的现实交互、创造精神与

---

① 马克思、恩格斯：《马克思恩格斯选集：第1卷》，中共中央马克思恩格斯列宁斯大林著作编译局译，人民出版社1995年版，第9页。

② 马克思、恩格斯：《马克思恩格斯选集：第1卷》，中共中央马克思恩格斯列宁斯大林著作编译局译，人民出版社1995年版，第57页。

③ 马克思、恩格斯：《马克思恩格斯文集：第10卷》，中共中央马克思恩格斯列宁斯大林著作编译局译，人民出版社2009年版，第691页。

创造能力的密切结合，指谓了在实践中马克思主义民族观对社会发展、世界交往、理论创新永无止境的深度回应。

作为民族观教育的指导思想，马克思主义民族观在批判与建构、实践与发展的过程中，以现实对传统的追溯凸显了其开放性和革命性的本质。理论的时代性，取决于研究对象的时代特征和对时代问题的回答程度。作为马克思主义民族观的奠基者，为解决资本主义自由竞争时代的民族问题，马克思、恩格斯创立了无产阶级民族观的理论体系，他们的论述几乎涉及民族、民族问题、民族关系的所有基本问题。英国的宪章运动、1848年欧洲革命、国际工人协会成立、巴黎公社革命，构成了19世纪以来风起云涌的工人运动；爱尔兰、波兰、匈牙利、意大利等国的民族问题，印度、中国、波斯等国的民族斗争，构成了方兴未艾的被压迫民族解放运动。这两方面相互交织的特定历史条件，深刻影响了马克思主义民族观的叙事方式和阐释基础。在帝国主义阶段，“在各先进国家里，资本的发展已超出了民族国家的范围”[①]。与民族运动联系在一起，资本主义彻底战胜了封建主义，进而使“民族运动第一次成为群众性运动”，民族国家成为“保证资本主义发展的最好条件”[②]。着眼于民族问题错综复杂的俄国国情，以及被压迫民族的普遍觉醒，列宁在领导无产阶级进行革命斗争和社会主义建设的过程中，致力于民族国家理论的研究，提出了社会主义国家解决民族问题的指导原则，进一步凸显了马克思主义民族观的理论特质。

关于民族构成的条件和民族起源，经典作家们都提到了共同地域、语言、民族性格、共同心理素质等要素，通过聚焦“从部落发展成为民族和国家”的过程与组织特征，诠释了民族形成的物质文化条件；基于从现存所有制引发民族问题的现实情况，马克思提出“人对人的剥削一消灭，民族对民族的剥削就会随之消灭。民族内部的阶级对立一消失，民族之间的敌对关系就会随之消失”[③] 的论断；在与普鲁东派的论战中，马克思对不同时代的民族运动和民族原则进行了历史的分析和批判；在对民族

---

① 列宁：《列宁全集：第22卷》，人民出版社1980年版，第137页。

② 列宁：《列宁选集：第2卷》，人民出版社1995年版，第374－375页。

③ 马克思、恩格斯：《马克思恩格斯选集：第1卷》，中共中央马克思恩格斯列宁斯大林著作编译局译，人民出版社1995年版，第291页。

内部结构和民族同化规律进行阐释的基础上，马克思指出，“各民族之间的相互关系取决于每一个民族的生产力、分工和内部交往的发展程度”[①]，历史上，民族同化的现象也是由经济情况所决定的。关于帝国主义阶段的民族问题，列宁将“民族生活和民族运动的觉醒”，“民族间各种联系的发展、民族壁垒的破坏、国家统一的形成”，视为资本主义的世界规律；帝国主义列强将世界划分为压迫和被压迫国家，因此必须区分压迫和被压迫民族，以及它们各自不同的任务。关于社会主义国家解决民族问题的指导原则，列宁提出了夺得国家政权的无产阶级不仅要在形式上实现民族平等，更要达到事实上的民族平等的思想；必须慎重对待民族感情，消除不信任心理，没有什么比对待民族不公平更能阻碍无产阶级团结、发展和巩固的思想；民族区域自治是通过和运用“自治”这一“杠杆”解决民族问题、满足民族当家作主的政治要求的思想。

作为马克思主义民族观中国化的开拓者，在回应新民主主义革命、社会主义建设、改革开放、经济全球化和移动互联网时代挑战的实践中，中国共产党历代领导人提出了处理民族关系、解决民族问题的政策和策略。多民族国家是中国的基本民族问题，大杂居、小聚居是中国民族的基本状况，这构成了毛泽东民族工作思想的基本判断；肯定“各个少数民族对中国的历史都作过贡献”[②] 的事实，把发展民族地区经济、改善少数民族生活作为解决民族问题的根本任务，构成了毛泽东对“大汉族主义民族观”和“地方主义民族观”批判的基础。进入新时代后，“民族问题的存在是长期的历史现象，处理民族问题是长期的历史过程”[③]，构成了习近平总书记对民族工作的基本认识；“五个并存”引发的民族工作的长期性、艰巨性和重要性，构成了习近平总书记拓展民族工作思路生发的时代场景；对中国共产党民族工作经验的历史总结、创新发展马克思主义民族观、对当前及今后一个时期民族工作形势的准确把握和科学判断，构成了习近平总书记提出处理民族关系、解决民族问题的新思想、新原则、新观点。

---

① 马克思、恩格斯：《马克思恩格斯选集：第1卷》，中共中央马克思恩格斯列宁斯大林著作编译局译，人民出版社1972年版，第25页。

② 毛泽东：《毛泽东文集：第7卷》，人民出版社1999年版，第33页。

③ 国家民族事务委员会：《中央民族工作会议精神学习辅导读本》，民族出版社2015年版，第35页。

关于民族平等和民族团结，中国共产党历代领导人均将其视为处理民族关系、解决民族问题的基本原则。在毛泽东那里，民族平等和民族团结的真正实现得益于民族地区经济和社会的发展，因此“我们国家的民族政策，是繁荣各民族的政策”[①]，并在法律上、制度上和政策安排上注重对少数民族干部的培养；着眼于中华民族多元一体的历史传统，以及在自然同化和民族融合基础上形成的多民族国家理念，毛泽东提出了民族区域自治的思想，强调以少数民族聚居的地区为基础，建立相应的自治机关并使其行使自治权。关于新时代处理民族关系和开展民族工作的指导原则，习近平总书记指出，坚持中国特色社会主义道路、坚持党的领导，是解决民族问题的根本道路和政治保障，强调民族工作必须与新时代总任务辩证统一，同心同德为实现“两个一百年”奋斗目标而努力；从民族区域自治的历史价值、现实意义和创新发展阐述民族政策的源头，强调统一与自治相结合、民族因素与区域因素相结合；坚持民族团结是各族人民的生命线，充分认识“我国各族人民同呼吸、共命运、心连心的奋斗历程是中华民族强大凝聚力和非凡创造力的重要源泉”[②]，强调“像石榴籽一样紧紧抱在一起”[③]，推进民族地区的跨越式发展，促进各民族交往交流交融。

二、铸牢中华民族共同体意识：民族观教育的现实指向

作为人类的再生产的文化形式，教育指向社会领域中文化生产的再分配，这种分配与教育内容重点阐释的时代发展共律动，强调教育对现实回应的社会关系调整与资源配置整合。民族观教育作为马克思主义教育的重要组成部分，它在具体时代教育内容重点的现实指向，指谓“一切发展，不管其内容如何，都可以看作一系列不同的发展阶段”，以及“以一个否

① 中共中央文献研究室：《建国以来重要文献选编：第10册》，中央文献出版社2011年版，第453页。

② 《习近平总书记给中央民族大学附属中学全校学生的回信》，载《人民日报》2013年10月7日。

③ 习近平：《决胜全面建成小康社会 夺取新时代中国特色社会主义伟大胜利——在中国共产党第十九次全国代表大会上的报告》，载《人民日报》2017年10月28日。

定另一个的方式彼此联系着”[1] 的时代特质。现阶段，马克思主义民族观教育以“画最大的同心圆”的思想，凸显了铸牢中华民族共同体意识与民族观教育的价值联系和价值共生。两者目标契合、关系共演、培育向度一致，在相互循环建构的场域中强化民族团结进步教育，促进民族交往交流交融。在实践中，民族观教育与铸牢中华民族共同体意识的结合，强调了社会再生产的教育以“文化形式”指涉的“表达性语言”和“根本性对话”，以及在解决民族问题指导原则和解释方案诠释中的具体运用。受此影响，引导时代新人树立正确的民族观，不仅在于建构其上的价值情景创设，延展于民族观教育的共同体承载，而且在于二者互动的基质，拓展于时代新人培育与共同体生活归属的共鸣，进而使意义建构的集合在新形势下的“共在”与“共通”深化于民族复兴的旨归和责任担当的“共义”。

作为人类共同体形式最稳定的部分，民族共同体不仅强调共同地域之上表现为共同文化的历史基因和族群血脉，而且强调一定意义上的契约关系的社会化过程。阐发人们之间的内在结合、诠释生存方式和生活样式的民族意涵，指向了情感、信念、价值的共享状态。其所生成的安全感、确定性和归属感，从稳定的社会历史联系注解了民族共同体的内聚性。这种影响民族观形塑的共同体方式，强调了一种“原始的或者天然的状态”[2]，不仅指涉了共同体通过相互结合所形成的“现实的和有机的生命”，而且指涉了“共同体的理论出发点是人的意志完善的统一体”[3]。透视民族共同体与民族观教育的联系，反映这种存在的民族观念、民族思想、民族目标，以及解决民族问题的理论依据与指导原则，更是以共同精神和情感基础的民族阐析，明晰了泰勒所论证的“本质意志”。

中华民族的特殊构成，造就了中华民族多元一体的特殊性质。这种特殊性决定了中华民族是一个政治共同体、经济共同体和文化共同体。民族结构和民族利益深层表达的多元一体，不仅是一个广泛的共识，而且是一个经思想论证、发展演化和社会普遍承认的符号化能指。它不仅强调作为

---

① 马克思、恩格斯：《马克思恩格斯选集：第1卷》，中共中央马克思恩格斯列宁斯大林著作编译局译，人民出版社1972年版，第169页。

② ［德］滕尼斯：《共同体与社会》，林荣远译，北京大学出版社2010年版，第48页。

③ ［德］滕尼斯：《共同体与社会》，林荣远译，北京大学出版社2010年版，第48页。

自觉的、自为的民族实体的客观性存在，而且强调在重塑和再造的过程中延伸一以贯之的意义；不仅强调从传统到现今民族融合发展的脉络，而且强调有别于西方古典民族主义理论所标榜的历史文化特征。反映这种共同体存在的民族观教育，在客观上呈现了同等身份与特质的人们，在自然基础、历史和思想积淀之上建立的联合，注解了共同语言、共同地域、共同经济生活、共同心理素质等所承载的民族成员本能、习惯和记忆，以及自觉自愿、和睦共处、平等互助在民族关系阐释和民族问题解决中的基本范式。

在现实性上，铸牢中华民族共同体意识，指向了民族观教育的重要地位。中华民族成员和中国公民国族身份的整体性表达是中华民族共同体意识生发的产物，铸牢中华民族共同体意识就是这种民族平等、情感皈依、交往自觉历史演化的现实强调，是“谁也离不开谁”的民族成员心理认同的时代诠释。事实上，民族归属感的形成不仅能助益于民族成员水乳交融、唇齿相依、休戚相关的社会氛围营造，而且能助力于中华民族平等和谐、守望相助、荣辱与共的命运共同体力量汇聚。马克思所提出的“先进”帮“后进”的民族平等理论、列宁关于社会主义国家必须在形式和事实上实现民族平等的思想、习近平关于民族团结是各族人民生命线的观点，更是在现实性上发挥着新时代民族观教育影响“五个认同”心理基础的前瞻性作用。由此出发，铸牢中华民族共同体意识，指涉以价值研判和利益自觉对自我意识与群体意识所集聚的归属意识。现阶段，民族观教育对交错杂居民族分布历史渊源同一性的彰显、兼收并蓄文化交融延续性的强调、相互依存经济关系和利益共享政治关系阐发的情感亲和，都承载着“中华民族一家亲，同心共筑中国梦”① 的共同体意识表达。其生发的基本国情和发展脉络阐析、历史基点和理论根基诠释，以中华民族共同体意识的价值体现和民族观教育的目标旨归，指谓了新时代民族观教育的重要地位。

铸牢中华民族共同体意识，指向了民族观教育的核心内容。就中华民族共同体意识的内容层次而言，命运与共意识、文化共生意识、心理认同意识、守望相助意识，共同诠释了共建中华民族、共享中华文化、“你中

---

① 《习近平在会见基层民族团结优秀代表时强调：中华民族一家亲 同心共筑中国梦》，载《人民日报》2015 年 10 月 1 日。

有我、我中有你”、团结互助的价值内涵。其“共建”“共享”“共担”的作用范式，彰显了各族人民人心相聚、精神相依的现实互动，表征了尊重差异、包容多样在实现中华民族伟大复兴中的一体增进。中国境内各民族一律平等的思想是新中国诞生之初的基本国策和基本原则，并在我国的《中华人民共和国宪法》中得到体现并实行至今。民族观教育所强调的、通过国家宪法和法律形式所赋予的56个民族在政治、经济、文化等一切领域平等权利的共享，体现了“要把建设各民族共有精神家园作为战略任务来抓”[①] 的民族工作宗旨。由此出发，培育中华民族共同体意识，“一体是主线和方向，多元是要素和动力，两者辩证统一”[②]。它以中华民族共同体意识的铸牢，推动“正确认识我国民族关系的主流，多看民族团结的光明面”[③] 的人心工程。普遍性与特殊性结合、民族性与区域性结合的论域审视，更是在现实性上关注区域地理、人文条件和发展程度的多样性，聚焦民族观教育所面临的“六区”（资源富集区、水系源头区、生态屏障区、文化特色区、边疆地区、贫困地区）层叠的差异性，透视中华民族大家庭的基本国情，指谓了新时代民族观教育的核心内容。

铸牢中华民族共同体意识，指向了民族观教育的实践推进。共同体意识植根于中华文化的深层基因，表征于政治观念整合、经济利益调适、制度绩效认可与价值共识达致的自觉。这种经道路自觉、理论自觉、制度自觉、文化自觉所形塑的民族成员自觉，构成了新时代铸牢中华民族共同体意识的效用阐发。基于共同体生活观念形态社会化过程的价值导引，中华民族共同体意识以主观能动和客观规律遵循相结合的关系，表征了“自觉”所强调的目的性、意向性和对象性。受此影响，中国特色社会主义道路自信、理论自信、制度自信、文化自信的民族观教育内容诠释，不仅要在文化上把握“认同中华文化和认同本民族文化并育不悖”的本质，直面多元一体的复合型民族文化的特性；而且要在政治上提高把握方向、立场、观点的政治鉴别力和政治敏锐性，直面民族问题多层次释放的复杂

① 《中央民族工作会议暨国务院第六次全国团结进步表彰大会在北京举行》，载《人民日报》2014年9月30日。

② 国家民族事务委员会：《中央民族工作会议精神学习辅导读本》，民族出版社2015年版，第29页。

③ 国家民族事务委员会：《中央民族工作会议精神学习辅导读本》，民族出版社2015年版，第10页。

性、重要性和敏感性。这就有赖于民族观教育基于价值心理、价值态度和价值行为的逐层推进，有赖于中国道路、中国精神和中国力量对民族身份归属、理性自觉明晰和责任关系养成的确证。铸牢中华民族共同体意识以“四个自信”在物质形态和观念形态相辩证的内化和外化中，以自信与自觉的统一、科学性与价值性的肯定、合目的性与合规律性的契合，通过否定之否定的相互循环建构，推进民族成员对中国共产党执政规律、社会主义建设规律和人类社会发展规律的认识，指谓了新时代民族观教育的实践推进。

三、优化话语、内容与方式：民族观教育的系统整合

提升民族观教育的结构性效应与民族观教育的系统性整合联系在一起。引导时代新人树立正确的民族观，从整体与部分相互依赖、相互制约的关系出发，优化民族观教育的话语、内容与方式。应在社会再生产的过程中，将各子系统的特性放到大系统中去权衡，将小系统目标的协同置于民族观教育整体目标下去统摄。审视系统整合之传播话语、教育内容与型构方式的整体特征和作用规律，从根本性上优化平整与平衡相结合的协同路径。其中，话语整合是“言语”和“语言”传播形态作用的结果，作为民族观教育的价值表达和言语方式，话语整合以说话人、受话人、文本、沟通、语境等基本要素的互动，强调教育语境中基于“文本”媒介而展开的沟通活动；内容整合是民族观教育内涵、教育旨归、教育目标对民族、民族关系、民族问题的系统阐释和问题聚焦；方式整合是民族观教育方法、教育过程、教育形式的范式创立与濡化模式的集聚。

民族观教育的系统整合在于更有效地开发教育对象的创造性思维。“自我和自我观是在一定的文化中形成的，由文化决定的。”[①] 民族观教育的这种社会化过程，不仅强调民族观教育内容的历史建构，而且强调以一定方式聚合的教育、激励和塑造的结果。正因为整合的目的不仅要见“物”，更要见“人”，这种通过文化对自我的塑造，更深刻地蕴含在民族观教育的文化内涵和文化形式里。受此影响，无论是话语、内容还是方式

① 刘进田：《文化哲学导论》，法律出版社1999年版，第411页。

整合的优化，“不应当只从它是个人肉体存在的再生产这方面加以考察。它在更大程度上是这些个人的一定的活动方式，是他们表现自己生活的一定方式、他们的一定的生活方式”[①]。因而，民族观教育的系统整合，应立足于文化塑造个体的过程，一方面，要依据马克思主义民族观一以贯之的思想观点，统摄民族观教育的话语、内容和方式，给予总体性的整合和吸收；另一方面，又应当依据具体的时空条件和发展要求，整合教育的人文意义，提升教育的获得感和满足感。具体来说，须以重大活动和历史事件为契机，强化民族观教育的记忆建构、重回经典和自发移情；以先进典型为载体，通过示范、教化和凝聚，激发民族观教育的“名牌效应”；以信息传播互动过程的双向反馈为依托，形塑民族观教育的符号环境媒介，促进人际传播、群体传播、组织传播和大众传播。

民族观教育的系统整合在于更有效地贯穿国民教育全过程。国民教育是全民教育和全程教育的统一，包括家庭教育、学校教育和社会教育等基本形式。其中，家庭以民族观念萌发的源头构成了民族观教育的起始点，学校以世界观、人生观、价值观养成的重要场所构成了民族观教育的主阵地，社会以群众参与、实践活动展开的重要渠道构成了民族观教育的大课堂。民族观教育是国民教育的核心内容，通过国民教育培养民族成员对民族、民族关系、民族问题的正确认识，以马克思主义的基本观点审视民族问题解决的基本原则和发展道路，这在价值性上诠释了民族观教育系统整合的意义。因此，民族观教育自产生之日起就与国民教育密不可分，这是一种带有鲜明民族特色和政治色彩的民众教育。在现实性上，提升民族观效用的系统整合是一项长期的社会工程，须与广泛性和系统性的国民教育相结合，使之贯穿于国民教育的各个层次和各个环节，贯穿于各种教育内容和教育体系之中。而教育在不同时期所呈现的教育重点、教育方式和教育手段，在传播话语、教育内容、型构方式结构性优化中的整合，形塑了教育对象认知理解的状态，指谓了民族观教育的整体效用和文化再生产正向肯定的提升。

在实践中，应以“石榴籽”话语的结构性表达进行民族观教育的系统整合。作为新时代民族观教育的符号化表达，“石榴籽”的话语逻辑延

① 马克思、恩格斯：《马克思恩格斯选集：第1卷》，中共中央马克思恩格斯列宁斯大林著作编译局译，人民出版社1995年版，第67页。

展于“石榴”能指“千籽如一”的果实样态，以及“石榴红”与“中国红”交织的民族基因外显。其话语表达了“统一”“凝聚”“红火”的正向意涵，通过符号化所指的文化标识诠释了民族观教育“多元一体”的题中之义，阐发了民族观教育理解认同的视域融合。首先是“石榴籽”效应文化意涵的整合。这种整合是对中华民族多元交流文化特质的话语表达，是民族观教育对民族成员情感黏合文化过程的话语总结。以“石榴籽”效应的文化意蕴优化民族观教育的传播话语，意味着共享中华文化时空共联性的凸显，意味着共建中华文化价值关系的链接，意味着心理认同情感共通的结构性释放，意味着56个民族交往、交流、交融“美美与共”的强调。其次是“石榴籽”效应价值目标的整合。这种整合反映了共同体认同经群体推崇的诠释目标的话语运用，是民族观教育价值选择的理论澄明作用于教育对象心理层面价值取向的过程。以“石榴籽”效应的价值目标进行民族观教育话语整合的价值性打造，影响于民族目标生发的文化环境和民族熏染，规约于稳定的心理定式、行为准则和价值研判在目标整合中的利益调适。

应以“五个认同”内容的结构性统摄，进行民族观教育的系统整合。作为新时代民族观教育内涵的集中体现，“五个认同”对教育内容的统领，聚焦了“文化—民族”认同、“政治—国家”认同、“政党—道路”认同在教育中的原生性表达、利益性获取和价值性自觉，以及通过“认知—态度—行为”的心理化建构，彰显了民族观教育对中国道路、中国气派和中国力量的指涉。其内容在民族观教育中的根基性呈现，不仅联系着新时代处理民族关系、解决民族问题聚拢于文化自信下的指导原则和理论依据，而且进行着“同类价值意识”在实现中华民族伟大复兴过程中凝聚社会共识的身份书写。首先是“五个认同”于情感认同教育中的内容整合。这种整合强调民族观教育“同舟共济亲密感”的塑造，以及基于文化解释的主观认定和基于谱系传承心理图景的情感涵濡。其次是“五个认同”于利益认同教育中的内容整合。这种整合强调民族观教育政治性诠释的情景创设和利益性获取的制度中介，以及教育内容基于民族利益一致和民族关系共演的国族意志表达。最后是“五个认同”于价值认同教育中的内容整合。这种整合强调民族观教育阐发认同归属与理性自觉满足效用的关系，演化价值语境、价值研判、价值归旨的层次递进，型构理解沟通、对话交流的方向域和实践场。

应以“内化—外化”方式的结构性链接，进行民族观教育的系统整合。内化与外化相结合的生成机理、联结方式和调节形式在民族观教育方式整合中的运用，以教育方法创新、课程设置协同、教育形式多样的结构性衔接，表征了教育对象在接受外界刺激的同时，通过自身能动所达成的结果。它包括两个方面的转化：一是教育内容所蕴含的情感、规范和目标内化为教育对象自身的价值理念和价值意识；二是教育对象将这些价值理念和价值意识外化为相应的行为和习惯。首先是个体价值与社会价值相统一的教育方式整合。这种整合关注民族观教育方式变革的双主体原则，立足于群体要求和个体主张结合的范式，聚焦个体和社会融通的关系，以及自我教育和自我完善的活动。在方法上变灌输式、封闭式、应试式为开放式、启发式、互动式，反对强行灌输的注入式。其次是历史与现实相统一的教育方式整合。历史与现实构成了相互联系的概念与范畴，历史是以往的现实、未来的承继，现实是以往的影子、未来的历史。历史教育与现实教育的方式整合，立足于历史意义和现实价值的一致，反映了民族观教育内容与教育属性在发展关系上的连通。最后是显性教育和隐性教育相统一的教育方式整合。直接并集中呈现教育内容的显性教育，渗透于娱乐、管理、制度、生活等方面的隐性教育，二者统一在教育方式整合中的运用，可充分突出知识性、组织性、系统性和计划性的显性特征，且充分发挥心理因素、人格魅力、组织环境的隐性优势。

第二节　铸牢中华民族共同体意识的文化涵濡*

文化涵濡指谓情感、规范、目标的习得、传承和教化，其“包容—浸润—涵养”的结构，以文化互化的共化阐发了文化功能“习得—传承—教化”的涵化状态、濡染过程和涵濡效果。文化涵濡“结构—功能”模式在对象性活动中具体样式的运用，借助价值观赋予特定事物以意义的符号，构成了人类群体特殊的成就。共同建设中华民族的“共建”意识、共同发展中华民族的“共担”意识、共同享有中华文化和发展成果的

---

* 本节内容的作者为詹小美、揭锡捷，原文载于《青海社会科学》2019 年第 5 期。

“共享”意识，以“共建—共担—共享”的层次链接，阐发了中华民族共同体意识的系统性内涵。具象铸牢中华民族共同体意识的文化涵濡路径，延展彼此承认的情感共通、相互容纳的心理共情和体谅宽容的行为共意，贯通代际示范与现实展示的交互、本质意志与选择意志的律动。链接在文化涵濡路径作用范式中的民族成员身份表达与价值诠释，具有方法论的意义和实践论的指向。

“共同体”指称特殊的社会现象和关于“归属”的理念，“共同体在今天的流行，可以被看作人们对于因全球化而产生并加剧的团结和归属危机的一种回应”[①]。“文化的基本要素是传统（通过历史衍生和由选择得到的）思想观念和价值”[②]，文化涵濡情感、规范、目标的习得、传承和教化，强调了文化要素潜移默化的滋润、浸润和濡染。培育共同体意识既是一个理论问题，又是一个实践命题，在价值层面上可以理解为“把该共同体转化为一种团结，而这种团结能对属于共同体的利益有所推进”[③]。在现实性上，以文化涵濡的“结构—功能”铸牢中华民族共同体意识，不仅内蕴于中华民族共同体特殊的历史文化联系、稳定的伦理系统和表现在共同文化之上的共同心理素质，而且拓展于文化价值体系“包容—浸润—涵养”茹古涵今的“共同的价值取向和善的观念”。

一、文化涵濡的“结构—功能”模式

文化涵濡作为一种文化间关系的研究和文化概念的创新，成为现代文化人类学可以开拓的一个新领域，亦可被视为人们对文化体之间接触、影响的效用和后果凸显的一种回应。探趣文化涵濡的“结构—功能”模式，既有彼此间的包涵与浸渍，又有相互间的熏陶和熏染。以人类学的视角审视作为概念的文化涵濡，在美国学者杰罗姆·鲍威尔（Jerome Powell）那里着重于涵化的部分，即文化持续接触所产生的影响，其中既有主动调适的吸收，亦有排斥和抗拒，那些相互近似的部分会在涵化的过程中日益增长；在英国学者爱德华·泰勒（Edward Tylor）那里着重于濡化的部分，

① Delanty G. *Community*. London：Routledge，2003，pp. 1 – 2.

② 李鹏程：《当代西方文化研究新词典》，吉林人民出版社 2003 年版，第 307 页。

③ Hollinger D A. “From Identity to Solidarity”. *Daedalus*，2006（2），p. 29.

即同一文化内部的纵向传播过程，强调文化习得与传承机制的作用；在西班牙学者奥立兹那里着重于文化的互化，即文化间共同影响的作用和相互贡献的文化共化。从汉语词源酌译，“涵濡”一词由“涵”和“濡”复合而成。“涵”意指包容、沉浸[①]，“濡”意指沾湿、浸湿[②]。“涵”与“濡”从三点水旁连在一起，以容、润、潜之意，强调了文化价值体系濡化机制恩德润泽的涵容、德泽优厚的滋养和涵濡雨露的煦润，指谓了“今夫受命于天，赋形于地，涵濡雨露，振荡风气”[③]的涵化状态，阐释了“玄云溶溶兮，垂雨蒙蒙；类我圣泽兮，涵濡不穷”[④]的濡染过程，演绎了“涵濡至治，生民乐业，盖二百年于兹矣”[⑤]的涵濡效果。

从两个文化之间的互相碰撞到同一文化内部的习得和传承，再到文化间的互化与共化，西方涵濡理论的这一转向过程，以文化涵濡“结构—功能”的具体应用，阐发了旧有的意义被赋予新要素的过程，或新的价值理念改变了旧有形式的文化意义的过程。以民族学视角具象之，文化作为一个复杂的整体，是一个特定的社会或民族所特有的行为方式、行为产物和观念态度的总和，“包括全部知识、信仰、艺术、道德、法律、风俗以及作为社会成员的人所掌握和接受的任何其他的才能和习惯”[⑥]。作为共同体生活价值表达的文化，泰勒强调了生活的集体性维度，鲁思·本尼迪克特（Ruth Benedict）强调了以一定形态、风格、模式构成的文化特征，以及同质且一致的整体观念。无论是泰勒还是本尼迪克特，均未将文化简单地并置为内部所有的特质，而是将文化的内在性结合成协调一致的方式，进而为个体行动者提供了一种集体行为的“图式”。就此而言，文化价值借助符号运用在“包容—浸润—涵养”过程中的学习与传播，以文化理念对象性活动的具体样式，构成了人类群体特殊的成就。潜移默化的“包容”、交互共通的“浸润”、润物无声的“涵养”，更是以文化涵濡“结构—功能”的再阐释，诠释了“文化是某一类群体或群体内具有

---

① 徐复等：《古代汉语大词典》，上海辞书出版社2007年版，第1138页。

② 李国祥、杨合鸣主编：《古代汉语词典：第2版》，商务印书馆2014年版，第1249页。

③ 出自《墨竹赋》。

④ 出自《补乐歌·云门》。

⑤ 出自《策问一》。

⑥ ［英］泰勒：《原始文化》，连树声译，上海文艺出版社1992年版，第1页。

不同认同的各部分人所保持并代代相传的习得性对等意义和互补意义的总和"[①]。

文化涵濡"包容—浸润—涵养"的结构，以文化互化的共化指谓了文化功能习得、传承、教化的涵化状态、濡染过程和涵濡效果。其中，文化涵濡的习得关注文化自然嵌入个体的现象。与先天遗传的自然存在相较而言，习得以后天获知的经验和知识，指谓了语言与符号、精神与理念、规范与组织作用的基质。玛格丽特·米德（Margaret Mead）通过对文化模式、教育方法和人格主导类型之间的关系透视，阐发了教育习得整体系统在嵌入过程中产生的影响，并对文化习得机制"使个体以一种潜意识的方式与文化基本原则保持一致"[②] 的功效进行了再诠释。文化涵濡的传承，强调了作为社会遗传的方式。文化内蕴的思想观念和价值在民族发展进程中的同一性，指向了"在时间中从一个时代流传到另一个时代的事件与事件之间的超生物学的、超有机体的顺序"[③]。传统映射的传承"通过一切变化的因而过去了的东西，结成一条神圣的链子，把前代的创获给我们保存下来，并传给我们"[④]。文化涵濡的教化，聚焦了"政以体化、教以效化、民以风化"的政治教育与道德感化。自我意识涵育与成长的过程，内蕴了个体民族成员从直接性、特殊性提升到存在普遍性的意义，深刻阐释了共同体"礼义教化，是齐之也"[⑤] 的在场意识。

作为组织化、系统化的统一体，"包容—浸润—涵养"的结构性切入，反映了"一定的价值对象显现出的有益于人规范和优化人自身的生命存在的功能、意义或意向"[⑥] 的相互依存、联系和转化。在文化涵濡的"结构—功能"模式中，文化包容是基于承认、容纳、宽容所形塑的文化涵濡形态。"包"是对多样性的整合，"容"是对差异性的尊重，"包容多样、尊重差异"表征着差异中求和谐、多样中求统一的"气分二象，垂

---

① 转引自王宏印《跨文化心理学的文化概念与文化观点》，载《陕西师大学报（哲学社会科学版）》1994 年第 3 期。

② ［法］丹尼斯·库什：《社会科学中的文化》，张金岭译，商务印书馆 2016 年版，第 53 页。

③ ［美］莱利斯·怀特：《文化的科学》，沈原等译，山东人民出版社 1988 年版，第 350－351 页。

④ ［德］黑格尔：《哲学史演讲录：第 1 卷》，贺麟等译，商务印书馆 1981 年版，第 8 页。

⑤ 出自《荀子·议兵》。

⑥ 孙美堂：《文化价值论》，云南人民出版社 2005 年版，第 85 页。

包容覆载之私"[①]，其作用机制和影响方式在文化意义上反映了"和实生物，同则不继"[②]的实践意蕴。在现实性上，文化包容系统结构性作用的机制，指向了"承认—容纳—宽容"的整体性意涵。"承认"，强调主体间的相互肯定、同意和认可，无论是黑格尔（G. W. F. Hegel）自我意识的他者承认、泰勒的平等尊严理念，还是阿克塞尔·霍耐特（Axel Honneth）"爱—权利—团结"的三元架构，文化包容系统"承认"的结构，均以主体间交往关系聚焦了价值共同体的构建，即"一个拥有某种共同的价值观、规范和目标的实体"[③]。"容纳"意味着接受和采纳，表征了交往主体在情感、心理和态度上的理解与包涵；"宽容"是基于承认和容纳的文化包容形式，强调"常宽容于物，不削于人，可谓至极"[④]的气量、体谅和兼容。

在文化涵濡的"结构—功能"模式中，文化浸润是基于滋润、熏陶、渗透所阐发的文化涵濡形态。作为人化世界与意义世界相统一的观念表征，文化的内涵、价值、理念通过潜移默化、以微知著而进行渐化和化育的浸润，发挥着心灵陶冶、价值认同、行为评判的作用，所谓"观乎天文，以察时变；观乎人文，以化成天下"[⑤]。在建构主义大师让·皮亚杰（Jean Piaget）那里，浸润与"同化"和"顺应"联系在一起，与人们关于外部世界知识认知结构的形成联系在一起。在现实性上，文化浸润系统结构性作用的机制，指向了"滋润—熏陶—渗透"的整体性意涵。文化的情感共鸣、价值规范和民族目标在广泛而深沉的润泽中滋养心灵、涵育德行、引领风尚，构成了文化浸润系统"彼露味不甘者，其下时，土地滋润，流湿万物，洽沾濡溥"[⑥]的滋润；文化习俗提供的民族传统、文化心理规约的行为模式、文化理念形塑的价值氛围，构成了文化浸润系统"入兰芝之室久而自芳"的熏陶；文化内容对生活的融入、文化信仰对精神的支撑、文化态度对行为的导向，构成了文化浸润系统"随风潜入夜，

① 出自《皇后修三元大醮词》。

② 出自《国语·郑语》。

③ 俞可平：《从权利政治学到公益政治学》，载刘军宁等编《自由与社群》，生活·读书·新知三联书店1998年版，第75页。

④ 出自《庄子·天下》。

⑤ 出自《周易·贲卦·彖传》。

⑥ 出自《论衡·是应》。

润物细无声”的渗透。从文化滋润的扩散到文化熏陶的集流，再到文化渗透的融合，潜濡性、无痕性、内隐性的特点诠释于中，通过“细小空隙中透过”的儒化方式覆盖，自然性、隐蔽性、渐进性的特点阐发于中。

在文化涵濡的“结构—功能”模式中，文化涵养是基于培育、积蓄、保持所生成的文化涵濡形态。濡染和养育的综合作用阐明了“以文育人”和“以文培元”的文化意义，所谓“养子弟如养芝兰，既积学以培植之，又积善以滋润之”[①]。在教育大师约翰·杜威（John Dewey）那里，涵养在文化涵濡系统中的深层表达指谓了“教育即生活”“教育即生长”“教育即经验的改造”[②]。潜移默化的涵育与情感浸透的滋养，沉积民族成员的文化印记、形塑民族成员的伦理观念、佐证民族成员的价值律动，更是在现实性上对“君子如欲化民成俗，其必由学乎”[③] 进行了再阐释。在现实性上，文化涵养系统结构性作用的机制，指向了“培育—积蓄—保持”的整体性意涵。“培育”，强调按照一定的目的进行长期的教导和训练，所谓“养子使作善也”。文化培育内发之意的“引出”和“导入”，强调顺其自然的活动。文化知识、文化信念、文化意志的储存，文化力厚积薄发的释放，论证了“人作为对象性的、感性的存在物，是一个受动的存在物”[④] 的文化涵养指向。“保持”是经验过的事物经积累、储存和巩固得以再认和再现的过程，文化信息的护持和维系，指涉文化价值理念简略、概括和增加的合理化演绎，既有信息持存的记忆与保留，又有信息的加工和改造。

二、中华民族共同体意识的系统性阐发

马克思指出：“观念的东西不外是移入人的头脑并在人的头脑中改造过的物质的东西而已。”[⑤] 作为客观事物在人脑中形成的主观映像，中华

---

① 出自《戒子通录》。

② 张承先主编：《教育大辞典：第11卷》，上海教育出版社1991年版，第405页。

③ 出自《礼记·学记》。

④ 马克思、恩格斯：《马克思恩格斯选集：第1卷》，中共中央马克思恩格斯列宁斯大林著作编译局译，人民出版社2009年版，第211页。

⑤ 马克思、恩格斯：《马克思恩格斯选集：第2卷》，中共中央马克思恩格斯列宁斯大林著作编译局译，人民出版社1995年版，第112页。

民族共同体意识在本质上反映了投射于人脑运作过程与结果的中华民族共同体的存在。中华民族共同体意识能动于中华民族共同体存在的关系辩证，阐明了“意识在任何时候都只是被意识到了的存在，而人们的存在就是他们的现实生活过程”[①]，“不是意识决定生活，而是生活决定意识”[②]。中华民族共同体民族构成的多元一体性延展于文化构成的多元一体性，文化内核价值意蕴的涵养使“社会成员平均具有的信仰和感情的总和，构成了他们自身明确的生活体系，我们可以称为集体意识或共同意识”[③]。作为中华民族共同体存在的观念表征，中华民族共同体意识反映了中华民族共同体文化共意的社会实存，它以56个民族“你中有我、我中有你”的共同体形式，揭示了中华民族共同体的客观定在及其在人们头脑中的主观映像。中华民族共同体意识文化共生的相互影响，更是以相互贡献的文化共化将“个体依据个人的经历所反思性地理解到的自我”[④]，指谓了稳定的社会历史联系和文化涵濡作用的价值纽带。

中华民族共同体意识是一个多内容、多层次的文化系统，各要素之间的内在关系和相互作用，构成了共同存在价值表达的系统结构。其中，共同建设中华民族的“共建”意识、共同发展中华民族的“共担”意识、共同享有中华文化和发展成果的“共享”意识，以“共建—共担—共享”的价值诠释和层次链接，阐发了中华民族共同体意识的系统性内涵。共同建设中华民族的“共建”意识，指向在内涵上既逐层展开又同步相辅的“民族”与“民族共同体存在”。作为集历史、文化和政治于一体的实体范畴，中华民族经历了一个由“自在”走向“自觉”的过程，如费孝通所言，“中华民族作为一个自觉的民族实体，是近百年来中国和西方列强对抗中出现的，但作为一个自在的民族实体，则是几千年的历史过程所形成的”[⑤]。在中国漫长的历史进程中，各民族“大杂居、小聚居”，民族文

① 马克思、恩格斯：《马克思恩格斯选集：第1卷》，中共中央马克思恩格斯列宁斯大林著作编译局译，人民出版社1995年版，第72页。

② 马克思、恩格斯：《马克思恩格斯选集：第1卷》，中共中央马克思恩格斯列宁斯大林著作编译局译，人民出版社2009年版，第525页。

③ ［法］埃米尔·涂尔干：《社会分工论》，渠东译，生活·读书·新知三联书店2000年版，第42页。

④ ［英］安东尼·吉登斯：《现代性与自我认同》，赵旭东、方文译，生活·读书·新知三联书店1998年版，第275页。

⑤ 费孝通：《中华民族多元一体格局》，中央民族大学出版社1989年版，第1页。

化的联结融合形成了多元一体的复合民族结构。共同建设中华民族的共同体意识对共同体存在的历史共在性、情感共通性、价值共意性的深刻表达，不仅映射了中华民族作为客观存在的共同体演进，而且书写了中华民族作为主观自为的历史文化图谱。从秦朝开启的“五方之民共天下”的大一统形塑，到作为整体的中华民族意识的近代觉醒，再到新中国成立后包括56个民族在内的认同符号强化，共同建设了中华民族的“天地之常经，古今之通义”[①]，注解着“中国是一个统一的国家，这一点已牢牢地印在我国的历史意识之中，正是这种意识才使文明作为一个国家保存下来”[②] 的一以贯之。

在现实性上，共同建设中华民族的“共建”意识以多元一体的身份归属和心理认同的情感共识，具象为共同体成员族属同一的身份意识。这种意识通过传统相系的历史沿革和命运相济目标指向的文化阐释，强调了民族成员血脉联系和共同情感的价值纽带，并以中华民族互为一体、休戚相连的心理认知为群体归属，阐发了共同性基础上民族成员身份识别的事实性存在。“相信有共同的唯一归属，相信有共同的血统，相信自己文化的独特性”[③] 的身份感召和心理边界；普遍认可的族属身份、相对稳定的文化心理、深沉持久的情感定势，中华民族共同体的“共建”意识正是通过群体交往的对象性活动和社会生活提供的行为准则，以“自我”与“他者”的群界区分，确立了“我是谁”“我和谁在一起”的身份考量，进行着“谁也离不开谁”的情感共鸣诠释和心理认同的符号传递方式演绎。“这些文化结构将生活模式化，并对参与这些文化的个人思想与情感加以限制”[④]，进而在共同建设中华民族的文化阐析中，对“同呼吸、共命运、心连心”之一荣俱荣、一损俱损的观念意识进行了再诠释。

共同发展中华民族的“共担”意识，阐释中华民族守望相助的历史传承与和衷共济、相向而行的责任内化。民族是一群具有共同社会特征的人们在历史发展过程中所形成的人类共同体。作为共同体的社会存在物，民族成员“是处在现实的、可以通过经验观察到的、在一定条件下进行

---

① 出自《天人三策》。

② 孙中山：《孙中山全集：第6卷》，中华书局1985年版，第528—529页。

③ 汝信：《社会科学新辞典》，重庆出版社1988年版，第1247页。

④ ［美］鲁思·本尼迪克特：《文化模式》，何锡章、黄欢译，华夏出版社1987年版，第43页。

的发展过程中的人”[1]。共同的地域空间、共同的经济生活、共同的族属命运以表现在共同文化之上的共同心理素质，指谓了共同的发展利益。中华民族共同体的“共担”意识作用于一定社会关系之下的共同体实践，表达了民族文化价值刻写对共同体存在的价值能动。这种积极的观念内化贯穿于中华民族发展“自为”历史的全过程，集中体现在民族成员投身中华民族救亡图存和伟大复兴的行为外化里，既反映了中华民族共同体历史文化传承的精神内核，又凸显了共同体成员担当中华民族发展重任的文化自觉性。共同发展中华民族的时代思想遇合，“共担责任、共担风险、共担挑战”的古今观念交汇，不仅是中华民族共同体意识生发、刻印、内化于民族成员集体记忆和责任意识的过程，而且是民族成员将自身命运与民族共同体命运相结合统一的过程，在责任内化和自觉外化的双向律动中，形成“共担”意识的话语符号、确立“共担”意识的结构功能。

在现实性上，共同发展中华民族的“共担”意识以团结互助的命运交融和休戚与共的时代担当，表征为共同体成员助益中华民族伟大复兴的使命意识和责任意识。作为群体经验、价值、思想和意志的集中体现，中华民族伟大复兴的国族梦想连接民族生活方式、民族群体心理和民族生存模式，它以生发民族情感、民族规范和民族目标的民族基因诠释，反映了民族成员共同致力于发展中华民族的能动性和创造性，并在民族的交往交流交融中孕育了各族成员风雨同舟、戮力同心的“共担”意识，即同心同德、患难与共的担当意识，这种意识在社会关系和价值追求双重层面体现为“各民族在中华民族大家庭中手足相亲、守望相助”的情感内化和责任外显。正如马克思所言，“各民族之间的相互关系取决于每一个民族的生产力、分工和内部交往的发展程度”[2]。在新的历史阶段，中华民族共同体的“共担”意识，具象为民族成员共同厚植民族发展基础、缩小民族发展差距、促进民族共同繁荣，在共担互补中壮大民族发展利益，进而为实现中华民族伟大复兴奠定发展前提。共同发展中华民族在当代中国的意识呈现，指向了实现中华民族伟大复兴的国族梦想，“这个梦想，凝

---

① 马克思、恩格斯：《马克思恩格斯选集：第1卷》，中共中央马克思恩格斯列宁斯大林著作编译局译，人民出版社1995年版，第73页。

② 马克思、恩格斯：《马克思恩格斯选集：第1卷》，中共中央马克思恩格斯列宁斯大林著作编译局译，人民出版社2009年版，第520页。

聚了几代中国人的夙愿，体现了中华民族和中国人民的整体利益，是每一个中华儿女的共同期盼”①。

共同享有中华文化和发展成果的“共享”意识，阐发中华民族共同精神家园的实体存在和繁荣发展的利益指向。中华文化由几千年来生活在中华大地上的各民族及其先民共同创造，既非仅属于汉族的文化，亦非仅属于少数民族的文化，各民族均对中华文化的形成与发展做出了贡献，因而各民族文化均是中华文化不可分割的组成部分，中华文化共享的历史进程，凝聚为汉族和少数民族相互肯定对方文化为中华文化的双向认同过程。这种和谐共生的文化情感和心理意识，以彼此一致的精神追求和价值体认、个体与整体的关系聚合，指向了民族成员对中华文化的深刻认同和高度自信。在物质层面，中华民族长期以来所累积的发展成果由中华民族成员共同开发和创造，因而为全体民族成员所共同享有，它集中反映了各民族共同的劳动成果和智慧结晶，是基于民族整体发展利益之上的共有与分享。因此，共同享有发展成果的利益共享意识，指涉了中华民族整体利益的最终通约，缩影于共同体利益关系的本源意蕴，求解着各民族利益诉求与利益维系在民族交往交流交融关系推进中的满足，并在实践中演变着民族发展与利益客体承载指向多元一体的价值摹画，互动于各民族利益共享的合解与合题。

在现实性上，共同享有中华文化和发展成果的“共享”意识以精神依托的价值共鸣和惠及各方的利益机制，阐发为共同体成员凝聚价值、共享利益的共生意识。一方面，共同享有中华文化的“共享”意识，强调中华民族成员在对自身文化认同与确信的基础上共享历史文化记忆和现实文化形式，通过共同族属血脉和文化纽带所联结的精神追求与价值观念，以情感维系、精神标识和观念符号的系统性阐发，进一步明晰民族成员个体的身份定位和群体形式“共同体想象”的现实延展，由此民族成员达成共同遵循的价值共识。另一方面，共同享有发展成果的“共享”意识，强调通过中华民族建设成果的共享、共同发展的繁荣、互惠共赢的实现，以此寻求各民族发展的利益契合点，以利益共同体的打造和分享、最大“公约数”的阐发和凝练，凸显“发展为了人民、发展依靠人民、发展成果由人民共享”的价值意蕴。正如马克思所言，“人们奋斗所争取的一

① 习近平：《习近平谈治国理政》，外文出版社2014年版，第36页。

切，都同他们的利益有关”[①]，“要使各民族真正团结起来，他们就必须有共同的利益”[②]。中华民族共同体的“共享”意识在新时代的表征，体现为全体民族成员在经济、政治、文化、社会、生态各方面建设成果上的各得其所，“共同享有人生出彩的机会，共同享有梦想成真的机会，共同享有同祖国和时代一起成长与进步的机会”[③]。

三、铸牢中华民族共同体意识的涵濡路径

铸牢中华民族共同体意识的文化解读，具象于中华民族共同体意识的身份表达和价值诠释，链接在文化涵濡路径的结构性阐发和价值意蕴实现的作用范式里。作为文化组成要素的共同体意识，在胡塞尔（Edmund Husserl）那里被阐释为“创造性的人类生活，在共同体成就中客体化的人类生活”。它以社会意识的文化形式“在这个持续的共同体生活中贯穿着一个共同体回忆的统一、一个历史传统的统一”，反映了共同存在的“社会遗产”。[④] 共同体意识身份概念的确立与文化身份概念的阐发具有共在、共通、共意的属性，前者以继承的方式获得，后者被视为“给定之物”。文化身份的共同体表达反映了个体的原生性根基，连接文化归属的自然化和共同体归属的社会化。文化的共享模式、习得行为、历史沉淀，映照了共同体生活的各种象征、思想理念、审美观念和价值标准，由各种制度、群体仪式、组织结构所赋予的行为方式，指向了特殊历史条件下共同体成员的社会创造。共同体意识生发于共同体成员适应外界环境和其他人群使用的文化调整，依赖符号使用而存在的由身体、行为、观念、情感组成的文化现象。这种由生活模式对参与其中的个体思想加以规约的观念样式与情感连接的社会结构，构成了共同体存在内在一致性的行为整体和共同体意识凝聚的外在统一性的思想共识。正因为“文化在本质上是相

---

① 马克思、恩格斯：《马克思恩格斯全集：第1卷》，中共中央马克思恩格斯列宁斯大林著作编译局译，人民出版社1956年版，第82页。

② 马克思、恩格斯：《马克思恩格斯全集：第4卷》，中共中央马克思恩格斯列宁斯大林著作编译局译，人民出版社1960年版，第409页。

③ 习近平：《在第十二届全国人民代表大会第一次会议上的讲话》，载《人民日报》2013年3月18日。

④ Husserl E. *Inters.* Ⅱ, Hua ⅩⅣ, Den Haag, 1973, p. 221.

对稳定的人为的程序和为人的取向的统一”[1]，以基因遗产的嵌入对共同体意识的表现特征和心理特质的投射，使文化涵濡铸牢中华民族共同体意识具有了现实可能性。

铸牢中华民族共同体意识的文化涵濡，以“包容—浸润—涵养”的结构得益于彼此承认的情感共通、相互容纳的心理共情、体谅宽容的行为共意，指涉通过自觉学习、主动感悟、文化熏陶的浸润，影响交往思维和生活的共同体范式。生发于中的个体互动与群体场景，使共同体成员与共同体意识时间表达的延续性、空间阐释的价值性保持一致。文化涵濡结构中的“包容”强调作为文化价值观念、风俗习惯、生活方式协调共生的共同体意识，“不断地在自己特殊化自己，在它的对方里仍明晰不混地保持它自己本身的东西”[2] 的共相，阐发共同的文化基础、共有的价值观念、共建的精神家园，这就是马克思所阐释的“类本质”——“一个种的整体特性、种的类特性就在于生命活动的性质”[3]。文化涵濡结构中的“浸润”以文化气息的感染和春风化雨的沐浴切入共同体生活的实践，以思想、品行、习惯的濡染实现的社会聚合切入共同体日常生活的体验，这种长久影响和持久过程被苏霍姆林斯基阐释为“用环境、用学生自己创造的周围情景、用丰富集体精神生活和一切东西进行教育，这是教育过程中最微妙的领域之一”[4]。文化涵濡结构中的“涵养”通过文化价值观、道德观、伦理观投射到共同体意识的文化理念、思维模式和行为规范，表征了文化涵养温润心灵、陶冶精神、感化达致、教化育人的概念意义，由此注解了作为共同体意识的文化对人的理解、感悟和设定。

铸牢中华民族共同体意识的文化涵濡，以“习得—传承—教化”的功能得益于共同体代际示范和现实展示的影响，储蓄和传递民族信息的习得、本质意志与选择意志作用下文化因素交融互渗的传承、体现正向价值教导文化再生产的教化，指涉交往—交流—交融的关系、混合—杂交—同

---

① 郭湛、田建华：《理解文化及其可持续发展》，载《中国人民大学学报》2002 年第 5 期，第 20－25 页。

② ［德］黑格尔：《小逻辑》，贺麟译，商务印书馆 1980 年版，第 332 页。

③ 马克思、恩格斯：《马克思恩格斯全集：第 3 卷》，中共中央马克思恩格斯列宁斯大林著作编译局译，人民出版社 2002 年版，第 273 页。

④ ［苏］苏霍姆林斯基：《帕夫雷什中学》，赵玮等译，教育科学出版社 1983 年版，第 122 页。

化的事实，以及在价值交错、相互影响、相互嵌入的过程中对“共建—共担—共享”意识践行的介入。从文化习得的共存到文化传承的共生，再到文化教化的共融，文化涵濡“习得—传承—教化”的系统既蕴含了“共建—共担—共享”主体同一性的价值秉承，又反映了“归属—责任—利益”美美与共的价值共识，它以文化交流过程中共同体成员的情感、心理和态度为观照，以平等交往、相互尊重、体谅兼容互鉴为准则，对“共建—共担—共享”的文化共生进行了再诠释。从文化培育的习得，到文化积蓄的传承，再到文化保持的教化，文化涵濡“习得—传承—教化”的功能既是文化价值的继承和发展，又是文化精神的创新与成长。共同体意识影响下的主体选择和时代精神培养，构成了习得与传承的观念导引、创新与成长教化的行为自觉。铸牢中华民族共同体意识文化涵濡功能的实现，正是在世界观、人生观和价值观的价值引领、舆论导向、精神塑造中，在现实性上对“如果这种真理不总是不断地重新创造出来，它就会完全被我们遗忘掉”[①] 进行了再阐发。

以文化涵濡的功能切入中华民族共同体意识铸牢的实践，指谓了文化涵濡“习得—传承—教化”对培育共同体意识所具有的方法论意义和实践论指向。文化涵濡的“习得”是潜意识作用的过程，是注意意义的自然交际的结果。以文化习得切入“共建”意识的铸牢，强调完整的习得首先在个体成员的脑海中形成概念性思维，经实践验证后推广为共识，多次反复积淀为共同体的行为规范。受文化先天给定性的预设，民族语言、习俗与习性、思想与理念对共同建设中华民族沉潜化育的阐释，指谓了民族成员心理内容、心理过程、心理状态的再生与变革，这是“共建”意识客体化对象性目的与对象性能力的显现，缩影着主体消化、积累、运用乃至创造性的文化过程，表征着个体心理特性和心理构造发生、发展的演绎。“条件制约与特定的一类生存条件相结合，生成习性”[②]，强调了“共建”意识在生活、学习和技能文化习得中的养成，这是民族成员社会化的先决条件。在此基础上约定俗成的归属审视、认可接受的文化身份界定、强化教育影响的情感共鸣，共同促成“共建”意识的行为养成。正如洛克（John Locke）指出的那样：“一种动作经过多次练习，可以在他

① ［德］爱因斯坦：《爱因斯坦文集：第1卷》，商务印书馆1978年版，第84页。
② ［法］皮埃尔·布迪厄：《实践感》，蒋梓骅译，译林出版社2003年版，第80页。

们身上变成习惯，它便不必再靠记忆与回想，自然而然就做得出了。”[①]文化习得与“共建”意识潜濡默被的自然交融、由自发到自觉的文化习得存续，指向了潜移暗化、自然似之的涵濡过程。

文化涵濡的“传承”是一个由内而外的状态，它“是在没有外界直接干涉，控制条件下的一种自觉行为，他极力追求的目的是使自己的行为活动跟行动者的行为活动相一致”[②]。在本尼迪克特那里，“个体生活历史首先是适应由他的社区代代相传下来的生活模式和标准”[③]。杜威进一步概述为，“我们认识到共同体生活给我们灌输了什么，并能依据其为我们所塑造的习惯来进行认识活动”[④]。以文化传承切入“共担”意识的铸牢，强调遗传、模仿、教化维持的“共同领会”，体现生活模式、行为标准、价值理念的共同体表达，为个体成员提供行为的预期和价值的定向，诠释了强调民族发展利益的责任自省。正是因为传承的文化场景“总是由对特定的位置占据者的身份、利益、机会和奖惩的给予”[⑤]，“共担”意识的阐述提供“内部养成”的社会性、共有精神家园建设的民族氛围，责任内化的再诠释和责任外化的再阐释，注解了“他身上的人格与社会文化特征也是此后依据其所继承为文化及各方面因素逐渐形成的”[⑥]。

文化涵濡的“教化”是教育的社会化结果，特指社会通过各种教育方式，通过各种教育渠道，对社会成员进行教导，使其掌握社会公认的价值规范，从而起到传承文化、稳定社会的作用。以文化教化切入“共享”意识的铸牢，强调环境的熏陶、非组织性自然文化的传播、社会教育与文化展演的感化。共同享有中华文化和发展成果的共同体意识，在政教风化、教育渗透、环境影响等要素的综合运用上相互连接。正因为文化教化可以影响民族成员利益空间的意识养成，导引“共享”意识影响下的个体选择倾向，成为“共享”意识培育的价值要求和实践向度。文化价值

---

① ［英］约翰·洛克：《教育漫话》，傅任敢译，教育科学出版社 1999 年版，第 36 页。

② 杨善民、韩锋：《文化哲学》，山东大学出版社 2002 年版，第 274 页。

③ ［美］鲁恩·本尼迪克特：《文化模式》，何锡章、黄欢译，华夏出版社 1987 年版，第 2 页。

④ 万俊人：《20 世纪西方伦理学经典（II）》，中国人民大学出版社 2004 年版，第 517 页。

⑤ ［法］皮埃尔·布迪厄、［美］华康德：《实践与反思：反思社会学导引》，李猛、李康译，中央编译出版社 1998 年版，第 133 页。

⑥ 史仲文、胡晓林：《中华文化精粹分类辞典》，中国国际广播出版社 1998 年版，第 14 页。

理念的教育和感化功能使利益调适机制发生作用、使附着于个体意识之中的群体规范发挥影响，在阐述中华民族共同体成员利益最大公约数的同时，为个体行动者与群体推崇的社会性链接提供“透视器”和“显微镜”，并在根本性上再次论证了马克思所言“要改变一般人的本性，使它获得一定劳动部门的技能和技巧，成为发达的和专门的劳动力，就要有一定的教育或训练”[①]。事实上，文化教化所阐发的利益共享不仅诠释了共同体意识培育从特殊性向普遍性提升的教化归旨，而且阐述了其中蕴含的历史客观与历史理解之间的皈依，进而是本体论与认识论的互动与统一。

第三节　文化认同视域下的价值观认同[*]

任何一种文化都是带有一定价值观念的文化。文化，是一个国家和民族最具号召力的旗帜，不仅可以用作对外战略的部署，体现一国强大的文化软实力；对内还可以成为不断提升国民素养、强化共识的路径。在当代中国，文化认同实质上是对文化所蕴含的价值观认同。这是由文化本身的特性所决定的。由此，从文化认同的视域探索价值观认同，不仅具有重要的理论价值，而且具有十分重要的现实意义。

一、文化认同的价值观蕴含

人是文化的存在，每个人都生活在一定的文化当中。一个社会的文化系统决定了一个人的社会化的过程，正因为有了文化，才让我们每个人都能够找到心灵归属。人是一种社会性的存在。马克思认为：“人的本质不是单个人所固有的抽象物，在其现实性上，它是一切社会关系的总和。”[②]人能否认同自己所处的文化环境，并把其中的核心价值观纳入自己精神世

---

① 马克思、恩格斯：《马克思恩格斯选集：第2卷》，中共中央马克思恩格斯列宁斯大林著作编译局译，人民出版社1995年版，第174页。

* 本节内容的作者为丁存霞，原文载于《学校党建与思想教育》2021年第8期。

② 马克思、恩格斯：《马克思恩格斯选集：第1卷》，中共中央马克思恩格斯列宁斯大林著作编译局译，人民出版社1995年版，第60页。

界具有重要的生存意义。

对文化的理解，仁者见仁、智者见智。无论如何界定文化，其归根结底都是人与外在世界互动的结果，是人的主观能动性外显的对象性活动，是人的本质力量的外化。“文化是人类经过自然选择而异于其他动物的特性，是人类文明的灵魂和缩影，是人类创造世界的主观方式和民族存在的现实图景……无论是针对人类整体，还是针对特定的人群，文化都充当了生存维系、慰藉获取、凝聚人心的策略系统和精神担当。”① 同时，每个人又生活在既定的文化中，受到既定文化背景的影响和约束，每个人都是在既定的文化模式中习得自己的思想行为模式，并且逐渐形成自我。一个国家、一个民族，甚或是一个人的存在，总是具有其自我的某种独特性，以此来区分自己与“他者”的差别，这种独特性就是其所具有的文化独特性。文化独特性就是其存在的根本理由。在现代社会，经济全球化已是不可逆的现实，这就意味着一个国家和民族一方面需要借助全球化浪潮推动经济的发展，另一方面仍须在全球化的浪潮中守住其民族文化内核中的“自我”。否则，这个国家和民族的“自我”就必然会失去文化的独特性，出现文化认同的危机，进而动摇国家、民族“存在”的合法性。

文化认同的核心是价值观认同。不同民族、国家在认识和改造自然与社会的过程中会形成不同的价值观，也会产生和形成各具特色的核心价值观。“一个民族、一个国家的核心价值观必须同这个民族、这个国家的历史文化相契合，同这个民族、这个国家的人民正在进行的奋斗相结合，同这个民族、这个国家需要解决的时代问题相适应。”② 可以说，价值观体现于文化的核心之中，价值体系是一系列价值观念的系统综合，是包含了指导思想、理想、信仰、价值取向、评价等的观念集合，而不是一个价值观点。价值体系是一个民族在一定时期内的社会意识的集中反映。而相应的，在价值体系中占主导和起决定作用的核心部分就是核心价值观，是在日常生活中人们用以判断是非、善恶、美丑、荣辱等的态度、观点和心理标尺。一个社会的价值观通常需要通过文化才能更好地影响人们的思想和行为。而且，当人们所处的文化环境发生变化时，其价值观也会随之发生

---

① 詹小美、王仕民：《文化认同视域下的政治认同》，载《中国社会科学》2013年第9期，第27－31页。

② 习近平：《习近平谈治国理政》，外文出版社2014年版，第171页。

变化，文化与价值观从来都是密不可分的。

文化是价值观的流动载体。一个国家和民族，在不断的历史文化积淀中，其富含特色的价值观念也不断地汇聚成统一的价值体系。因而，文化是核心价值体系所处的既有环境，核心价值体系也是在生产过程中、在不断形成的文化世界的基础上被不断生成和提炼出来的。人们只有在实现了文化认同的基础上，才具有对自身文化的自觉自信，才能形成相应的理想信念，形成自己的价值体系和价值观。所以，在当代社会，文化认同的最终指向是价值体系的认同。文化认同的核心是价值观认同，价值观认同是文化认同的深层次内容，只有在价值观认同的基础上才能使人们对民族文化有更理性的认识和更深厚的感情，才能实现真正的文化认同。可以说，价值观认同内在地决定其文化认同的基调，表达着文化认同的归宿和目的。

文化是价值观的外显。文化反映了社会生活，是人类生活经验的总结，文化符号、文化模式、文化交流等都是现实生活的写照。文化是人类生活的符号表征，随着历史的推移，符号表征发生了质的变化，但理性的抽象符号却没有随之改变，而是表征了文化生活和社会观念生活的本质，这就是意识形态。一般文化成为经验性的表象，意识形态则成为深藏于表象中的本质，因而文化和意识形态是现象和本质的关系。文化通过一定的形式有效地影响社会成员的思想和行为，实现人们对主流意识形态的认可和接受，并付诸实践。

价值观认同是文化认同的根本所在。人类因文化而存在，文化也因人类而存在。文化认同是文化能否延续以及具有强大的生命力的重要影响因素，它也是一个国家或民族能否具有强大的凝聚力的重要基础，不同的人们因为有共同的价值理念和情感倾向而形成团体和社会。文化认同也是个人能否健康成长的重要因素，因为有了文化认同才有了归属感，才能找到和自己休戚相关的共同体，去共同面对各种事件的发生。“文化认同是民族成员对本民族文化的承认、认可和赞同，由此产生归属意识，进而获得文化自觉的过程……认同使民族成员个体和群体之间的关系得到确认、一定的文化符号得到使用、相同的文化理念得到秉承、共有的思维模式得到礼拜、共同的行为规范得到遵守。”[①] 文化具有超越性以及对人的终极关怀的特点，是人的安身立命之本；文化是人的生存方式，是人区别于动物的重要因素，有人才有文化，有了文化也才有人。每个人一出生都是生活在文化之中，并通过交往而不断地把外在文化因素内化为自己的精神世界而得以生存和发展。正因为如此，相比于经济认同和政治认同来讲，文化认同具有强大的吸引力和生命力，它不需要强制灌输，它是人们自出生便注定要面对的重要问题，每个人只有认同某种文化，才能确认自己的身份，才能确认完整的自我，也才能融入社会当中成为一个真正的社会人。而这恰恰是价值观认同之所以从属文化认同研究的根本所在。

当今世界正处于一个文化多元的时代，民粹主义、虚无主义、新自由主义等各种社会文化思潮层出不穷，在不断撕裂各国社会正统价值体系的同时还撕裂着每个人的精神世界，导致国家和民族价值观认同的危机和选择困境。对于各个国家和地区而言，解决之道则是挖掘多元价值观的共同根基，以寻求共识。而对于中国来说，在与世界文化的交流过程中，我们在博采世界文化之长的同时也要时刻注意保持自己民族文化的特色，提高我们的文化自信。

二、价值观认同的现实困顿与迷茫

这是一个急剧变革的时代，日新月异；这也是一个既充满梦想又不乏困惑的时代。今天的中国人，享受着前所未有的经济发展成就，享受着物质富足的生活。随着新媒体技术的不断更新，信息的不断丰富和快速传播，人们的选择逐渐增多、生活变得丰富多彩，但其生存的焦虑和不安也随之增加。经济的发展、视野的开拓、人们生存空间的扩大，反而加深了人们内心的迷茫和恐慌。社会共识如何突破这一系列的现实矛盾和困境，人们的精神世界如何在物质丰裕的基础上得以丰富和发展是我们必须直面的现实问题。

面对转型时期的发展困境和未来的趋势，当前最为重要的是凝聚人心、激发热情、提振信心、实现共识，这其中最为关键的是价值观问题。

---

① 詹小美、王仕民：《文化认同视域下的政治认同》，载《中国社会科学》2013 年第 9 期，第 27 – 39 页。

亚里士多德认为："一个政体要达到长治久安的目的，必须使全邦各部分（各阶级）的人们都愿意参与而且怀抱着让它存在和延续的意愿。"[①] 这种意愿就是价值观认同。价值观认同主要是指人们对于现存的制度、秩序、规范等的情感倾向和心理归属。人们的价值观认同与否直接影响着一国尤其是执政党的政权合法性和政治稳定性。价值观认同是任何一个社会形态下，社会组织得以成立及其合法性得以确立和维持的基础。无论是市场经济的转向还是现代社会的转向，都必然带来人们在经济、政治、文化、社会等诸多方面的观念性转变，但是这样的转变并不是顺利、顺畅的，而是伴随着一系列由利益分化、社会撕裂、文化摩擦、行政职能转型等所带来的价值判断和价值选择的差异甚至是逆反心理，这将对人们传统的价值观带来严峻挑战。可见，价值观认同是人们为实现自身利益围绕着社会公共权利的取得、分配和运用所进行的活动。"人的目的是多样的，而且从原则上说它们并不是完全相容的，那么，无论在个人生活还是社会生活中，冲突与悲剧的可能性便不可能被完全消除。"[②] 在现实性上，价值观认同还存在一个排斥"他者"价值观的问题。总体而言，价值观认同首先表现为人们对制度、利益、价值、效率等的承认、认可和赞同，是基于共同底线的意义追寻和对"他者"排斥的过程。在更深层次上讲，价值观认同的"他者"排斥，也是人本能的安全感表现于价值观上的内心追索，在这一意义上，价值观认同也是价值多元背景下安全感和集体感的内化过程。

价值观认同不仅对国家、民族而言非常重要，对于个人亦十分重要。人们在现代化的进程中越来越陷入如汉娜·阿伦特（Hannah Arendt）所称的处于价值多元的反叛、迷惘与虚无之中的"原子人"。而安东尼·吉登斯（Anthony Giddens）认为，"原子人"的出现本身就是现代性的一部分，这与传统社会联结的解体是分不开的，而这更大意义上是价值认同的一种解体，亦是人们在现实中价值观混乱或迷失的症结所在。"通过像其他的位置占有者所做的那样去适应确定给自己的位置"[③]，个人通过与社

① ［古希腊］亚里士多德：《政治学》，吴寿彭译，商务印书馆1996年版，第188页。

② ［英］以赛亚·伯林：《自由论》，胡传胜译，译林出版社2003年版，第242页。

③ ［英］齐格蒙特·鲍曼：《流动的现代性》，欧阳景根译，上海三联书店2002年版，第50－51页。

会的交融而达成一定的个体的价值共识，凸显于个体内在地驳斥一切风俗、习惯以及与传统政治相链接的历史记忆，也包括异己的他人，而“一个分裂的社会是一个其成员越来越难以将自己与作为一个共同体的政治社会关联起来的社会。这种认同之缺乏可能反映了一种个人利益至上主义的观念，而依此观念，人们终将纯粹工具性地看待社会”①。也就是说，人们一旦失去了对价值观问题的内在共识性，即公共性观念的匮乏、缺失或隐退，那么整个社会共同体便弥漫着绝对个体主义的情绪。“受社会联结碎片化、人际关系原子化和集体观念淡漠化的影响，在政治归属的过程中，个体不时沦为丧失了底线的大众、无寄托的群众和无联结的散众。”②至此，在非理性、情感性的驱使之下，个体价值观认同的分化越来越趋向寻找共同价值理性的“我们”团体，从而使得价值观认同的“共同”诠释更为大众所期待。然而，“价值多元的‘囚笼’下的价值反叛、价值迷惘和价值虚无和‘原子化’的个体与‘共同感’的缺失，在共识达成价值底线的勾勒中形成了现实的二元悖反。”③ 据有关调查显示，随着整个中国社会由封闭走向开放、由一元走向多元，社会的传统价值观受到了不同程度的冲击，人们越来越注重在看似分化的、多元的价值环境中寻求具有共同认识、利益和意义符号的价值体系，在多元中反求一元的主流价值观也已成为人们特别关注的重点。

任何一种价值体系都必然带有阶级烙印，具有一定的阶级性和政治性。在今天，尽管我们已不再强调阶级问题，但是实际的阶层分化问题依旧存在，经济利益分配不公、贫富差距日益凸显，社会分化迅速扩展、社会不平等现象随处可见。随着阶层固化与矛盾升级，人们内心的理想期望与现实之间的差距越来越大，在不断推进利益公平的基础上，还需要依靠更能体现绝大多数人利益和意志的意识形态的作用，来进行核心价值观的引导。“人作为一个政治主体，在政治社会化过程中形成的对政治制度、

---

① ［加］查尔斯·泰勒：《现代性之隐忧》，程炼译，中央编译出版社2001年版，第135－136页。

② 王仕民、詹小美：《价值多元语境中的政治认同》，载《哲学研究》2014年第9期，第95－101页。

③ 王仕民、詹小美：《价值多元语境中的政治认同》，载《哲学研究》2014年第9期，第95－101页。

政治领导、政治文化等各方面的观点。”[①] 这些观点影响着人们的价值认同问题，因而必须加强核心价值观的认同，以推进中国特色社会主义建设事业的顺利开展。

三、文化认同固基价值观认同

用文化认同来强化价值观认同有其更深层次的意义和实现路径。文化是民族的血脉、国家的灵魂。毋庸置疑，文化认同是民族凝聚力和国家向心力的动力之源，也是价值观认同最深厚的基础。在今天，全球化已成为“世界上不同地方的地方文化认同的复兴的理由”[②]，这在一定程度上强化了以国家、社会、个体为主体的价值观及其文化传统等的统摄力。当前，尽管价值观认同更多的是基于矛盾激化的战略考虑问题，但这并不是说在全球化时代价值观认同只是出于全球政治的需要和重构可能。价值观认同有其更深层次的意义和实现路径，主要是如何通过文化认同尤其是民族传统文化认同来强化价值观认同是一个非常现实的问题。因为“文化共性促进人们之间的合作和凝聚力，而文化的差异却加剧分裂和冲突”[③]。这就提供了从文化认同的角度来探索价值观认同，特别是核心价值观认同的现实问题。

通过培育社会成员的文化自觉和文化自信来增强社会成员价值观认同。中华民族不仅是时间中的历史共同体，更是空间中的文明共同体，二者在时空的漫长交融中形成了中华民族自身独特的文化传统和价值观念，成为国家不可分割的统一性的象征符号。“没有一个国家，甚至没有一个自由主义国家能保持文化上的中立性。”[④] 中华民族悠久的历史文化传统表述的时间不可分割性，以及在传统疆域叙述的空间的神圣统一性，都足

---

① 彭华：《合法性视野下的农村青年政治认同研究》，载《安徽行政学院学报》2012 年第 2 期，第 42－46 页。

② ［英］安东尼·吉登斯：《失控的世界——全球化如何重塑我们的生活》，周红云译，江西人民出版社 2001 年版，第 9 页。

③ ［美］塞缪尔·亨廷顿：《文明的冲突与世界秩序的重建》，周琪等译，新华出版社 2010 年版，第 133 页。

④ ［英］恩斯·伊辛、布雷恩·特纳：《公民权研究手册》，王小章译，浙江人民出版社 2007 年版，第 339 页。

以强化中华民族的价值观认同。“人类社会发展的历史表明，对一个民族、一个国家来说，最持久、最深层的力量是全社会共同认可的核心价值观。”[①]通过强化核心价值观的认同，进而构筑精神世界的凝聚力量，使心往一处想、劲往一处使，从而在根本上实现民族认同与国家认同的整合，以达到应有的政治高度。“核心价值体系和核心价值观，是决定文化性质和方向的最深层次要素，是一个国家的重要稳定器。”“培育和弘扬社会主义核心价值观，必须立足中华优秀传统文化。”[②] 文化认同与价值观认同有着不可割裂的密切联系，文化认同是价值认同的基础，是价值观认同得以存在、发展的前提。因此，在促进价值观认同中，应当充分发挥文化对价值观的纽带作用、团结作用、导向作用和凝聚作用，最终通过共有的文化认同，把每个个体多样化的价值观认同凝聚上升为对国家核心价值观的认同。“文化认同是指个体或群体对自己所遵循的文化符号、文化理念和价值观念等所进行的一种文化确认。”[③]这里将文化提升到了应有的高度。按照意大利马克思主义哲学家安东尼奥·葛兰西（Antonio Gramsci）的洞察，“谁夺取了‘文化领导权’，实际上就相当于夺取了‘政治领导权’。在一个意识形态被祛魅，经济发展也无法完全解决执政认同的时代，文化成为最具号召力的旗帜——对内成为强化政治认同与共识的来源，对外则代表具有强大‘软实力’的国家形象”[④]。因而，从文化角度而言，价值观认同实则是对这个国家的文化认同。“文化是一种符号，这些符号体系的记忆与认可，从文化象征意义上将国家发展历史过程中的符号在情感上进行记忆，无疑给人们的心理找到了归属，从而形成了对自己国家的认同。”[⑤] 文化自觉和文化自信是文化认同的重要表现形式，其根本是一种价值观认同。培育社会成员的文化自觉和文化自信实际上就是要增强社会成员对中国传统优秀文化和社会主义先进文化的理解、接受和传

---

① 习近平：《习近平谈治国理政》，外文出版社2014年版，第168页。

② 中共中央宣传组织部编：《习近平总书记系列重要讲话读本》，学习出版社、人民出版社2014年版，第96页。

③ 刘社欣、王仕民：《文化认同视域下的国家认同》，载《学术研究》2015年第2期，第23－28页。

④ 石勇：《从文化再造到政治认同》，载《南风窗》2011年第22期，第50－53页。

⑤ 刘社欣、王仕民：《文化认同视域下的国家认同》，载《学术研究》2015年第2期，第23－28页。

播，使之形成对我国文化的历史使命与发展前景的自觉和自信。习近平总书记指出："我们要善于把弘扬优秀传统文化和发展现实文化有机统一起来，紧密结合起来，在继承中发展，在发展中继承。"[①] 这是促使社会成员能够深刻理解核心价值观的前提。

核心价值体观认同应该从人文关怀入手，帮助人们切实解决物质和精神方面的实际问题，满足人们生理的和精神的各类诉求。很显然，一个国家、一个民族，既是一个政治的存在，也是一个文化的存在，而且每个人都能体验到自己所属的国家和民族的文化，并能体会到自己国家与民族的文化独特性，特别是透过文化而体会到相同的价值观，否则，就没有办法来进行整合与凝聚人心，其结果当然是四分五裂的状态。因此，当国家的价值认同遇到问题时，从文化认同的路径进行弥合显得十分重要。由于人们拥有共同的文化身份或符号，无论出于什么样的阶层，在共同的文化世界里却都是"一伙的"，共同指向特定的"我们"。由此推之，可以从一个人的文化身份来确认他的价值观认同。总之，人们通过文化可以很容易地找到自己的根，找到自己的同类，找到自己的家园，找到自己的精神归属；人们通过文化特别是内蕴核心价值的文化可以很容易地找到自己的生存价值和意义，不至于在精神上无所归依，而让自己漂浮于世；人们通过文化可以很容易地找到合适自己的行为方式和生存方式，从而使自己能够在日常生活中游刃有余；人们通过文化能够找到与他人链接的情感纽带，这不仅解决了安身立命的问题，而且还解决了与他人的关系问题。

核心价值体观应该增强文化的渗透性，用文化认同推动核心价值体系的宣传教育，把文化渗透到每一个人的生活之中，并强调其有效性，从而促进核心价值观认同的最终实现。文化具有强渗透性，它不仅存在于学校、博物馆、美术馆、书本中，更存在于我们生活的方方面面。"我们生而为中国人，最根本的是我们有中国人的独特精神世界，有百姓日用而不觉的价值观。"[②] 从社会性的角度来看，人是文化的存在。文化的潜移默化、文化的渗透性使得我们会自觉或不自觉地受到文化的影响，并逐步形成对自己所属的文化认同。"文化不仅与人的'自我'联系在一起，还与人的'存在'，乃至关于'人'的概念联系在一起。艾瑞克·弗洛姆

① 习近平：《习近平谈治国理政：第2卷》，外文出版社2017年版，第313页。
② 习近平：《习近平谈治国理政》，外文出版社2014年版，第171页。

(Erich Fromm) 曾指出，文化是人的第二本能。这个‘本能’决定了人的社会存在是一种文化存在。剥离开这种存在的属性，人将只剩下动物本能和抽象的、还没有被编码的人性。”[①] 文化认同就发生在此时此刻，文化认同从普通大众的实际需求出发而获取人心，文化认同让普通大众能得到各种需求的满足。

在社会阶层分化导致人们产生焦躁情绪的今天，尤其需要文化的安抚。文化认同建立的基础是在中国传统文化的深厚背景之下，在文化认同的前提下，所有人都可以平等地享受共通的民族记忆与民族情感，这很容易让社会成员产生情感的共鸣，由此产生彼此的亲切感。因此，在当前社会，在价值观认同逐渐式微的背景下，用文化认同来促进、提升核心价值观认同就显得尤为重要和迫切。

---

① 石勇：《从文化再造到政治认同》，载《南风窗》2011 年第 22 期，第 50－53 页。